발행주기 변경 안내

KB126590

안녕하세요. 〈이슈&시사상식〉 독자 여러분

〈이슈&시사상식〉을 애독해주신 독자 여러분 덕분에 2006년 창간호부터 2023년 상반기까지 무사히 출간을 이어올 수 있었습니다. 아쉬운 점도 없지 않았지만 여러 분야의 주요 이슈 및 최신 시사와 함께 다양한 읽을거리를 제공했다는 평을 받았습니다.

그러나 최신이슈의 보강 등 밀도 있는 내용 구성에 대한 독자님들의 니즈에 부합하기 위해 6월호(196호)를 끝으로 발행주기를 변경하게 되었습니다. 이에 〈이슈&시사상식〉 197호부터는 월간 발행(연 12회)에서 격월간 발행(연 6회, 짝수달)으로 전환됨을 알려드립니다.

격월간지로 새롭게 개편될 2023년 〈이슈&시사상식〉 197호는 8월 초 출간 예정입니다.

독자 여러분의 관심과 성원에 항상 감사드리며, 변화를 맞이한 〈이슈&시사상식〉의 새로운 모습도 응원해주시기를 부탁드립니다.

감사합니다.

SD에듀 올림

편집부 통신

6월은 국가유공자의 숭고한 희생을 기리고 감사의 마음을 전하는 호국보훈의 달입니다. 6월이 호국보훈의 달로 정해진 이유는 의병의 날, 현충일 등의 국가기념일이 있고, 6·25전쟁, 6월 민주항쟁, 제1·제2연평해전이 일어난 시기가 모두 6월이기 때문인데요. 그래서 정부에서는 매년 6월에 순국선열과 호국영령을 추모하고 국민들의 나라사랑 정신을 고취하기 위한 행사들을 주최해 왔습니다. 특히 현충일에는 각 가정과 기관마다 태극기를 올리고 오전 10시에 울리는 사이렌 소리에 맞춰 경건한 마음으로 묵념하도록 안내하고 있죠. 그러나 과거 집집마다 걸려 펄럭이던 태극기는 언젠가부터 자취를 감췄습니다. 실제로 태극기 설치대가 파손돼 사용하지 못하거나 아예 없는 곳이 많고, 태극기를 보관하고 있지 않은 가정도 주변에서 심심치 않게 찾아볼 수 있는데요. 나라사랑을 실천하는 방법으로 국기 올림을 장려하던 문화가 사라지면서 판매처가 줄고 사람들의 인식이 바뀐 것이 주요 이유로 꼽히고 있죠. 다만 최근에는 SNS 등에 태극기 이미지를 게시하거나 실내에 다는 등 나름의 방법으로 대신하는 경우도 많습니다. 국기 올림 장려 문화에 동참하고 싶은데 사정이 여의치 않다면 자신만의 방법을 찾아 실천해보는 것도 좋을 것 같습니다. 나라를 위해 애쓰신 분들께 감사한 마음을 다시 한번 새기며 6월을 시작해 봅시다.

발행일 | 2023년 5월 25일　　발행인 | 박영일　　책임편집 | 이해욱　　편저 | 시사상식연구소　　편집/기획 | 김준일, 김은영, 이세경, 남민우, 김유진
표지디자인 | 김지수　　내지디자인 | 장성복, 채현주, 곽은슬, 윤준호　　동영상강의 | 조한　　마케팅홍보 | 오혁종　　창간호 | 2006년 12월 28일
발행처 | (주)시대고시기획　　등록번호 | 제10-1521호　　주소 | 서울시 마포구 큰우물로 75[도화동 538번지 성지B/D] 9F　　대표전화 | 1600-3600
홈페이지 | www.sdedu.co.kr　　인쇄 | 미성아트

⬡ 공공기관 청년인턴십

공공기관·공기업 청년인턴 채용은 청년일자리와 일경험 확대를 위해 정책적으로 이뤄지고 있으며 크게 체험형 인턴과 채용형 인턴으로 나눠진다.

체험형 인턴	말 그대로 체험을 통해 공공기관·공기업의 업무를 미리 경험해보는 인턴십이다. 기관에 따라 업무를 직접 해보는 경우도 있고, 업무보조나 단순 사무업무를 하는 때도 있다. 기간은 보통 3개월에서 5개월 정도 진행된다.
채용형 인턴	신입사원 채용 시 계약직인 인턴으로 먼저 채용하고, 그중 일정 비율만 정규직으로 전환시키는 인턴십이다. 인턴기간 중 주기적으로 업무평가가 이어지며, 실질적인 업무경력을 쌓을 수 있다.

⬡ 공공기관·공기업 청년인턴 채용규모 추이(363개 기관)

체험형 인턴	지속적으로 증가하다 2022년 주춤했지만, 여전히 2만명에 육박하는 수치를 보였다. 정부는 올해 청년인턴 채용계획 규모가 2만 1,000명 수준이라고 밝혔다.
채용형 인턴	감소세였던 추이는 2021년 잠시 반등했으나 2022년에 다시 감소세로 들어섰다. 정부의 공공기관 정원감축 기조가 건재한 상황에서 이 같은 추이는 당분간 계속될 것으로 보인다.

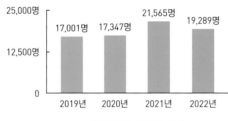

〈체험형 인턴 신규채용 추이〉

25,000명 / 12,500명 / 0
17,001명 (2019년) / 17,347명 (2020년) / 21,565명 (2021년) / 19,289명 (2022년)

〈채용형 인턴 신규채용 추이〉

6,000명 / 3,000명 / 0
4,729명 (2019년) / 3,877명 (2020년) / 4,443명 (2021년) / 3,722명 (2022년)

자료/알리오, 기획재정부

START!

체험형 인턴 이모저모

01

경력 못 쌓아도 합격은 바늘구멍

❶ 정규직 전환을 전제로 하지 않는 체험형 인턴은 실질적 경력을 쌓기는 어려우나, 일단 내세울 스펙이 간절한 청년들은 앞다퉈 도전하고 있는 상황이다.

❷ 관계자는 한 언론 인터뷰에서 "2022년 행정직 인턴을 두 명 뽑는데 무려 600명이나 지원했다"면서 "300대 1의 경쟁률은 그동안 거의 없었던 사례"라고 말했다.

04

채험형 인턴, 도전하는 게 좋을까?

❶ 도전하는 이들은 많으나, 그 가운데서도 엇갈리는 목소리는 있다. 인턴 경험 없이도 정규직에 합격한 이들은 실효성이 없다고 말하지만, 경험 후 취업에 성공한 이들은 체험형 인턴이라도 하는 것이 좋다고 이야기했다.

❷ 취업컨설팅 전문가들은 대체로 '필수는 아니지만 가능하다면 도전해보는 것이 좋다'고 말한다. 대규모로 진행되는 정규직 채용에 도전할 준비가 아직 미흡하다면 '일경험'을 위해 지원해보는 것도 좋은 선택이라고 덧붙였다.

03

독서실 인턴?!

❶ 기관마다 차이는 있으나, 그간 체험형 인턴은 청년채용을 늘리라는 정부의 압박에 눈치 보기에 급급한 기관들이 현장수요와 무관하게 인원을 선발해 인턴들이 필요한 실무는 거의 경험하지 못하는 사례가 많았다.

❷ 향간에서는 체험형 인턴 활동을 하며 소소한 잡무만을 맡거나, 사무실에 방치돼 취업에 필요한 공부를 하는 식으로 시간을 보내 '독서실 인턴'이라는 신조어가 만들어지기도 했다.

02

정규직 확대 없이 인턴만 늘린다?

❶ 체험형 인턴 채용은 늘고 있지만, 정작 정규직 채용은 갈수록 줄어들 전망이다. 올해 공공기관 정규직 채용규모는 6년 만에 최소규모인 것으로 알려졌다. 취업준비생들의 스펙 쌓기용으로 활용되는 체험형 인턴 확대가 정부의 실적 쌓기에 불과하다는 목소리도 나왔다.

❷ 아울러 정규직으로 전환되는 채용형 인턴의 채용도 늘지 않을 것으로 전망돼 이 같은 비판은 더 이어질 것으로 보인다.

거들떠보자!

공공기관 청년인턴

5월 3일 정부세종청사에서 열린 '제2차 일경험 정책협의회'에서는 중앙행정기관 등 공공부분의 청년인턴을 대폭 넓히겠다는 논의가 나왔다. 회의에서는 이를 비롯해 대학생을 위한 2~3개월 일경험 단기 프로그램을 신설하고, 청년들이 일경험 정보를 한눈에 확인할 수 있는 전용 플랫폼도 개설한다는 의지를 밝혔다. 정규직 채용에 대한 소식은 좀처럼 들려오고 있지 않은 가운데, 이번 호에는 정부가 추진하는 청년인턴에 대한 정보와 의견을 두루 모아봤다. 특히 선발규모가 큰 체험형 인턴을 중심으로 살펴보도록 하자.

06월

대 대외활동　채 채용　공 공모전　자 자격증

SUN	MON	TUE	WED
4 대 스마일게이트멤버십 AI 부문 창작팀 모집 마감 채 신용협동조합 필기 실시	**5**	**6**	**7** 대 2023 해양문화대장정 모집 마감 대 부산국제마케팅광고제 '영스타즈' 모집 마감 채 인천테크노파크 필기 실시
11 공 한부모가족 인식개선 그림일기 공모전 접수 마감 공 외교정책 제안 공모전 접수 마감 자 투자자산운용사 실시	**12** 공 퀄컴코리아 스냅드래곤킥업 영상 챌린지 접수 마감	**13**	**14** 공 앰플엔 브랜딩 콘텐츠 공모전 접수 마감
18 대 스펙업 챌린지 7기 모집 마감 공 KT&G복지재단 따뜻한 이야기 수기 공모전 접수 마감 자 KBS한국어능력시험 실시	**19** 채 한국환경연구원 필기 실시 공 아시아태평양 청년 MICE 아이디어 공모전 접수 마감	**20**	**21** 공 수원특례시 청소년 정책 제안 대회 접수 마감
25	**26** 대 유럽여행 카페 히위고 온라인 서포터즈 모집 마감	**27**	**28**

공모전·대외활동·자격증 접수/모집 일정

❖ 일정은 향후 조율될 수 있습니다. 참고 뒤 상세일정은 관련 누리집에서 직접 확인해주세요.

THU	FRI	SAT
1 채 한국예술인복지재단 필기 실시 공 청년 관광 공모전 '트래블 리그' 모집 마감	**2** 대 대구노동권익센터 서포터즈 모집 마감 채 지역수협 필기 실시	**3** 채 화성시공공기관통합채용·영상물등급위원회·한국한의학연구원·한국어촌어항공단 필기 실시 자 행정사 필기 실시
8	**9** 대 아프리카 짐바브웨 : 무카나 서포터즈 모집 마감 공 대한민국안전대상 공모전 모집 마감	**10** 채 보건직 지방직·한전KDN·전북테크노파크·한국산림복지진흥원 필기 실시 자 손해평가사 1차 실시 자 신용분석사 실시
15	**16** 공 2023 방송미디어 콘테스트 접수 마감 공 전국학생통계활용대회 접수 마감	**17** 채 한국수력원자력 필기 실시 자 회계관리1·2급, 재경관리사, AT자격 실시 자 한국사능력검정시험, 한국실용글쓰기 실시
22	**23** 공 전국 학생 창업·발명 경진대회 접수 마감	**24**
29	**30** 채 한국광기술원 필기 실시 공 일상속 불편한 법령 바꾸기 아이디어 공모제 접수 마감 공 서울시 좋은 간판 공모전 접수 마감	

대외활동 Focus 7일 마감

2023 해양문화 대장정

해양문화대장정
한국해양재단에서 7월 중 8박 9일간 우리 바다 곳곳을 종주하며 해양문화를 생생히 체험할 대장정 참여자를 모집한다. 대한민국 대학생이라면 누구든 참여할 수 있다.

채용 Focus 3일 실시

The Way to Better Living
길이 열리는 **화성시**

화성시공공기관통합채용
화성시에서 산하 공공기관 직원을 선발하는 2023년 상반기 통합채용을 실시한다. 일반직과 공무직을 채용하며 3일 필기시험을 치를 예정이다. NCS와 일반상식, 영어, 직렬별 전공시험을 치른다.

공모전 Focus 19일 마감

The Asia Pacific Business Events
Youth Challenge 2023

청년 MICE 아이디어 공모전
고양특례시에서 아시아 태평양 청년 MICE 아이디어 공모전을 주최한다. 신흥도시에 글로벌 MICE 경쟁력을 키울 수 있는 방안과 MICE 사업개발전략 수립을 위한 아이디어를 공모한다.

자격증 Focus 3일 실시

행정

행정사
보수를 받고 행정기관에 제출하는 서류 또는 권리 및 의무사항을 포함하는 서류를 작성해 제출하는 업무를 하는 행정사의 1차 자격시험이 치러진다. 민법과 행정법, 행정절차론 등의 과목을 객관식과 주관식으로 치른다.

HOT ISSUE

2023.06.

HOT ISSUE

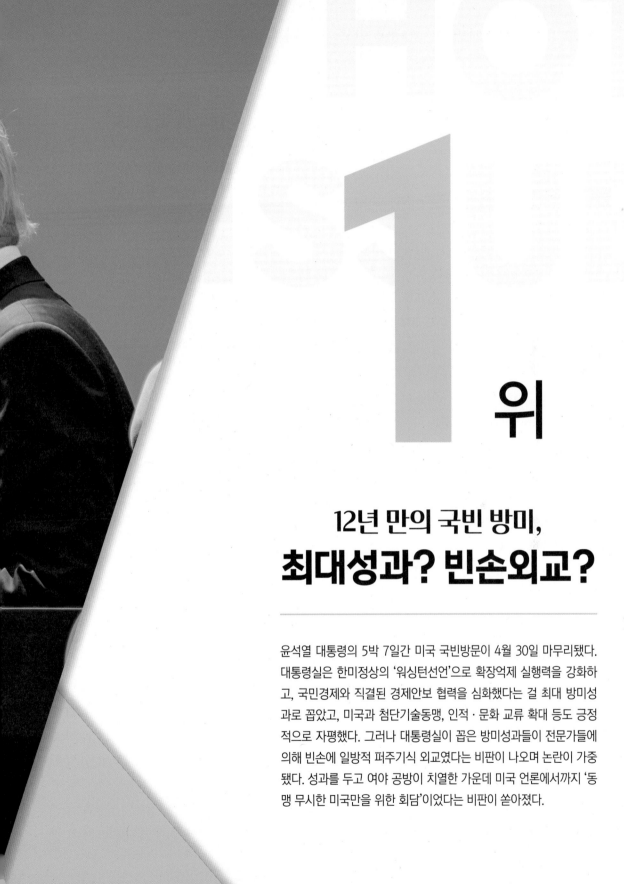

1위

12년 만의 국빈 방미,
최대성과? 빈손외교?

윤석열 대통령의 5박 7일간 미국 국민방문이 4월 30일 마무리됐다. 대통령실은 한미정상의 '워싱턴선언'으로 확장억제 실행력을 강화하고, 국민경제와 직결된 경제안보 협력을 심화했다는 걸 최대 방미성과로 꼽았고, 미국과 첨단기술동맹, 인적·문화 교류 확대 등도 긍정적으로 자평했다. 그러나 대통령실이 꼽은 방미성과들이 전문가들에 의해 빈손에 일방적 퍼주기식 외교였다는 비판이 나오며 논란이 가중됐다. 성과를 두고 여야 공방이 치열한 가운데 미국 언론에서까지 '동맹 무시한 미국만을 위한 회담'이었다는 비판이 쏟아졌다.

윤석열 대통령은 4월 24일(현지시간) 미국 도착으로 시작한 미국 국빈방문 5박 7일간의 공식일정을 마무리하고 30일 서울공항에 도착했다. 이번 방미는 한미동맹 70주년을 맞아 조 바이든 대통령의 초청으로 성사됐다. 한국 대통령의 국빈 방미는 2011년 이명박 대통령 이후 12년 만이었다. 여성 아이돌 그룹 블랙핑크와 레이디 가가의 합동공연과 관련한 외교·안보 라인 인사교체에 미국 CIA의 용산 도청 의혹까지 불거지고 방미 이전에 공개된 대통령의 외신 인터뷰가 문제가 된 상황에서 치러진 외교행사여서 관심이 컸던 만큼 논란도 크다.

안보·경제·문화·글로벌 이슈 등 다각적 접근 예고

대통령실은 출발에 앞서 이번 방미의 의의로 ▲ 한미 연합방위 태세 공고화 및 확장억제 강화 ▲ 경제안보협력의 구체화 ▲ 양국 미래세대 교류 지원 ▲ 글로벌 이슈 공조 강화 등을 꼽은 바 있다. 이런 기조에 맞춰 대통령의 일정은 넷플릭스를 비롯한 미국 기업 방문을 시작으로 백악관, 펜타곤 국가군사지휘센터, 미국의 항공우주국(NASA) 고다드 우주비행센터, 매사추세츠 공대(MIT) 등으로 채워졌다.

윤 대통령은 귀국 후인 5월 2일 국무회의를 주재하며 미국 국빈방문의 의미와 성과를 설명하고, 후속조치를 주문했다. 윤 대통령은 서두에 "이번 국빈 방미는 한미동맹 70주년을 기념하고, 한미동맹이 그간 걸어온 역사를 되새기며 한미동맹이 앞으로 나아갈 미래의 청사진을 제시하는 계기가 됐다"고 자평한 후 "한미동맹의 70년 역사는 당연히 주어진 결과가 아니다. 고마운 것이 있으면 고맙다고 이야기할 줄 알아야 한다"고 미국과의 관계에 역사성을 부여하고, 이번 정상회담으로 "한미동맹은 '가치동맹'의 주춧돌 위에 안보동맹, 산업동맹, 과학기술동맹, 문화동맹, 정보동맹이라는 다섯 개의 기둥을 세웠다.

이들 다섯 개 분야의 협력이 확대되고 상호 시너지를 발휘하면서 '미래로 전진하는 행동하는 한미동맹'이 구현될 것"이라며 의의를 되새겼다.

대통령실 발표 국빈 방미성과

- 역대 7번째이자 12년 만의 국빈 방미
- 바이든 행정부 출범 이후 2번째 국빈
- 정부 출범 이후 역대 최대규모인 기업인 122명 동행
- 1개 정상 공동성명, 6개의 별도 문서 채택
  - 워싱턴선언
  - 차세대 핵심·신흥 기술 대화 출범 공동성명
  - 전략적 사이버 안보 협력 프레임워크
  - 한국전쟁 명예훈장 수여자의 신원확인에 관한 공동성명
  - 양자정보과학기술협력 공동성명
  - 우주탐사·과학협력 공동성명
- 콘텐츠, 수소, 반도체, 친환경, 첨단소재 등 분야에서 59억달러 규모의 투자 유치
- 바이오 분야 23건, 산업 분야 13건, 에너지 분야 13건, 콘텐츠 분야 1건 등 총 50건의 MOU 체결
- 한미동맹 70주년인 2023년을 맞아 이공계 인문·사회과학 분야 한국인 2023명, 미국인 2023명의 교류를 위한 한미 청년 특별교류 이니셔티브 출범
- 한미 청년 특별교류 이니셔티브에 한미 양국이 공동으로 6,000만달러 지원
- 한미 대학생 연수 프로그램(WEST 프로그램) 규모를 2,000명에서 2,500명으로 확대
- 우리 정상으로서는 10년 만에 미국 상·하원 합동연설
- 의원들은 60차례 박수갈채와 26번의 기립박수(역대 최다)로 열렬히 호응

핵공유냐, 아니냐?

윤 대통령은 '워싱턴선언'을 통해 신설하기로 한 핵협의그룹(NCG ; Nuclear Consultative Group)을 적극 부각했다. 그는 "한미 간 고위급 상설협의체로 신설된 핵협의그룹은 한미 간에 일대일 관계로 더 자주 만나 더 깊게 논의한다는 점에서 나토(NATO, 북대서양조약기구)의 핵기획그룹*(NPG ; Nuclear Planning Group)보다 더 실효적이라고 할 수 있다"고 말했다. 또한 앞서 정상회담 직후인 4월 27일(현지시간) 김태효 국가안보실 1차장도 워싱턴선언에 대해 브리핑하면서 "미국이 하나의 동맹국에 핵 억

제를 실현하기 위해 구체적인 플랜을 선언하고 대통령이 약속한 최초의 사례"라며 "미국과 핵을 공유하면서 지내는 것처럼 느끼게 될 것"이라고 말했다.

그러나 27일(현지시간) 에드 케이건 백악관 국가안보회의 동아시아·오세아니아 담당 선임국장은 한국 특파원들을 불러 정상회담에 대해 설명하는 자리에서 '한국정부가 워싱턴선언을 사실상 핵공유라고 하는데 이런 설명에 동의하느냐'는 기자의 질문에 "매우 직설적으로 말하겠다. 우리는 이 선언을 사실상의 핵공유라고 보지 않는다"고 확인했다. 그러면서 "한반도에 핵무기를 다시 들여오는 게 아니라는 점을 매우 분명히 하고 싶다"고 덧붙였다. 직설적으로 핵공유가 아니라고 정확히 한 것이다. 안보전문가들 역시 한미의 NCG는 나토 국방장관들이 핵무기와 관련한 정치적 통제 및 '기획'에 참여하는 나토 NPG에 견줘 미국의 핵기획이나 핵결정에 우리나라가 참여할 만한 통로가 없다는 점에서 우리의 NCG의 실행력이 나토의 NPG보다 약하다고 평가했다.

북한 대비냐, 중국·러시아 견제냐?

윤 대통령은 잠수함 발사탄도미사일(SLBM)을 탑재하는 미국 전략핵잠수함(SSBN)을 한국에 파견시키는 등 미군의 핵전력을 주기적으로 전개할 전략도 포함됐다며 북한의 핵공격이 있으면 "한미 정상

이 즉각 협의를 하고, 미핵무기를 포함한 모든 전력으로 신속하고 압도적, 결정적인 대응을 취하는 것으로 합의했다"고 전했다. 워싱턴선언으로 한국기항 잠수함의 핵무장이 공식화됐고, 이로써 북한의 핵공격에 반격할 수 있게 됐다고 평가한 것이다. 미국의 SSBN은 전략폭격기, 대륙간탄도미사일(ICBM)과 함께 미국의 '핵 3축'으로 한반도 근해 파견은 1980년대 초반을 마지막으로 이뤄지지 않았다.

백악관 국빈만찬에서 노래를 부르는 윤석열 대통령

그러나 우려의 목소리도 크다. SSBN에 실린 미사일의 최소 사거리가 4,000km를 넘는데, 부산에서 가장 먼 함경도 북부까지 직선거리가 1,100km 정도이기 때문이다. 결국 SSBN의 전개가 북한이 아닌 중국이나 러시아 견제를 위한 용도로서 제2의 사드가 아니냐는 비판이 나온다. 김동엽 북한대학원대학교 교수도 "사정거리 1만 2,000km의 미사일을 탑재한 잠수함이다 보니 한반도에 근접하다가 노출되면 오히려 군사적으로 전략적 가치나 효과가 떨어진다"고 우려했다.

중국과 러시아도 강력하게 반발했다. 중국정부는 워싱턴선언에 대해 "잘못되고 위험한 길로 나가지 말라"며 "미국이 한반도 문제를 확대하고, 긴장을 조성했다"고 비판했다. 러시아 외무부도 성명을 내고 미국과 한국의 워싱턴선언이 "본질적으로 불안정하

며 지역안보에 심각한 부정적인 결과를 초래해 세계 안정에 영향을 미칠 것"이라고 경고했다.

이 때문에 외교전문가들은 이번 정상회담이 실익도 못 챙기고 북·중·러의 반발 확대라는 도전을 안게 됐다고 평가했다. 그동안 우리나라는 대북억제력으로서의 한미동맹을 강조하며 대중국, 대러시아를 표방하는 미국의 MD체제(중국·러시아 미사일 대응 체제)에 편입되는 것을 거부하고 독자적으로 북한을 견제하는 한국형 MD체제를 추구해왔다. 그러나 워싱턴선언에 SSBN 전개 및 '유사시 미국 핵 작전에 대한 한국 재래식 지원의 공동 실행 및 기획이 가능하도록 협력'이라는 내용이 포함됨에 따라 미국이 추구하고 있는 '한미일 vs 북중러'라는 새로운 냉전 구도와 미국 MD체제에 사실상 편입된 것 아니냐는 우려가 나온다.

김흥규 아주대 미중정책연구소 소장은 "국제정치를 바라보는 미국의 양대 진영론을 적극적으로 수용한 모양새"라고 비판했고, 이상만 경남대 극동문제연구소 교수는 "이번 정상회담 결과 중 가장 치명적인 것은 윤석열정부가 한·미·일 3국 협력 내지 준동맹에 편입됐다는 것"이라며 "외교를 완전히 적과 아군으로 구분하는 관계로 만들어버렸다"고 말했다. 또한 북한의 반발수위는 보다 높아질 것이라는 전망도 나왔다. SSBN 전개를 북한이 자신들의 행동을 정당화하는 수단으로 사용할 여지도 있다는 것이다.

7.8조원 받고 133조원 주고

방미 중 모두 4개의 경제행사를 소화한 윤 대통령은 미국기업의 59억달러(약 7조 8,000억원) 투자결정과 양국 기업·기관 간 50건의 양해각서(MOU) 체결 등을 거론하며 공급망과 산업, 과학기술 분야에서 협력을 확대했다고 강조했다. 특히 넷플릭스

가 앞으로 4년 동안 K-콘텐츠에 25억달러(약 3조 3,000억원)를 투자한다고 밝혔다. 그러면서 "자유의 가치를 기반으로 한 한미동맹은 양국 문화산업의 시너지를 만들어내는 문화동맹으로 발현될 것"이라고 했다.

그런데 넷플릭스는 우리나라에 진출한 이래 매년 8,000억원 정도씩 투자해왔다. 따라서 이번 넷플릭스의 투자는 더 큰 투자도, 새로운 투자도 아니라는 평가가 나온다. 문제는 또 있다. 넷플릭스가 우리나라에서 2건의 소송을 진행하고 있는 이해당사자라는 점이다. SK브로드밴드가 '넷플릭스 서비스 제공하면서 34% 트래픽 증가했다'며 낸 망사용료 관련 소송에서 법원은 1심에서 SK브로드밴드의 손을 들어줬고, 현재 2심이 진행 중이다. 네이버나 카카오가 매년 1,000억원 이상의 망사용료를 지불하고 있는 것과 달리 넷플릭스는 한 푼도 지불하지 않는다.

넷플릭스는 국세청이 2021년 넷플릭스에 대한 세무조사에서 조세회피 혐의로 800억원의 세금을 추징한 것에 불복하고 조세심판원에 심판청구를 내 현재 쟁송 중인 이해당사자이기도 하다. 넷플릭스의 해외 및 국내 결산보고서를 분석해보면 넷플릭스의 지난해 국내 매출액은 전년 대비 22% 증가한 7,733억원이었지만, 법인세는 33억원으로 전년 31억원보다 6% 증가에 그쳤다. 정청래(더불어민주당) 국회 과학기술정보방송통신위원회 위원장은 페이스북을 통해 "넷플릭스는 한국작품의 권리를 100% 소유"하는 만큼 "지적재산권(IP) 없는 창작자는 추가수익 창출의 희망을 가질 수 없는 하청기지로 전락할 뿐"이라며 윤 대통령을 향해 "투자액만 가지고 자랑할 것이 아니라 이 문제를 같이 짚었어야 한다"고 꼬집었다. 정례적인 투자를 성과로 포장할 것이 아니라 다른 나라와 달리 저작권을 인정받지 못하고 있는 영화인들

의 권익을 조율했어야 한다는 의미다. 넷플릭스를 제외한 나머지 4조원대의 투자 역시 미국의 직접투자라고 보기 어렵다. 5억달러를 투자한다고 밝힌 미국 소재기업 코닝의 최대주주는 삼성디스플레이며, 1조원을 투자하겠다고 한 수소전문기업 플러그파워나 플라스틱 재활용 기업 퓨어사이클 테크놀로지의 최대주주 역시 SK그룹이다. 사실상 한국기업이 투자를 한 셈이다.

미국기업의 한국 투자내용

분야	기업	투자금액	비고
콘텐츠	넷플릭스	25억달러	기존 투자 향후 4년간 유지
수소	에어프로덕츠	19억달러	• 현대글로비스와 협력체계 유지 중인 기업 • 4월 13일 경기도와 체결한 MOU와 동일
	플러그파워		최대주주 SK그룹(SK E&S)
반도체	온세미콘덕터		• 현대차그룹의 '2022 올해의 협력사' 선정기업 • 2022년 7월 1조 4,000억원 규모 부천공장 착공
	그린트위드		구체적 투자내용 미비
친환경	퓨어사이클 테크놀로지		최대주주 SK그룹 (SK지오센트릭)
	EMP벨스타		2대주주 SK그룹
특수유리	코닝	15억달러	최대주주 삼성디스플레이

반면 미국 백악관은 '한국이 미국에 1,000억달러(약 133조 5,000억원) 이상을 투자했다'며 우리나라를 치켜세웠다. 실제로 바이든 행정부 들어 삼성전자 반도체 공장, 현대차 전기차 공장, SK 배터리 공장 등 우리 기업들은 미국에 대규모 투자를 단행했고, 양질의 일자리 창출에 기여해왔다. 이번 정상회담에도 4대 그룹 총수를 포함해 122명의 경제사절단이 동행했다. 역대 최대규모였다. 그러나 끝내 한미정상은 "긴밀히 협의를 계속한다"는 선에서 그친 인플레이션감축법(IRA)이나 반도체과학법에 관해서는 언급하지 않았다.

원전수출도 막히나?

워싱턴선언에는 '지적재산권(지재권) 상호 존중', '국제원자력기구(IAEA) 추가의정서 준수' 등 미국의 요구도 그대로 담겼다. 자체 핵무장론, 핵추진 잠수함 확보 등 우리가 북핵 위협 상쇄에 활용할 수 있는 잠재적 카드가 모두 막혔다고 전문가들은 분석한다. 특히 에너지전환포럼은 성명을 통해 "한미정상 공동성명에 담긴 '지적재산권 존중', 'IAEA 추가의정서 준수'는 한국 원전수출에 대한 경고"라고 평가했다.

앞서 4월 13일 정부 고위 당국자는 한국수력원자력(한수원)과 웨스팅하우스 간 지재권 소송과 관련해 "회담을 계기로 돌파구가 마련되도록 노력하고 있다"고 밝힌 바 있다. 그러나 이번 지재권 인정으로 웨스팅하우스의 원천기술을 기반으로 하고 있는 한수원 원전의 수출이 어려워질 것으로 업계는 분석하고 있다. 웨스팅하우스는 체코 두코바니 원전 수주전에서 프랑스전력공사(EDF) 등과 함께 한수원의 강력한 경쟁사 중 하나로 지난해 10월 미국 법원에 "한국형 원자로는 자사 원자로 디자인을 기반한 것"이라며 제3국 수출을 제한해달라는 소를 제기했다. 설사 수출하더라도 건설만 할 뿐 실제 수익은 미국의 웨스팅하우스가 거둬들이는 구조가 될 수 있다.

이 때문에 미국 언론에서마저 바이든 대통령이 재선을 위해 동맹국에 피해를 강요하고 있다는 비판이 나왔다. 4월 26일 진행된 한미 공동기자회견에서 LA타임스 기자는 "동맹국이 피해를 받게 하면서 국내 정치적 지지를 얻으려 하느냐"고 직접 질의했고, 월스트리트저널(WSJ)도 북한이 전력을 증강하는 상황에선 장기적으로 안심시키기에 불충분할 것이라는 전문가 발언을 소개했다. BBC는 한국 스스로 '핵 족쇄'를 강화한 결과를 초래했다는 전문가 의견을 소개했다. 시대

2위

사과 없었던 셔틀외교,
한일정상회담

한일정상 간 '셔틀외교'가 12년 만에 본격 재개됐다. 기시다 후미오 일본총리가 한일정상회담을 위해 5월 7일 방한한 것이다. 양 정상은 이날 오후 3시 35분께 용산 대통령실 청사에서 공식환영식을 시작으로 소인수회담, 확대회담, 공동기자회견 등 일정을 소화했다. 윤석열 대통령이 3월 일본을 방문한 이후 52일 만의 만남에서 화이트리스트 원상회복, 후쿠시마 원전 시찰 등에 대한 논의가 나왔다. 그러나 강제징용 피해자에 대한 기시다 총리의 직접적인 사과는 없었다.

화이트리스트 복원 비롯한 경제협력 합의해

기시다 후미오 일본총리의 이번 5월 7일 방한은 윤석열 대통령의 지난 3월 일본방문에 대한 답방형식이었다. 두 정상은 소인수회담, 확대회담 등 총 102분간 머리를 맞댔고, 공동기자회견까지 포함해 3시간 넘게 용산 청사에 머물렀다. 윤 대통령은 정상회담 후 기자회견에서 "기시다 총리의 방한을 통해 정상간 셔틀외교 복원, 그리고 양국관계 정상화가 이제 궤도에 오른 것으로 생각한다"고 밝혔다.

공동기자회견에서 악수하는 한일정상

이번 회담에서는 먼저 한일정상이 경제협력을 강화해 나가기로 합의하면서 일본의 수출규제로 어려움을 겪어온 국내산업계는 '긍정적 효과'를 기대하고 있다. 일본은 한국 대법원의 강제징용배상 판결에 반발해 지난 2019년 7월 반도체 관련 3개 품목의 수출규제에 나섰고, 우리나라를 '화이트리스트*(수출심사 우대국)'에서 제외했다. 이에 우리 정부도 일본을 세계무역기구(WTO)에 제소하고, 역시 일본을 화이트리스트에서 빼는 맞대응 조치를 취했다.

화이트리스트

국가 간 무역에서 화이트리스트란 수출절차를 간소화하도록 심사에서 특혜를 부여하는 무역 상대국의 백색목록이다. 화이트리스트에 포함된 국가는 허가대상 품목·기술을 수출할 때 허가서류가 면제되고 처리기한이 단축된다.

윤 대통령과 기시다 총리는 이날 정상회담에서 한일 양국의 사실상 화이트리스트 복원을 선언했다. 윤 대통령은 공동기자회견에서 "양국의 대표적 비우호 조치였던 화이트리스트 원상회복을 위한 절차들이 착실히 이행되고 있음을 확인했다"고 밝혔다. 기시다 총리 역시 "한국을 '그룹A'로 추가하기 위한 절차가 진행되고 있다"고 전했다.

또한 양국정상은 우리나라의 반도체 제조업체와 일본의 소부장(소재, 부품, 장비) 기업들이 함께 견고한 반도체 공급망을 구축할 수 있도록 공조를 강화해 나간다는 데도 의견을 같이했다. 일본이 글로벌 반도체 공급망에서 큰 역할을 하는 만큼 양국의 반도체 공급망 안정 차원에서 국내업계에 긍정적으로 작용할 것으로 예상된다.

강제징용 피해자에 기시다, "마음 아파"

한편 기시다 총리는 우리 측이 발표한 강제징용 해법을 언급하면서 "나 자신은 당시 혹독한 환경에서 많은 분이 매우 고통스럽고 슬픈 일을 겪으셨다는 것에 마음이 아프다"고 밝혔다. 그는 이런 언급이 일제 강제징용 노동자의 피해에 대한 발언이냐는 질문에 "당시 고통을 겪은 분들에 대한 저 자신의 생각을 솔직하게 말한 것"이라고 설명했다. 또한 1998년 한일 공동선언(김대중-오부치 선언)을 포함해 역대 일본내각의 역사인식을 계승한다는 입장은 앞으로도 흔들리지 않을 것이라고 강조했다.

김대중-오부치 선언에는 과거 식민지배에 대한 일본의 '통절한 반성과 마음으로부터의 사죄'가 담겨 있다. 그러나 기시다 총리는 3월 정상회담 당시 '사죄와 반성' 표현을 직접 언급하지 않았고 이번에도 마찬가지였다. 이에 윤 대통령은 "진정성을 갖고 하는 것이 중요하지 어느 일방의 상대에게 요구할 수 있는 문제는 아니라고 생각한다"며 추가 사과요구 필요성을 일축했다.

방한 직후 서울현충원에서 참배하는 기시다 총리 내외

이번 회담에서는 한미 간 확장억제 강화방안이 담긴 '워싱턴선언'이 한미일 3국간 협력으로 확대될 수 있는지도 주요 관심사 중 하나였다. 윤 대통령은 이와 관련해 "일본참여를 배제하지 않는다"고 여지를 뒀다. 이어 "워싱턴선언은 완결된 것이 아니다"라며 "이것이 궤도에 오르고 일본도 미국과의 관계에서 준비가 되면 언제든지 같이 협력할 수 있는 문제"라고 했다. 이에 대통령실 고위 관계자는 브리핑에서 "지금 우리가 막 만들어놓은 한미 간 핵협의그룹(NCG) 자체를 3자나 4자로 확대한다는 의미는 아니다"고 부연했다.

한국 전문가단 후쿠시마 파견, 안전평가는 안 해

이번 회담에서는 후쿠시마 오염수에 대한 한국 전문가들의 현장 시찰단 파견에도 합의했다. 윤 대통령은 "과학에 기반한 객관적 검증이 이뤄져야 한다는 우리 국민의 요구를 고려한 의미 있는 조치가 이뤄지기를 바란다"고 말했다. 기시다 총리도 "일본총리로서 자국민, 그리고 한국국민의 건강과 해양환경에 나쁜 영향을 주는 형식의 방류는 인정하지 않을 것"이라고 언급했다.

이와 관련해 니시무라 야스토시 일본 경제산업상은 "한국 전문가 시찰로 오염수 방류의 안전성에 대한 한국 내 이해가 깊어질 것을 기대한다"고 하면서도 "한국 시찰단이 오염수의 안전성을 평가하거나 확인하지는 않을 것"이라고 강조했다. 니시무라 경제산업상은 한국 시찰단에 오염수 저장상황과 방류설비 공사현황을 설명하고, 오염수의 방사성물질 농도를 기준치 이하로 낮춰 방류한다는 점을 전할 계획이라고 말했다. 일본정부는 올여름부터 후쿠시마 원전 오염수를 방류할 계획이다.

한편 이번 회담에 대해 더불어민주당은 기시다 총리의 과거사 '사죄'를 받아내지 못했다면서 '굴욕외교'가 되풀이됐다고 비판했다. 정청래 최고위원은 윤 대통령이 "과거사가 완전히 정리되지 않았다고 해서 현안과 미래협력을 위해 한 발짝도 발걸음을 내디뎌서는 안 된다는 인식에서 벗어나야 한다"고 말한 것을 두고 "역사망언"이라고 비판했다.

후쿠시마 원전의 오염수 '방류 철회'가 아닌 시찰단 현장 파견에 합의한 것에 대해 이재명 대표는 "시찰단이 가서 살펴본들 뭘 하겠나"라고 지적했다. 이어 "정확한 자료로 사실을 조사하고 안전 여부를 객관적으로 검증하는 게 필요하지 (오염수를) 어떻게 방출하나 지켜보는 게 무슨 의미가 있나"라며 "국가단위 공동조사가 어렵다면 민간단위 공동조사라도 할 수 있게 노력하자"고 했다. 5월 9일 열린 국회 외교통일위원회 전체회의에서도 우상호 의원은 "이 문제는 1~2년을 조사해도 결과가 안 나오는데, 1박 2일 혹은 2박 3일 시찰해서 국민들에게 해명할 수 있다고 생각하나"라며 "완전히 일본에 방류를 허용하는 쪽으로 갈 수밖에 없는 것"이라고 지적했다. 시대

3위

전세사기 피해 확산하는데
특별법 도입은 난항

전세사기 피해자들이 정부에 실효성 있는 대책마련을 촉구하며 공동
대응에 나섰다. 지난 4월 18일 전국단위 단체로 출범한 '전세사기·
깡통전세 피해자 전국대책위원회'는 정부에 피해세대의 경매 중단과
피해자들에게 우선매수권을 부여하는 등 피해구제를 위한 대책을 마
련해달라고 목소리를 높였다. 이에 정부가 4월 27일 '전세사기 피해
자 지원 및 주거안정 방안'을 발표해 전세사기 특별법 지원대상을 밝
혔으나 전세사기 유형과 피해자들이 처한 상황이 다양한 상황에서 모
호한 요건이 제시돼 논란이 됐다.

6개 요건 갖춰야 전세사기 피해자로 인정

4월 27일 정부는 관계부처 합동으로 '전세사기 피해자 지원 및 주거안정 방안'을 발표했다. 특별법 적용대상은 ▲ 대항력*을 갖추고 확정일자를 받은 임차인 ▲ 임차주택에 대한 경·공매(집행권원 포함)가 진행 ▲ 면적·보증금 등을 고려한 서민 임차주택 ▲ 수사 개시 등 전세사기 의도가 있다고 판단될 경우 ▲ 다수의 피해자가 발생할 우려 ▲ 보증금의 상당액이 미반환될 우려가 있는 경우 등 6가지 조건을 모두 충족해야 한다. 즉, 집값 하락으로 보증금을 돌려받지 못한 깡통전세 피해자는 지원대상에서 제외되는 셈이다. 전세사기 피해자로 인정되면 직접 경매 유예·정지 신청을 할 수 있다.

일단 피해자들이 경매유예로 살던 집에서 당장 쫓겨나는 일을 막은 상태에서 정부는 이들이 살던 집을 매수하거나 임대로 거주하는 두 가지 선택을 할 수 있도록 했다. 우선 경매에서 임차주택을 떠안는 방법으로 보증금을 일부라도 건져야 하는 피해자에게는 우선매수권을 부여한다. 단, 최고가 낙찰액과 같은 가격에 주택을 살 수 있다. 이때 정부는 저리로 낙찰자금 대출을 지원하고, 소득요건에서 벗어나는 경우 특례보금자리론을 이용할 수 있도록 했다. 민간금융사는 전세사기 피해자를 대상으로 주택담보대출비율(LTV)과 총부채원리금상환비율(DSR) 등 가계대출 규제를 1년간 한시적으로 완화한다.

피해자가 여력이 부족하거나 주택 매수 의지가 없어 우선매수권을 포기한다면 LH(한국토지주택공사)가 임차인으로부터 우선매수권을 넘겨받는다. LH는 해당 주택을 매입한 뒤 전세사기 피해자에게 소득·자산요건과 관계없이 매입임대주택 입주자격을 부여한다. LH 매입임대는 2년 단위로 계약을 갱신해 최대 20년까지 거주할 수 있으며, 임대료는 시세의 30~50% 수준이다. LH가 임차주택을 매입하지 못한 피해자에게는 인근 지역의 유사 공공임대주택에 입주할 수 있는 자격을 준다.

전세사기 피해자 지원방안을 발표하는 원희룡 장관

피해자들 "지원대상 협소" 반발

현재 대규모 피해자가 발생한 인천 미추홀구를 비롯해 전국에서 조직적이고 계획적인 전세사기와 역전세로 인한 단순 보증금 미반환이 겹친 혼돈양상이 벌어지고 있는 가운데 정부는 '요건'을 정해 전세사기 피해자를 어디까지 구제할지 선을 그었다. 원희룡 국토교통부(국토부) 장관은 "경매에 국가가 개입해 특정인에게 우선매수권을 주거나 LH가 우선매수권으로 피해주택을 사온다는 것은 사실 빼앗아 오는 거나 마찬가지"라며 "공권력의 발동과 사적 권리관계에 국가개입을 최소화하는 게 우리의 헌법정신이자 시장원리"라고 말했다. 그러나 이날 정부가 제시한 요건에는 '다수 피해', '보증금 상당액 미반환', '전세사기 의도' 등 주관적 판단이 개입될 여지가 있는 부분이 있고, 전세사기와 깡통전세를 명확히 구분하기 어렵다. 또 명백히 전세사기를 당했더라도 사기를 입증하기 어렵거나 피해자가 소수라면 지원요건을 충족하지 못하는 문제도 있다. 정부는 예측하지 못하는 피해유형이 나와도 가급적 넓게 피해자로 인정해 구제하겠다는 방침이지만, 피해인정 과정에서 혼란이 불가피할 전망이다.

전세사기·깡통전세 피해자 전국대책위원회는 "정부·여당이 발표한 특별법안은 지원대상이 협소할 뿐만 아니라 피해대상 심사 및 인정절차조차 매우 까다롭고 장시간이 소요될 것으로 보인다"며 "6가지 조건을 모두 충족하는 피해자가 얼마나 될지 의문"이라고 밝혔다. 그러면서 피해자들에 대한 현황조사 결과와 함께 6개 조건에 따르면 어느 정도의 피해자들이 인정받을 수 있을지 판단한 결과를 공개하라고 촉구했다. 피해자들은 전세피해지원센터에서 피해확인서를 받는 것만 해도 복잡하고 어려운데, 이중의 행정절차를 거쳐야 하는 것 아니냐고 우려했다. 야권에서도 지원대상 범위 확대가 필요하다며 한국자산관리공사(캠코) 등 채권 매입기관이 먼저 보증금반환 채권을 사들이고, 추후 구상권 행사를 통해 비용을 보전하는 '선(先)지원·후(後) 구상권 행사' 방안을 요구했다.

5월 1일 열린 전세사기 특별법 비판 집회

정부, 특별법 적용요건 완화한 수정안 제시

이처럼 야권과 피해자들의 반발이 이어지자 정부는 5월 1일 국토교통위원회(국토위) 국토법안심사소위원회(소위) 심사과정에서 특별법 적용요건을 6가지에서 4가지로 완화한 수정안을 제시했다. 대상 주택의 면적요건을 없애고 보증금은 3억원을 기준으로 하되, 국토부 전세사기 피해지원위원회에서 최대 4억 5,000만원 범위에서 규모를 조정할 수 있도록 했다. 아울러 대항력·확정일자 요건을 모두 충족하지 않더라도 임차권 등기를 마쳤다면 지원대상에 포함해 이미 다른 집으로 이사한 전세사기 피해자도 구제받을 수 있도록 했다.

11일에는 국토부가 소위에 특별법 적용기준에 '임차보증금을 반환할 능력 없이 다수의 주택을 취득해 임차하는 경우'를 추가한 2차 수정의견을 냈다. 앞서 법무부가 집주인의 '무자본 갭투기'로 인한 깡통전세 피해자도 특별법 적용대상에 포함할 수 있다는 취지의 의견을 내자 수정의견을 제출한 것이다. 이에 따라 특별법의 '수사 개시 등 사기 의도가 있다고 판단되는 경우'라는 기존의 피해자 인정기준은 '임대인에 대한 수사가 개시됐거나 임대인 등의 기망, 보증금을 반환할 능력이 없는 자에 대한 주택소유권 양도, 보증금반환 능력 없이 다수 주택을 취득해 임차한 경우'로 구체화됐다. 또한 전세사기 피해자가 다수가 아닌 1명이더라도 임대인이 과도하게 여러 채를 무자본 갭투기한 정황이 있어 지속적인 피해가 발생할 것으로 예상된다면 피해자로 인정할 수 있다는 의견을 내고, 근린생활시설 전세사기 피해자들도 특별법 적용대상에 포함하기로 했다. 국토부는 불법개조한 근린생활시설이더라도 임차인이 주거용으로 사용해왔고, 전입신고와 확정일자 등의 요건을 갖췄다면 주택임대차보호법과 전세사기 피해지원 특별법의 지원을 받을 수 있다고 보고 있다. ▣

4위

돈봉투 vs 매관매직 …
정치권, 불법 정치자금 의혹 얼룩져

'2021년 전당대회 돈봉투 의혹'의 핵심 피의자로 지목된 송영길 전 더불어민주당 대표가 조기귀국해 5월 2일 검찰에 자진 출두했지만, 검찰의 거부로 조사를 받지 못한 채 돌아섰다. 송 전 대표는 서울중앙지검 청사 앞에서 기자회견을 열고, 준비한 입장문을 통해 검찰수사를 '전근대적 수사', '총선용 정치수사' 등으로 규정하며 격정적인 어조로 부당함을 호소했다.

서울중앙지검 앞에서 입장을 밝히는 송영길 전 대표

송 전 대표 "먹사연 돈 쓴 일 없다"

송 전 대표는 돈봉투 살포 공모, 개인적 자금조달 의혹 등을 전면 부인했다. 그는 "전당대회에 100만명이 넘는 사람이 참여하고 후보로서 30분 단위로 전국을 뛰어다니는 상황이었다"며 "제가 모르는 상황이 있을 수 있다"고 했다. 외곽 후원조직인 '평화와 먹고사는문제연구소*(먹사연)'를 통한 자금조달 의혹에 대해서는 "한 푼도 먹사연 돈을 쓴 적이 없다"고 반박했다. 송 전 대표는 검찰이 무리한 수사를 하고

있다고도 주장했다. 그러면서 수사발단이 된 '이정근 녹취록'에는 증거능력이 없는데 검찰이 위법하게 수사한다며 "3만개 중 일부를 추출해 말한 것의 신빙성을 검찰과 법원에서 다투겠다"고 예고했다.

> **평화와 먹고사는문제연구소**
>
> 송영길 전 대표가 2015년 설립한 정책연구소로 2007년 설립된 '동서남북포럼'을 확대 재개편한 사단법인이다. 남북협력과 통일문제를 포함한 경제·복지 정책연구를 주안점에 둔다고 돼 있다. 송 전 대표의 정치적 후원단체로 알려져 있으며, 검찰은 2021년 더불어민주당 전당대회 당시 송영길캠프의 불법 경선자금 조달창구의 역할을 했다고 보고 있다.

서울중앙지검 반부패수사2부(김영철 부장검사)는 2021년 전당대회를 앞두고 윤관석(3선, 인천 남동을) 민주당 의원 등 캠프관계자들이 송 전 대표를 당선시키려고 총 9,400만원을 당내에 살포하는 과정에 송 전 대표가 공모한 것으로 봤다. 이와 별도로 송 전 대표가 먹사연의 기부금 등을 경선캠프 자금으로 동원한 것은 아닌지 살펴보고 있다. 검찰은 먹사연 사무실 압수물 분석을 끝내는 대로 캠프관계자 등을 소환해 자금조달·전달 과정을 규명하는 데 주력하고, 이후 송 전 대표를 소환조사할 것으로 전망됐다. 검찰은 송 전 대표의 전직 보좌관 박모 씨를 소환하는 등 경선캠프 측근들 조사에 속도를 냈고, 이미 한 차례 기각된 강래구 전 한국수자원공사 감사에 대한 구속영장을 4일 재청구해 법원이 이를 받아들였다.

여당은 김현아 전 의원 불법 정치자금 논란 불거져

한편 국민의힘에서는 김현아 전 의원이 공천을 대가로 돈봉투를 받았다는 불법 정치자금 의혹도 불거졌다. 앞서 한 언론매체는 김 전 의원이 불법 정치자금 수수 혐의로 경찰조사를 받고 있다고 보도했다. 이 매체는 경찰수사 결과 김 전 의원이 정치자금을 모

으는 과정에서 전·현직 고양시의회 의원들을 동원한 것으로 드러났다고 전했다. 김 전 의원은 현재 국민의힘 경기 고양정 당협위원장으로 당시 김 전 의원은 '당협운영회비' 명목으로 시의원 200만원, 운영위원 120만원씩 받아 개인 이름으로 나가는 경조사비와 화환은 물론, 본인이 사적으로 운영하는 포럼의 식대나 뒤풀이 비용, 심지어 개인사무실의 전기공사 비용까지 이 통장에서 지출했다는 의혹을 받고 있다. 당협 사무실 임차보증금 대납까지 포함한 불법자금 규모는 6,000만원에 육박한다. 이 같은 내용은 독립언론 뉴스타파가 김 전 의원의 육성이 포함된 녹취에 이어 녹음파일을 공개하면서 공론화됐다.

공천헌금 의혹을 받는 김현아 국민의힘 전 의원

이에 국민의힘은 중앙당 당무감사위원회를 구성하고 김 전 의원에 대한 진상조사를 요청하기로 했다. 유상범 국민의힘 수석대변인은 "(당 최고위는) 김 전 의원에게 제기된 비리의혹 관련 진상조사를 하도록 당무감사위에 요청할 예정"이라고 밝혔다. 돈봉투 의혹과 관련해 당 차원의 당무감사나 진상조사, 출당조치 등을 하지 않은 민주당과 차별화하겠다는 뜻으로 풀이된다. 김 전 의원은 페이스북에 "당 최고위의 결정을 환영한다"며 "떳떳하다. 제가 할 수 있는 소명은 이미 경찰에 다 했고, 수사결과를 기다리고 있다"며 "당무감사에도 성실히 임하겠다"고 했다.

연준, 기준금리 0.25%p 또 올려 … 한미 금리 차 1.75%p로 '역대 최대'

여전한 물가상승 압력에 시달리는 미국이 금융시장 불안 여파 속에 기준금리를 소폭 인상했다. 하지만 1년 넘게 지속해온 금리인상을 중단할 가능성을 시사해 5월에 예정된 차기 금리 결정 회의에서 금리를 동결할 수 있다는 기대감을 키웠다.

미 금리 5.00~5.25%로 16년 만에 최고수준

5월 3일(현지시간) 미국 중앙은행인 연방준비제도(Fed, 연준)는 연방공개시장위원회(FOMC) 정례회의 직후 성명을 내고 기준금리를 0.25%포인트(p) 또 올린다고 밝혔다. 다소 완만해지고는 있지만, 쉽사리 꺾이지 않는 인플레이션에 3차례 연속 '베이비스텝(한 번에 기준금리 0.25%p 인상)'을 밟은 것이다. 이에 따라 현재 4.75~5.00%인 미국 기준금리는 5.00~5.25%로 올랐다. 이번 인상까지 합해 연준이 작년 3월 이후 10회 연속으로 금리를 올리면서 미국 기준금리는 2007년 이후 16년 만에 최고수준에 이르게 됐다. 연준은 성명에서 "가계와 기업에 대한 엄격한 신용상황은 경제활동, 고용, 인플레이션에 부담을 줄 가능성이 있고, 그 영향의 정도는 여전히 불확실하다"며 "인플레이션 위험에 상당히 주의하고 있다"고 금리인상 이유를 밝혔다. 일부 은행 파산으로 인한 금융시장 불안과 관련해서는 "미국 은행시스템은 건전하고 탄력적"이라며 신뢰를 보냈다.

한미 기준금리 추이

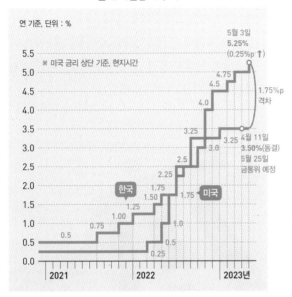

자료 / 한국은행, 미국 연방준비제도(Fed)

연준 "누적 긴축 등 고려" 동결 여지

이번 금리인상은 '금리인상에 따른 경기침체 우려에도 인플레이션 대응이 최우선 과제'라는 연준의 인식이 반영된 결과로 풀이된다. 연준이 주로 참고하는 물가지표인 개인소비지출*(PCE) 가격지수가 지난 3월 전년 동월보다 4.2%, 전월보다 0.1% 각각 오르면서 둔화세를 보이긴 했지만, 여전히 연준 물가목표치(2%)를 크게 상회하는 수치를 보였다. 지난 1분기 고용비용지수(ECI) 역시 전 분기보다 1.2% 상승했고, 3월 말 기준 미국 노동자의 전년 동월 대비 임금상승폭도 5.0%로 여전히 높은 수준이다. 이는 인플레이션이 예상보다 길어질 수 있음을 시사하는 지표들이다.

다만 연준은 "인플레이션을 (연준 목표인) 2%로 되돌리기 위한 추가정책 강화가 적절할지 결정하는 데 있어 통화정책의 누적 긴축, 통화정책이 경제활동과 인플레이션, 그리고 경제적·재정적 상황의 전개에 영향을 미치는 시차를 고려할 것"이라고 언급했다. 이는 지난 3월 FOMC 성명의 '약간의 추가적인 정책 강화가 적절할 것으로 예상한다'는 문구 대신 들어간 것으로 이에 워싱턴포스트(WP)는 "더는 금리인상이 없음을 시사한 것"이라고 분석했고, 로이터통신은 "추가인상을 중단할 수 있다는 신호"라고 전했다. 하지만 제롬 파월 연준 의장은 "동결에 관한 결정은 오늘 내려지지 않았다"며 시장 기대에 확답을 주지 않았고, 금리인하에도 선을 그었다.

제롬 파월 연준 의장

한편 미국의 기준금리가 5.25%까지 오르면서 한국과의 금리 차도 최고 1.75%p로 역대 최대로 벌어졌다. 그만큼 원/달러 환율 상승과 외국인 자금유출

압력이 그 어느 때보다 커진 상황이다. 그러나 최근 소비자물가 상승률이 3%대까지 내려온 데다 0%에 가까운 분기성장률이 이어지는 가운데 금리 추가인상이 경기하강과 금융불안을 부추길 수 있어 25일 기준금리를 결정하는 한국은행이 단순히 내외 금리차만 고려해 금리인상을 단행할 가능성은 크지 않을 것으로 전망됐다.

6위

태영호·김재원 윤리위 징계···
태 위원은 징계 전 자진사퇴

국민의힘 중앙윤리위원회(윤리위)는 5월 10일 잇단 '설화'로 논란을 일으킨 김재원 최고위원에 대해 '당원권 정지 1년'의 중징계를 결정했다. 징계결정을 앞두고 최고위원직에서 전격사퇴한 태영호 의원에 대해서는 '당원권 정지 3개월' 처분을 내렸다. 윤리위는 이날 오후 여의도 당사에서 회의를 열어 김 최고위원과 태 의원이 추가로 제출한 소명자료를 검토한 뒤 이같이 결정했다.

황정근 국민의힘 당 중앙윤리위원장

"설화로 당 위신 실추시키고, 국민통합 저해해"

황정근 국민의힘 중앙윤리위원장은 브리핑에서 김 최고위원 징계사유에 대해 "5·18민주화운동 정신을 이어가는 것은 국민의힘 정강·정책임에도 당 지도부 일원으로서 정강·정책에 반함은 물론, 품격 없는 발언을 해 사실관계를 왜곡하고 국민통합을 저해했다"고 말했다. 김 최고위원의 '전광훈 목사 우파진영 천하통일' 발언에는 "당이 마치 특정 종교인의 영향 아래 있다거나 그의 과도한 주장에 동의하고 있다는 인상을 줘서 당의 명예를 실추시켰다"고 지적했다. 또 "'4·3은 격이 낮다'고 발언해 유족회와 관련단체 등에 상당한 모욕감을 느끼게 함으로써 국민통합을 저해했다"고 밝혔다.

태 의원 징계에 대해서는 "대통령실 이진복 정무수석이 공천을 거론하며 대일정책을 옹호해달라고 요청했다고 발언해 마치 대통령 비서실이 국회의원 공천에 개입하고 당무에 속하는 최고위 모두발언 방향까지 지시하는 걸로 오인하도록 잘못 처신했을 뿐 아니라 이런 발언이 잘못 녹음돼 외부에 알려지게 하는 등 당 위신과 명예를 실추시켰다"고 설명했다. 또 'JMS 민주당'이라고 한 태 의원 SNS 글에 대해 "공당을 중대한 문제가 있는 특정 종교인이 속한 종교단체와 연관 지어가며 부적절한 표현을 섞어 비난"했고 "제주4·3사건이 북한 김일성 지시에 의해 촉발됐다는 주장은 법률취지에 반하는 걸로 볼 수밖에 없고, 4·3 희생자 유족에게 상처를 줘 국민통합을 저해했다"고 말했다.

징계 전 자진사퇴한 태 의원은 정상참작돼

김 최고위원은 이번 윤리위 결정으로 사실상 내년 총선 공천을 받지 못할 상황에 놓였다. 반면 태 의원은 최고위원직 사퇴로 징계에서 '정상참작'을 받으면서 공천 가능성을 일단 열어뒀다. 앞서 태 의원은 10일 오전 국회 소통관에서 기자회견을 열어 "오늘 윤석열정부 출범 1년을 맞아 저는 더 이상 당에 부담을 주고 싶지 않다. 그동안의 모든 논란은 전적으로 저의 책임"이라며 최고위원직에서 스스로 물러나겠다고 밝혔다. 그러나 태 의원은 잇단 설화와 함께 작년 지방선거 당시 '쪼개기 후원금 수수' 의혹까지 불거지며 사면초가에 몰렸다. 태 의원이 자신의 지역구(서울 강남 갑) 시·구의원들로부터 정치후원금*을 받았으며, 본인은 물론 가족, 지인들 명의로 후원금을 보내는 이른바 '쪼개기' 방식이 사용됐다고 한 언론이 보도한 것이다.

정치후원금

특정한 정당·정치인을 후원하고자 하는 개인이 선거관리위원회에 등록된 후원회에 기부하는 금전이나 유가증권, 또는 그 밖의 물건을 말한다. 정치자금을 필요로 하는 자가 직접 받을 경우 제공자와 받는 자 간에 각종 비리가 발생할 우려가 있으므로 후원회라는 별도의 단체를 통해 정치자금을 조달할 수 있도록 후원회제도를 마련했다.

한편 국민의힘이 우여곡절 끝에 두 최고위원의 거취 문제를 일단락하면서 '리더십 혼란'을 수습하고 안정을 되찾을지 주목된다. 당헌·당규상 최고위원 자리가 사퇴 등으로 '궐위'가 되면 그 사유가 발생한 날로부터 30일 이내에 전국위원회(전국위)를 소집해 후임을 선출해야 한다. 지도부는 일단 이른 시일 내 전국위를 통해 태 의원 공석을 채운 뒤 김 최고위원이 배제된 8인 체제로 운영하면서 심기일전을 꾀할 것으로 예상된다.

최고위원 사퇴 기자회견하는 태영호 국민의힘 의원

SG증권발 폭락사태 ··· 대규모 주가조작 정황 드러나

SG(소시에테제네랄)증권발 폭락사태로 불거진 대규모 주가조작 의혹에 대해 검찰과 금융당국이 본격 수사에 착수했다. 세력 내부자들끼리 사고팔며 주가를 띄우는 통정거래가 실제로 있었는지, 폭락한 종목들의 대주주나 공매도 세력이 관여해 시세차익을 챙겼는지 밝히는 것이 수사의 핵심이다.

합동수사팀, 통정거래 내역 등 확인

이번 주가조작 의혹은 대성홀딩스, 삼천리, 선광, 하림지주 등 8개 종목 매물이 4월 24일부터 SG증권을 통해 나오고, 연일 하한가를 기록하면서 불거졌다. 금융당국 조사를 눈치챈 주가조작 세력이 급하게 매물을 던지면서 주가가 급락했을 가능성이 거론된다. 당국은 주가조작 세력이 투자자를 모집한 뒤 이들 명의 휴대전화와 증권계좌를 활용, 매수·매도가를 미리 정해놓고 주식을 사고파는 통정거래 방식으로 주가를 띄워온 것으로 의심하고 있다.

서울남부지검·금융위원회 합동수사팀은 누가, 언제부터, 어느 정도 규모로 이 같은 방식의 불법거래를 했는지 규명하는 게 수사의 출발점인 만큼 우선

압수수색으로 확보한 증거물을 분석하는 데 주력하고 있다. 수사팀은 주가조작 세력 근거지로 지목된 H투자컨설팅업체 라덕연 대표에게 자본시장법 위반 등 혐의가 있다며 피의자로 입건해 수사 중이다. 골퍼 출신 안모 씨가 대표로 있는 서울 강남의 한 골프 아카데미가 투자자 모집창구 역할을 하고 수수료 명목의 돈을 챙겼다는 의혹도 들여다보고 있다.

수사팀은 H사 이외에 '제3의 세력'이 개입했을 가능성도 열어놓고 각 종목의 최근 수년간 거래내역도 살펴보고 있다. 또 폭락한 종목 대주주나 공매도 세력이 주가조작에 관여했거나 사전에 인지했을 가능성도 거론된다. 당국은 폭락에 앞서 일부 종목 공매도가 급증한 경위도 살펴보고 있다. 30억원을 투자한 것으로 알려진 가수 임창정 씨를 비롯한 투자자 대부분은 자신들이 주가폭락으로 손실을 떠안은 피해자라고 주장하고 있으나, 이들이 단순히 투자를 일임한 게 아니라 통정거래 등 불법이 동원되는 사실을 알았다면 공범으로 수사대상이 될 수도 있다.

무더기 급락 부른 'CFD' 뭐길래

이번 폭락사태의 배경으로 지목된 '차액결제거래(CFD)'에도 관심이 쏠렸다. 금융투자업계에 따르면 CFD는 현물주식을 보유하지 않은 상태에서 기초자산의 진입가격과 청산가격 간 차액을 현금으로 결제하는 장외 파생상품 거래다. 가격변동에 따른 차익이 목적이며 진입시점과 청산시점의 가격차액에 CFD 계약수량을 곱해 이익·손실 금액이 정해진다. 투자자는 매수와 매도 양방향 포지션을 가질 수 있는데, 주식을 실제로 가지지 않은 상태에서 매도할 수 있어 공매도와 같은 효과를 낼 수 있다. 증거금률*은 증권사들이 종목별로 40~100% 수준에서 설정할 수 있어 최대 2.5배 레버리지(차입) 투자가 가능한 대신 투자 관련 위험 감수능력이 있는 전문투자자에 한해서만 거래가 허용된다. 다만 CFD구조상 헤지(위험분산)가 필요하기 때문에 국내증권사들은 자신들보다 제도 및 세금 측면에서 헤지에 유리한 외국계증권사와 협업하는 경우가 대부분이다.

증거금률

거래대금에 대한 최저위탁보증금의 비율을 뜻하는 것으로 고객이 신용거래로 주식을 매매할 경우 약정대금의 일정비율에 해당하는 위탁보증금이 요구된다. 주식거래에서 일반적으로 투자자는 보유금액보다 2.5~2.8배 많은 금액의 주문이 가능하다. 단, 100% 증거금률인 경우에는 리스크가 높은 종목에 적용되며, 보유금액 이상으로 살 수 없다.

전문가들은 CFD거래가 투자주체가 노출되지 않고 사실상 익명으로 이뤄진다는 점에서 주가조작 등 부당한 거래에 활용될 위험이 크다고 지적한다. 실제로 CFD계약구조상 국내증권사와 해외증권사는 투자자로부터 받은 이자·주식매매 수수료를 나눠 가지며 수익을 얻을 뿐 이번처럼 주가변동성 확대에 따른 손실은 고스란히 투자자의 몫이 된다. 한편 SG증권발 폭락사태로 한바탕 홍역을 치른 키움증권과

CFD시장 1위 교보증권 등 증권업계는 CFD계좌 개설을 차단하는 조치에 나섰다. 애초 키움증권은 대규모 주가조작 의혹이 드러난 이후에도 CFD 자체에는 문제가 없다는 입장을 고수해왔으나, 김익래 다우키움그룹 회장의 불공정거래 연루 의혹 등 오너 리스크가 불거지며 금융당국의 검사를 받게 되고 대규모 미수채권까지 떠안게 되자 결국 조치에 나선 것으로 풀이된다.

8위

댈러스 쇼핑몰 총기난사 ···
미국 총기규제 또 도마 위

미국 텍사스주 댈러스 교외의 한 쇼핑몰에서 총기난사 사건이 발생했다. 은색 세단 승용차에서 내린 한 괴한이 사람들을 상대로 무차별 총격을 가하면서 총 9명이 숨졌고, 부상자도 다수 발생했다.

텍사스 쇼핑몰에 세워진 희생자 추모 십자가

무차별 총기난사, 일가족 포함 9명 사망

경찰과 현지 언론에 따르면 토요일인 5월 6일(현지시간) 오후 3시 36분께 댈러스 외곽 소도시 앨런의 한 프리미엄 아웃렛 매장에서 총소리가 들려오기 시작했다. 은색 세단 승용차에서 내린 한 괴한이 사람들을 상대로 무차별 총격을 가한 것이다. 이로 인해

3세 어린이를 포함해 9명이 숨졌고, 희생자 가운데 3명은 한인교포 일가족인 것으로 확인됐다.

민간인 총기 소유 상위 5개국

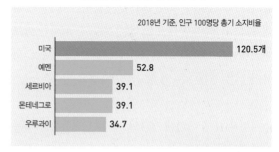

2018년 기준, 인구 100명당 총기 소지비율

국가	총기 소지비율
미국	120.5개
예멘	52.8
세르비아	39.1
몬테네그로	39.1
우루과이	34.7

자료 / 전미총기협회(NRA)

범인은 앞서 이 쇼핑몰에 다른 신고로 출동해 있던 경찰관이 현장으로 즉시 달려가 교전을 벌인 끝에 사살됐는데, 33세 남성 마우리시오 가르시아로 밝혀졌으며 단독범행으로 보고 있다. 아직 범행동기는 밝혀지지 않았으나, 수사에 정통한 고위 경찰 소식통은 범인이 소셜미디어상에서 극우 극단주의와 관련해 활동한 사실을 확인했다고 CNN은 전했다.

이 소식통은 사망한 범인이 옷에 네오나치*(Neo-Nazi), 백인우월주의자, 우익극단주의자들이 즐겨 사용하는 'RWDS'라고 쓰인 휘장을 달고 있었다고 말했는데, 당국은 이 문구가 'Right Wing Death Squad(우익 죽음의 분대)'의 약칭인 것으로 보고 있다. 이에 따라 범인이 극단적인 인종주의자로 혐오범죄를 저질렀을 가능성도 제기되고 있다.

네오나치

제2차 세계대전 및 나치독일 이후 나치즘을 일부 수정하거나 재수용하는 사상 및 움직임이다. 네오나치즘(Neo-Nazism), 신민족사회주의(Neo-Nationalsozialismus)라고도 한다. 이들은 자신들을 '나치의 후계자'라고 자칭하며 극단적 민족주의와 함께 극도의 국수주의, 제노포비아, 인종차별, 반유대주의, 백인우월주의와 결합한 형태로 나타난다. 최근에는 유럽 여러 나라에서 세력을 넓혀가고 있어 이슬람 테러와 함께 새로운 위협이 되고 있다.

연이은 총기사건에 정부도 총기규제 강화 요청

총기난사 사건에 대한 정의는 조금씩 다르지만, 미국 내 총기 관련 사망 및 부상자 수를 공개적으로 집계하는 비영리단체 '총기 폭력 아카이브'는 총격범을 제외하고 4명 이상이 사망하거나 부상당한 사건으로 규정한다. 이런 정의에 따르면 올해 1월에만 미국에서 40건의 총기난사 사건이 발생했다. 이는 1월 기준 사상 최다다. 2014년부터 2022년까지 1월 한 달 기준 총기난사 사건 발생횟수는 평균 25건이었다. 미국에서 가장 사망자가 많았던 총기난사 사건 10건 중 9건이 2007년 이후 발생했다.

이렇듯 미국에서 총기난사 사건이 급증하는 이유는 미국인들이 그 어느 때보다 많은 총을 소지하고 있다는 데 원인이 있다. 2020년 미국에서는 2,300만 정이 팔렸는데, 이는 1년 전인 2019년에 비해 65% 증가한 수치다. 다음 해인 2021년에도 수치는 비슷했다. 코로나19 팬데믹의 여파로 인한 재정적 어려움, 직업 안정성의 문제, 가족 및 주변인들과의 관계의 어려움 가중 등 사회 전반적으로 스트레스가 증가한 점이 총기 소지 급증의 원인으로 꼽힌다.

미국 총기규제 관련 주요일지

1934년	'미국총기법' 제정 • 총기등록 의무화
1938년	'미국총기법' 강화 • 주 경계 넘는 거래 제한
1968년	'총기규제법' 제정 • 흉악범 등에 판매 금지
1986년	'총기소지자보호법' 제정 • 기존 법 일부 수정·폐지
1993년	'브래디 권총폭력예방법' 제정 • 권총 거래 시 신원조회 의무화
2004년	'연방 살상용무기금지법' 시한 만료
2022년 6월	미국 연방 상·하원, 총기규제법안 가결 • 돌격소총, 대용량 탄창 제외 • 조 바이든 미국 대통령, 총기규제법안 서명
2023년 1월	바이든 대통령, 총기규제 강화 추진 발표 • 캘리포니아 총기난사 등 잇따른 총기사고 발생 계기

한편 조 바이든 미국 대통령은 텍사스 총기난사 사건 희생자를 애도하기 위해 연방정부 기관에 조기 게양을 지시하고, 성명을 통해 "미국사회는 올해 약 200건의 대규모 총기사건을 겪었다"고 언급했다. 그러면서 "나는 의회에 공격용 소총과 대용량 탄창을 금지하고, 보편적 신원조회, 안전한 보관장소 요구, 총기 제조업체에 대한 면책 종료 등에 대한 법안을 (통과시켜) 내게 보내달라고 재차 요청한다"고 말했다. 그러나 텍사스가 전통적 '공화당 텃밭'인 데다가 총기규제가 가장 느슨한 지역 중 하나인 만큼 이번 참극을 계기로 변화할 가능성은 낮을 것으로 전망된다.

9위

5대 은행 '위기 비상체계' 가동 … 저축은행 자산건전성도 '빨간불'

5대 은행이 약 3년 동안 코로나19 금융지원 차원에서 원금과 이자를 미뤄준 소상공인·중소기업의 대출 37조원의 만기가 9월로 도래했다. 이런 상황에서 최근 연체율 등 건전성 지표마저 나빠지자 은행들은 잠재적 금융위기 가능성에 대비해 비상체계를 가동하기 시작했다.

약 37조원 시한폭탄 … 9월부터 수면 위로

은행권은 2020년 초 코로나19 대유행이 시작되자마자 정부 방침에 따라 중소기업과 소상공인의 대출 원금 만기를 연장하고 이자상환도 유예했다. 당초 2020년 9월로 시한을 정해 시작됐지만, 이후로 코로나19 여파가 장기화되면서 지원종료 시점이 무려 5차례나 연장됐다. 5월 7일 KB국민·신한·하나·우리·NH농협 5대 시중은행의 '코로나19 금융지원실적' 자료에 따르면 지원이 시작된 이후 5월 4일까지 여러 형태로 원금·이자 납기가 연장된 대출의 잔액은 36조 6,206억원, 건수로는 25만 9,594건(만기연장, 원금상환 유예, 이자유예 중복)에 이른다. 즉, 현재 5대 은행이 약 37조원의 잠재 부실대출을 떠안고 있는 셈이다.

금융당국은 지난해 9월 코로나19 피해 자영업자·소상공인의 대출만기를 금융권과의 자율협약에 따라 최장 3년간 연장할 수 있도록 하고, 상환 유예의 경우 최장 1년간 다시 미뤄줬다. 결국 재연장 결정이 없는 한 오는 9월부터 상환 유예 대상 대출자들부터 금융지원이 사실상 종료되는 만큼 은행권도 하반기 연체율 등이 갑자기 튀어 오르는 등 대규모 대출부실이 현실로 나타날 가능성에 촉각을 세우고 있다. 특히 시중은행들은 현시점에서 가장 중요한 '부실 조기 감지'를 위해 인공지능(AI) 등까지 총동원해 위험징후를 찾고 있다. 한 시중은행 관계자는 "최근 은행 연체율이 2년 반 만에 가장 높은 수준까지 오른 데다 9월 코로나 금융지원 종료까지 앞두고 있어 긴장을 늦출 수 없는 상황"이라며 "중요한 것은 미래 부실 가능성이 큰 대출자를 미리 찾아내 지원함으로써 부실의 전염과 확산을 최대한 막는 것"이라고 말했다.

저축은행 부실채권 비율 5% 넘겨

한편 저축은행업계도 고정이하여신(NPL, 연체기간이 3개월 이상의 부실채권)비율과 연체율이 모두 5%가 넘어가면서 자산건전성*의 악화를 우려했다. 5월 1일 저축은행중앙회에 따르면 올해 1분기 말 저축은행업계의 NPL비율은 5.1%로 집계됐다. 이는 지난해 말(4.04%)에 비해 약 1.1%포인트(p) 높아진 수치다. 부실채권이 총여신에서 차지하는 비율이 5%를 넘긴 것은 연말 기준 2018년(5.05%)이 마지막이다. 저축은행업계의 연체율도 1분기에 5.1%로 잠정집계돼 2016년 말(5.83%) 이후 처음으로 5%를 넘겼다. 경기침체로 중·저신용자 차주(대출자)의 어려움이 커진 탓이다. 저축은행업계 등은 일단은 관리할 수 있는 수준으로 판단하고 있으나, 금융당국은 저축은행의 연체율 상승이 신규연체 외에도 NPL 매각지연 등과 연관된 만큼 NPL 매각통로를 다양화하는 등의 해법을 논의하고 있다.

자산건전성

대출금을 언제 연체했는지 등을 통해 판단하는 자산상태의 안정적인 성질을 말한다. 국내 금융기관은 자산건전성을 유지하기 위해 금융감독원장이 정한 기준에 따라 미래 채무상환능력을 반영한 자산의 건전성 정도를 정상, 요주의, 고정, 회수의문, 추정손실의 5단계로 분류하고 있다. 신용등급은 물론 장래 사업전망, 수익성, 경영자의 전문성 등을 종합평가해 대출 여부와 대출금액을 산정한다.

아울러 1분기 말 전국 79개 저축은행의 자산은 135조 1,000억원으로 지난해 말보다 2.5%(3조 5,000억원) 감소했고, 순손실 규모는 600억원으로 추정됐다. 원인은 수신금리 인상에 따른 비용과 대손충당금 추가적립이 꼽혔다. 1분기 저축은행업권이 지출한 이자비용은 직전 분기보다 7,200억원 늘었고, 지난해부터 미사용 약정에 대해서도 대손충당금을 적립하도록 규정이 강화됨에 따라 1분기에 충당금 700억원을 추가로 적립했다. 그러나 저축은행중앙회는 업계 1분기 평균 자기자본비율(BIS)은 13.6%로 지난해 말(13.15%)보다 0.45%p 올라 금융당국 권고비율(11%)을 웃돌았다며 손실흡수 능력은 충분하다고 강조했다. 1분기 유동성비율(241.4%) 역시 법정 기준(100%)을 큰 폭으로 상회해 하반기부터 영업실적이 호전될 것이라고 설명했다.

'지옥철' 논란 김포골드라인, 대책 시행에도 혼잡도 여전

김포골드라인 김포공항역 승강장

김포골드라인(김포도시철도)에서 승객들이 잇따라 실신하는 사고가 발생하자 경기도와 김포시가 출퇴근 시간대 혼잡도를 완화하기 위해 긴급대책을 발표

했다. 그러나 여전히 승객 분산효과가 희박한 것으로 나타나 혼잡도 저감대책의 현실성이 떨어진다는 목소리가 나오고 있다.

경기도·김포시, '지옥철' 해소 위해 대책 마련

지난 4월 18일 경기도와 김포시가 김포골드라인의 혼잡률(수송정원 대비 수송인원)을 현재 242%에서 200% 미만으로 낮추기 위해 '김포골드라인 혼잡 완화 특별대책'을 발표했다. 우선 연내 시행이 목표인 긴급대책으로 24일부터 김포골드라인 대체노선인 70번 시내버스 노선에 직행 전세버스를 투입해 배차간격을 기존 15분에서 3~6분으로 단축했다. 스마트폰 앱(똑타)으로 호출·예약·결제하는 수요응답형*버스(DRT) 30대도 7월부터 조기 투입된다. 김포골드라인 주요 혼잡 역사에는 전문안전요원을 배치하고 차량 문 앞에서 승차인원을 제한하는 등 승객 안전을 위한 대책도 추진한다. 또 사우동~개화역 버스전용차로를 김포공항까지 연장해 버스의 운행속도와 정시성을 확보할 계획이다.

수요응답형 교통

승객의 호출을 기반으로 하는 운송서비스로 일정한 노선이나 운행시간표 없이 이용수요에 따라 운행하는 교통이다. 빅데이터를 통해 교통수요가 있는 지역과 시간을 분석하고 가장 효율적인 대중교통체계를 만들 수 있다. 택시, 버스, 기차와 같은 전통적인 공급자 중심의 교통수단을 수요자 중심으로 개혁하는 것이다. 수요응답형 교통이 확산하면 도심의 과밀교통 해소와 인구소멸 지역의 대중교통 활용에 큰 도움이 될 것으로 기대되고 있다.

내년 시행이 목표인 단기대책으로는 김포대로~개화역 구간 서울 방향 750m 구간을 2차로에서 3차로로 확장한다. 현재 고촌IC 이후 서울방향 도로가 3차로에서 2차로로 좁아져 병목현상과 차량정체가 심각한 데 따른 것이다. 또한 2년 이상 걸리는 중장기대책으로는 상습 정체구간에 간선급행버스(BRT)

도입, 전철 5호선 연장노선 조기 확정, 서부권광역급행철도(GTX-D노선) 개통을 신속하게 추진할 방침이다.

인구 50만 도시에 2량짜리 경전철 … 예견된 실패

김포골드라인은 한강신도시에서 서울 9호선 김포공항역까지 총 23.67km 구간을 오가는 완전무인운전 전동차다. 그러나 2량짜리 '꼬마열차'인 탓에 출퇴근 시간대 승객 과밀에 따른 민원이 끊이지 않고 있으며, 개통 이후 승강장의 혼잡으로 인한 안전사고 역시 계속해서 발생하고 있다. 이렇게 된 배경으로는 잘못된 수요예측과 무리한 사업추진이 꼽힌다. 김포시는 애초 김포골드라인을 중전철(차량편성 6~10량)인 서울 9호선을 김포로 연장하는 방안을 추진했지만 막대한 건설비 부담으로 인해 경전철(2~6량)로 사업방향을 틀었고, 사업추진을 서두르기 위해 국비지원 절차도 밟지 않았다. 결국 예산부담 때문에 차량편성을 애초 계획한 4량에서 2량으로 줄이는 악수를 뒀다. 전철역 승강장도 2량 규모(33m)로 건설한 탓에 차량편성을 늘릴 수도 없는 구조다. 김포골드라인을 계획할 당시 신도시 개발로 김포시 인구가 50만명으로 늘어날 예정이었던 만큼 전문가들은 당연히 중전철로 건설했어야 한다고 지적했다.

한편 김포시가 5월 8일부터 출근시간대(오전 6시 30분~8시 30분) 대안교통수단인 70번 버스 운행 횟수를 기존 17회에서 41회로 증편 운행했으나 승객 분산효과는 크지 않은 것으로 나타났다. 철도운영사 김포골드라인운영에 따르면 이날 오전 7~8시 승하차 인원은 모두 8,941명이다. 이는 2주 전인 4월 24일 같은 시간대 승하차 인원(9,269명)보다 고작 3.5%(328명) 적은 수준이다. 차량정체로 버스가 정시성을 확보하지 못하다 보니 승객들은 계속해서 철도를 이용한 것이다. 김포시 관계자는 "버스 운행 시간을 최대한 단축하기 위해 여러 방안을 고민하고 있다"며 "정류장별 승객 수를 분석해서 개선방안을 검토할 계획"이라고 말했다.

HOT ISSUE **11위**

진통 끝 야당 주도로 간호법 통과 … 윤 대통령은 거부권 행사

의료인 내부 직역 간 첨예한 갈등을 빚어온 간호법 제정안이 4월 27일 여당의 반대 속에서도 야당 주도로 결국 국회 본회의를 통과했다. 간호법 제정안에 반대해온 국민의힘은 반대토론 후 항의의 뜻으로 본회의장에서 퇴장, 표결에 불참했다. 그러나 5월 16일 국무회의에서 윤석열 대통령은 "간호법안이 직역

김포골드라인 고촌역 승강장에서 대기 중인 119 구급대원

간호법 표결 전 본회의장에서 퇴장한 국민의힘 의원들

간의 과도한 갈등을 불러일으키고 있다"며 법률안 거부권(재의요구권)을 행사했다. 이에 간호사단체는 "정치적 책임을 묻겠다"며 반발했다.

'지역사회 간호' 조항 두고 첨예한 갈등

간호법 제정안은 의료법에 있는 간호사에 대한 규정을 떼어 별도로 만든 법이다. 간호사의 업무범위에 대한 정의와 적정 노동시간 확보, 처우개선을 요구할 간호사의 권리 등이 주요내용이다. 간호사단체는 달라진 환경에서 간호사의 역할을 재정립하기 위해 간호법이 필요하다고 주장했고, 의사단체 등은 간호사의 권한강화가 의료계에 혼란을 야기할 것이라며 반대했다.

제정안 중 가장 논란이 됐던 조항은 '지역사회 간호'라는 표현이다. 1조는 '이 법은 모든 국민이 의료기관과 지역사회에서 수준 높은 간호혜택을 받을 수 있도록 필요한 사항을 규정한다'고 명시하고 있다. 간호사의 역할을 의료기관 내에서 밖으로 넓힌다는 상징적인 의미가 있는데, 대한의사협회(의협) 등은 그동안 이 규정이 간호사가 의사의 지도 없이 단독으로 개원하는 길을 열 것이라고 반대해왔다. 이에 간호사들은 대체로 기우라고 일축해왔다. 현재 의료법상 간호사 업무와 대체로 동일하기 때문에 간호법이 제정된다고 해도 단독개원을 할 수도, 다른 직역의 업무를 침해할 수도 없다는 것이다.

의료법 규정이나 이 법의 다른 규정을 감안해도 적어도 당장 간호사가 단독 개원할 가능성은 없다는 의견이 지배적이다. 의료법 33조는 법에 규정된 주체만 의료기관을 개설할 수 있도록 하고 있는데, 간호사는 빠져 있다. 여기에 간호법 제정안 10조 2항에서는 간호사의 업무를 '의료법에 따른 의사, 치과의사, 한의사의 지도하에 시행하는 진료의 보조'라

고 명시하고 있다. 특히 '진료의 보조'라는 문구는 국회 논의과정에서 '간호사 단독개원' 논란을 고려해 추가됐다. 보건복지부도 의료법 개정 없이는 간호사의 의료기관 개설이 불가하다고 판단하고 있다.

간호법 제정 촉구하는 대한간호협회

의사협회 등은 "총파업도 불사할 것"

법안통과에 의사, 간호조무사 등 단체는 5월 3일과 11일 연가와 단축진료로 집단행동에 나섰다. 간호법 재논의 요구가 받아들여지지 않으면 연대 총파업도 불사하겠다고 밝혔다. 3일에는 13개 보건의료단체가 참여하는 보건복지의료연대(의료연대) 소속 3,000명(주최 측 추산)이 여의도 국회의사당 앞에 모여 '간호법·의료법 개정안* 강행처리 더불어민주당 규탄대회'를 열었다. 서울 외 부산, 대구, 인천, 광주, 대전 등 곳곳에서도 규탄대회를 열고 가두행진을 벌였다. 이날 집회는 대한간호조무사협회가 주도해 열렸으며 의협, 대한임상병리사협회, 대한응급구조사협회, 대한방사선협회, 대한치과의사협회회원들이 참가했다. 이들은 결의문에서 "간호법은 '간호사특례법'이자 '보건의료 약소직역 생존권 박탈법'"이라고 주장하며, "민주당이 정부중재안도 걷어차고 다수의석을 앞세워 입법독주 폭거를 자행했다"고 비난했다.

집회에는 의사와 간호조무사 외에 의료연대에 참여하는 단체회원들도 참가했다. 방사선사인 한 회원은 "간호사가 '진료에 필요한 업무'라며 엑스레이검사 등에서 (방사선사의) 업무를 침범할 것"이라며 우려했다. 한편 의사단체는 간호법과 함께 통과된 의료법 개정안에서 의료인 면허취소 사유를 '범죄 구분 없이 금고 이상의 형을 선고받은 경우'로 확대하는 것을 두고 "우발적인 교통사고로도 면허를 뺏는 '면허강탈법'"이라고 반대 목소리를 높였다.

12위

'학살정권' 시리아, 12년 만에 아랍연맹 복귀

국제사회에서 학살자로 지목된 바샤르 알아사드 대통령이 이끄는 시리아가 아랍연맹(AL)에 복귀하게 됐다. 2011년 알아사드 대통령의 퇴진을 촉구하는 반정부시위를 정부가 강경진압하면서 아랍연맹에서 퇴출당한 지 12년 만이다.

시리아, 외교무대 복귀

5월 7일(현지시간) 아랍연맹 회원국 외교 수장들이 이집트 카이로에서 열린 연맹회의에서 시리아의 연맹 복귀를 결정했다. 아랍연맹의 의사결정은 통상 합의를 통해 이뤄지지만 사안에 따라 표결에 부칠

수 있는데, 이날 시리아의 복귀 관련 표결에서는 연맹 22개 회원국 중 13개 국가가 찬성표를 던졌다. 이로써 최악의 전쟁범죄자로 국제사회의 비판을 받아온 바샤르 알아사드 시리아 대통령의 국제 외교무대 복귀가 공식화됐다.

이집트 카이로에서 열린 아랍연맹 회의

아랍연맹 회원국들은 시리아의 복귀를 결정하면서 내전·난민·마약·테러 문제의 해결을 위해 공동으로 노력하기로 결의했다. 또 회원국들은 시리아 내전의 정치적 해결을 지지하고, 이를 위해 사우디, 레바논, 요르단, 이라크가 참여하는 위원회를 구성하기로 했다. 시리아정부도 정치적 방법으로 내전을 종결하고, 마약 밀매·난민·테러 문제에 대해 회원국들과 공동으로 대응할 것을 약속했다.

이라크는 아흐메드 알사흐하프 외무부 대변인을 통해 "카이로에서 열린 아랍연맹 회의에서 외교장관들이 시리아의 복귀에 동의했다"고 전하면서 "이라크는 아랍의 통합을 위해 외교적 노력을 기울여 왔다"고 밝혔다. 그동안 이라크는 '역내 안보와 안정을 강화하고, 시리아·수단 사태*를 해결하기 위해' 알아사드정부의 연맹 복귀가 중요하다고 주장해왔다. 사우디아라비아 역시 일간 아랍뉴스를 통해 회의 결정사항에 대해 상세히 보도하며 환영의 뜻을 밝혔다.

2023년 4월 15일 북아프리카 수단의 하르툼에서 양대 군벌인 압델 파타 부르한 장군의 쿠데타군정과 모하메드 함단 다갈로 장군이 이끄는 신속지원군(RSF) 간에 발생한 무력충돌이다. 부르한 장군과 다갈로 장군은 2019년 30년간의 독재를 끝낸 군부쿠데타의 공동주역이었지만, 민주정부 수립을 위한 선거를 앞두고 2021년 10월 부르한 장군이 단독 쿠데타를 일으켜 권력을 독점하면서 양측의 갈등이 커졌다. 사태 발발 2주 동안 양측 교전으로 민간인을 포함해 최소 400명이 숨지고 3,500여 명이 다쳤으며, 2022년 7월 이후 9만 7,000여 명의 난민이 발생했다.

사우디·러시아 환영, 카타르·미국 불만

시리아의 아랍연맹 복귀 논의는 지난 2월 튀르키예에서 발생한 강진을 계기로 아랍국가들이 원조에 나서면서 시작됐다. 이후 사우디아라비아와 아랍에미리트(UAE)가 시리아와의 관계회복에 공을 들이면서 화해분위기가 조성됐다. 특히 사우디아라비아는 이란이 관계 정상화에 합의한 이후 이란의 지원을 받아온 시리아정부와의 관계복원을 적극적으로 추진했다. 요르단 역시 시리아내전 종식을 위한 로드맵을 제시한 데 이어 이집트, 이라크, 사우디, 시리아 외교관들이 만나기도 했다.

시리아의 아랍연맹 회원자격은 알아사드 대통령이 2011년 3월 반정부시위를 강경진압하도록 명령한 뒤 박탈됐다. 이후 시리아는 지금까지 10년이 넘는 내전를 겪고 있고, 그 여파로 지금까지 50만명이 숨

바샤르 알아사드 시리아 대통령

지고 2,300만명의 난민이 발생했다. 또한 내전이 격화하는 과정에서 정부군이 반군 제거를 위해 민간인 거주지역에 화학무기를 살포해 국제사회의 비판을 받기도 했다.

한편 시리아의 아랍연맹 복귀를 반대했던 카타르는 시리아와 관계 정상화와 관련한 입장에 변화가 없다고 밝혔고, 미국 국무부도 알아사드 대통령이 위기 해결에 필요한 조처를 취할 의지가 있는지 회의적이라는 반응을 보였다. 반면 이들을 지원해온 러시아는 시리아의 아랍연맹 복귀를 환영했다. 마리아 자하로바 외교부 대변인은 "모스크바는 오랫동안 기다려온 조처이자 시리아가 '아랍 가족'에 복귀하는 과정의 논리적인 결과인 이번 조처를 환영한다"고 말했다.

13위

서울대·고려대 등 21개교,
현 고2 대입 정시에 학폭이력 반영

4월 26일 4년제 대학 협의체인 한국대학교육협의회(대교협)는 전국 196개 회원대학이 제출한 '2025학년도 대학 입학전형 시행계획'을 취합해 공표했다.

수능 위주 전형에 학폭 반영 16개교 늘어

서울대, 고려대 등 21개 대학이 현재 고등학교 2학년에게 적용되는 2025학년도 대학입시(대입) 정시모집 대학수학능력시험(수능) 위주 전형에서 학교폭력(학폭) 조치사항을 반영하기로 했다. 지난 4월 12일 교육부가 발표한 학폭 근절 종합대책*에 따라 2026학년도부터 모든 대입전형에 학폭조치가 의무적으로 반영될 예정인 가운데 사회적 분위기 등을

고려해 1년 먼저 수능 위주 전형에 학폭조치를 반영하는 대학들이 나온 것이다. 2023학년도 대입과 견주면 5개교(감리교신학대, 서울대, 세종대, 진주교대, 홍익대)에서 16개교가 늘었다.

학교폭력 근절 종합대책

국가수사본부장에 임명됐다가 낙마한 정순신 변호사 아들의 학교폭력 사건을 계기로 정부가 11년 만에 학폭 근절 종합대책을 대대적으로 손질했다. 이에 현 고등학교 1학년 학생들이 치르게 될 2026학년도 대입부터 학폭 가해학생에 대한 처분결과가 수시는 물론 수능점수 위주인 정시전형에도 의무적으로 반영된다. 또 중대한 처분결과는 학교생활기록부(학생부) 보존기간이 졸업 후 최대 4년으로 연장돼 대입은 물론 취업에도 영향을 미칠 수 있게 됐다.

학생부종합전형(학종)에서는 112개교가 학폭조치를 반영할 방침이다. 서울대, 경희대, 성균관대 등 서울의 16개교가 모두 포함됐다. 학생부교과전형에서는 동국대, 연세대 등 27개교가 학폭조치를 반영한다. 논술전형에서는 건국대 · 서울시립대 · 한양대 등 9개 대학이, 체육특기자 전형을 제외한 실기 · 실적 전형에서는 고려대 · 서울대 · 연세대 등 25개 대학이 학폭조치를 평가에 고려한다. 체육특기자 전형에서는 전형을 운영하는 88개 대학 모두 학폭조치를 반영한다.

146개교, 수능 '미적분·기하·과탐' 지정 폐지

한편 문 · 이과 통합 교육과정 취지에 따른 수능 과목에도 변화가 있다. 자연 · 공학 · 의학 계열 모집단위에 수능 선택과목 제한을 두지 않은 대학은 146개교로, 1년 전보다 17개교 늘었다. 서울 주요대학 중에서는 건국대, 경희대, 광운대, 동국대, 성균관대, 숭실대, 연세대, 중앙대, 한양대 등 9개교가 자연 · 공학 · 의학 계열 지원 수험생에게 수능 수학 미적분이나 기하, 과학탐구 영역 응시를 2025학년도부터 요구하지 않는다. 2024학년도 대입에서 먼저 필수 영역 지정을 폐지한 서강대를 포함하면 서울 주요대학에서는 총 10개교가 된다. 이에 따라 **수학 확률과 통계, 사회탐구 등을 주로 선택하는 문과생들도 의대에 진출할 수 있는 길이 열렸다.**

다만 경희대, 광운대, 성균관대, 숭실대, 연세대 등 15개교는 자연 · 공학 · 의학 계열에 지원하는 수험생이 수학 미적분 · 기하, 과학탐구 영역에 응시할 경우 가산점을 줘 우대한다는 방침이다. 수학, 탐구 가운데 일부 영역에서만 필수지정을 폐지한 대학은 고려대, 서울시립대, 숙명여대 등 6개교다.

2021~2025학년도 모집시기별 모집인원

	정시모집	수시모집

학년도	정시모집	수시모집
2021학년도	80,073	267,374
2022학년도	84,175	262,378
2023학년도	76,682	272,442
2024학년도	72,264	272,032
2025학년도	69,453	271,481

2025학년도 대학들의 전체 모집인원은 34만 934명으로 전년보다 3,362명 감소한다. 모집인원 중

79.6%(27만 1,481명)가 수시로, 20.4%(6만 9,453명)는 정시로 선발된다. 수시 선발인원은 1년 전보다 551명, 정시 선발인원은 2,811명 각각 감소했다. 수시 선발비율은 대교협이 대입전형 시행계획을 취합해 공표한 2011학년도 이후 최고다. 서울 주요 16개 대학의 수능 위주 전형 비율 40% 이상은 유지됐다. 광운대·동국대·서울여대·성균관대·한양대 40.0%, 경희대·중앙대 40.1%, 숙명여대·숭실대·연세대 40.2%, 서강대 40.3%, 서울시립대 40.4%, 고려대 40.5%, 서울대 40.9%, 한국외대 42.3%, 건국대 42.7%다. 수도권과 비수도권 대학의 선발인원은 각각 38.8%인 13만 2,126명, 61.2%인 20만 8,808명으로 집계됐다.

14위

코로나19 이젠 일상으로 …
6월부터 확진자 격리, 권고로 전환

5월 11일 코로나19 중앙재난안전대책본부(중대본)는 윤석열 대통령 주재의 회의 결과에 따라 6월 1일부터 위기경보 수준을 '심각'에서 '경계'로 하향했다. 확진자 7일 격리나 병·의원과 약국, 감염취약시설 등에 남아 있는 마스크 착용의무가 사라졌고, 사실상 엔데믹(풍토병으로 굳어진 감염병)에 진입했다.

'조속한 일상회복' 위해 당초 계획보다 앞당겨

5월 11일 윤 대통령은 모두발언에서 "(코로나19 비상사태 선언) 3년 4개월 만에 국민들이 일상을 되찾게 돼 기쁘게 생각한다"며 일상회복을 선언했다. 이에 따라 위기경보 하향에 맞춰 확진자에게 부과되던 7일간의 격리의무는 5일 권고로 전환됐다. 당초 격리의무는 코로나19 감염병 등급이 2급에서 4급으로

낮아지는 일상회복 2단계 조정 때 해제할 예정이었으나 조속한 일상회복을 위해 앞당긴 것이다. 그 외에도 격리의무가 사라진 후 확진자가 몸이 아픈데도 억지로 출근해 일하는 일이 없도록 '아프면 쉬는 문화' 정착을 위한 기관별 지침 마련과 시행도 독려할 계획이다.

실내마스크 착용의무 역시 6월부터 동네 의원과 약국에서는 전면 권고로 전환됐다. 단, 환자들이 밀집해 있는 병원급 이상 의료기관과 입소형 감염취약시설에서는 당분간 착용의무를 유지한다. 입국 후 3일 차에 코로나19 유전자증폭(PCR)검사를 권고하는 것도 종료됐다.

그러나 코로나19 의료대응체계와 치료비 지원은 일단 유지된다. 이전과 마찬가지로 백신접종은 누구나 무료로 가능하며, 치료제도 무상 공급되고 전체 입원환자에 대한 치료비도 계속 지원된다. 생활지원비와 유급휴가비 등 일부 격리에 따른 지원도 당분간 계속된다. 다만 PCR검사를 위한 선별진료소 운영은 유지하되, 현재 9곳인 임시선별검사소 운영은 중단된다. 또한 정부는 코로나19 확진자 통계를 일간 단위에서 주 단위로 전환했고, 정부 대응체계도 범정부 중대본에서 보건복지부 차원 중앙사고수습본부 총괄체계로 바뀌었다.

세계 코로나19 확진자 추이

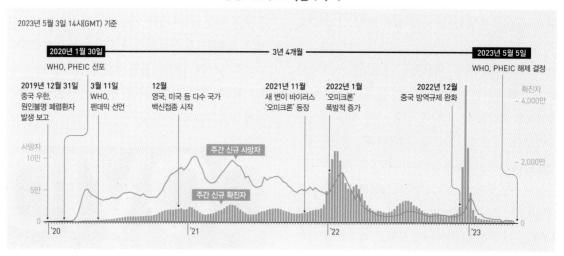

2023년 5월 3일 14시(GMT) 기준

2020년 1월 30일 WHO, PHEIC 선포
3년 4개월
2023년 5월 5일 WHO, PHEIC 해제 결정

2019년 12월 31일 중국 우한, 원인불명 폐렴환자 발생 보고

3월 11일 WHO, 팬데믹 선언

12월 영국, 미국 등 다수 국가 백신접종 시작

2021년 11월 새 변이 바이러스 '오미크론' 등장

2022년 1월 '오미크론' 폭발적 증가

2022년 12월 중국 방역규제 완화

확진자 ~ 4,000만

사망자 10만

5만

주간 신규 사망자

주간 신규 확진자

~ 2,000만

'20   '21   '22   '23   0

자료 / 세계보건기구(WHO)

WHO, 3년 4개월 만 코로나19 비상사태 해제

정부의 일상회복 선언은 5월 5일(현지시간) 세계보건기구(WHO)가 코로나19의 **국제적 공중보건 비상사태***(PHEIC ; Public Health Emergency of International Concern)를 해제한데 기인한다. 테워드로스 아드하놈 거브러여수스 WHO 사무총장은 "코로나19 팬데믹(감염병의 대유행)은 완화하는 추세에 있다"며 코로나19에 대한 PHEIC를 해제하기로 결정했다고 밝혔다. 이 선언에 따라 2020년 1월 30일 선포 이후 3년 4개월간 유지됐던 코로나19에 대한 최고수준의 경계태세가 풀리게 됐다.

국제적 공중보건 비상사태

대규모 질병 발생 중 국제적인 대응을 특히 필요로 하는 것을 의미하며, 세계보건기구(WHO)가 선언한다. 기존에는 황열병, 콜레라, 페스트 유행을 의미했지만, 신흥 감염증이나 바이오 테러에 대응하는 필요성과 전염병 탐지 및 은폐 방지의 관점에서 국제보건규칙이 2005년에 개정되어 원인불문하고 국제적으로 공중보건에 위협이 될 수 있는 모든 사건이 대상이 됐다. WHO 회원국은 PHEIC를 감지한 후 24시간 이내에 WHO에 통보해야 하며, WHO는 그 통보내용에 따라 PHEIC 확대방지를 위한 신속한 조치를 취해야 한다. 2000년 인플루엔자 범유행부터 2022년 원숭이두창까지 지금까지 PHEIC로 지정된 사태는 총 7번이다.

비상사태 선언 전날 오후 스위스 제네바 WHO 본부에서 열린 제15차 코로나19 국제보건규칙 긴급위원회 회의에서 WHO 사무국은 전 세계의 코로나19 위험도는 여전히 '높음'이나 ▲ 주간 사망 ▲ 입원 및 위중증 환자 수 감소 ▲ 감염 및 예방접종 등을 통해 높은 수준의 인구면역 보유 ▲ 유행 변이 바이러스의 독성수준 동일 등은 향후 대응에 있어 긍정적인 요인으로 평가했다. 또한 ▲ 변이 심각성이 낮고 확진자 발생이 감소하는 점 ▲ 전 세계적인 SARS-CoV-2 바이러스(코로나19 유발 바이러스) 유행이 지속되더라도 예상치 못한 위험을 초래하지는 않는 점 ▲ 의료체계 회복탄력성 증가로 코로나19 환자 대응 및 기타 의료서비스 유지가 가능한 점 등을 고려할 때 '이제는 비상사태에서 벗어나 장기적인 관리체계로 전환할 시기'라고 판단하고 사무총장에게 PHEIC 해제를 권고했다. 다만 아직 세계가 코로나19로 인한 공중보건 위험에서 완전히 벗어난 것은 아니므로, WHO는 위기상황 해제 이후에도 유효한 상시권고안을 마련해 제안하고, 회원국은 권고안에 따라 효과적인 위기대응을 위한 활동을 지속할 것을 권고했다.

15위

미국, 삼성·SK 중국공장
장비반입 허용 1년 연장하나

미국정부가 삼성전자와 SK하이닉스에 대해 중국공장으로 미국산 장비를 수출·반입할 수 있는 기간을 1년 추가로 연장하는 방안을 검토하고 있다고 영국 파이낸셜타임스(FT)가 5월 3일(현지시간) 보도했다.

'최종사용' 인증으로 한국 반도체기업 부담 최소화

복수의 소식통은 FT에 "미국이 최근 이들 한국 업체가 적어도 1년 더 중국 현지공장에 대해 추가유예를 받을 것이라는 분명한 메시지를 보냈다"고 전했다. 지난해 10월 미국정부는 국가안보를 이유로 중국의 첨단반도체 생산을 막겠다며 중국을 겨냥한 장비수출 규제를 시작했다. 하지만 당시 삼성전자와 SK하이닉스의 중국 현지공장에 대해서는 1년 동안 미국정부의 허가 없이도 장비를 반입할 수 있도록 유예기간을 두기로 한 바 있다. 두 업체는 중국공장 가동에 필요한 물품 일부를 미국에서 조달하고 있다. FT는 한국 반도체기업들이 미국산 장비를 계속 중국으로 반입할 수 있도록 어떤 방법이 동원될지는 아직 불분명하다면서도 **무기한적인 최종사용용도 인증(Verified End Use)을 발급함으로써 향후 반복적으로 승인을 받는 데 따르는 부담을 덜어주는 방안이** 있다고 전망했다.

바이든 행정부의 이 같은 움직임은 한국, 일본, 네덜란드 등 글로벌공급망에 중요역할을 하는 국가들을 대(對)중국 반도체 견제에 동참시킴과 동시에 이들 동맹국이 경제적 불이익을 받지 않도록 하는 것이 매우 까다롭다는 점을 시사한다고 FT는 분석했다.

소식통은 "논의되고 있는 다른 방안들과 더불어 1년간의 유예기간을 효과적으로 연장하는 조치는 한국 기업들이 중국 경쟁업체들에 대한 기술적 우위를 유지하는 데 도움이 될 것"이라고 강조했다. FT는 "삼성과 SK하이닉스가 중국에서의 사업에 혼란을 겪을 경우 중국 경쟁업체에 이익이 돌아갈 것이라는 우려를 일부 해소할 수 있을 것"이라고 부연했다.

반도체업계 "추가유예 시 숨통 트일 것"

삼성전자는 중국 시안과 쑤저우에서 각각 낸드플래시* 생산공장과 반도체 후공정(패키징)공장을 운영 중이다. SK하이닉스는 우시 D램공장, 충칭 후공정공장, 인텔로부터 인수한 다롄 낸드공장을 운영하고 있다.

낸드플래시

비휘발성 메모리의 일종으로 전원이 꺼지면 저장된 데이터가 삭제되는 S램이나 D램과는 달리 전원이 꺼져도 한번 저장한 정보는 지워지지 않는다. 저장단위인 셀을 수직으로 배열해 좁은 면적에 많은 셀을 만들 수 있어 작은 크기로도 대용량의 데이터를 저장할 수 있다. 주로 스마트폰이나 PC의 저장장치로 활용되며 사물인터넷(IoT), 빅데이터, 인공지능(AI)의 개발과 함께 수요가 증가하고 있다.

현재 한미 양국 정부는 삼성전자와 SK하이닉스의 중국공장이 현행 1년짜리 포괄허가 기간이 끝나는 10월 이후에도 원활하게 운영될 수 있도록 하는 방안에 대해 긴밀히 논의하고 있는 것으로 전해졌다. 삼성전자와 SK하이닉스는 이번 FT 보도에 대해 공식적인 입장을 내지는 않았으나, 반도체업계에서는 실제로 중국공장의 반도체 장비반입 금지조치가 추가유예를 받는다면 불확실성이 일부 해소될 수 있을 것으로 보고 있다.

한편 4월 23일(현지시간)에는 '중국이 미국 최대 메모리반도체 업체인 마이크론의 반도체 판매를 금지해 반도체가 부족해질 경우 한국 반도체기업이 그 부족분을 채우는 일이 없게 해달라'고 미국이 한국에 요청했다는 내용의 외신보도가 나왔다. 이 같은 요청은 중국이 마이크론을 대상으로 안보심사에 들어간 데 따른 것으로 전해졌다. 중국은 마이크론에 대한 심사를 통상적 감독조치라고 밝혔지만, 미국은 이를 자국의 대중국 반도체 규제에 대한 맞대응일 수 있다고 본다.

미국 입장에서는 중국과의 반도체 전쟁에 한국기업을 가담시켜 압박수위를 높이기 위한 조치일 수 있지만, 지정학적 리스크가 확대되며 가뜩이나 업황 악화로 고통받는 국내 반도체업계의 불확실성이 커지고 있다는 우려가 제기됐다. 다만 미국이 실제로 이 같은 요청을 한국정부에 했는지는 현재까지 확인되지 않았으며, 삼성전자와 SK하이닉스 역시 해당 내용에 대해 요청받은 바 없다는 입장을 밝혔다.

50억클럽·김건희 여사 쌍특검 시동, 국회 패스트트랙 지정

더불어민주당 등 야당이 지난 4월 27일 국회 본회의에서 국민의힘의 반발 속에 이른바 '쌍특검(대장동 '50억클럽', 김건희 여사 특검)' 법안을 패스트트랙*(신속처리안건)으로 지정했다. 이에 반발한 국민의힘은 반대 토론 뒤 본회의장을 집단퇴장, 표결에 불참했다.

패스트트랙

발의된 국회의 법안처리가 무한정 미뤄지는 것을 막고 법안을 신속하게 처리하기 위한 제도다. 본회의 의석수가 많더라도 해당 상임위 혹은 법사위 의결을 진행시킬 수 없어 법을 통과시키지 못하는 경우가 있는데, 이런 경우 소관 상임위 혹은 본회의 의석의 60%가 동의하면 '신속처리안건'으로 지정해 바로 본회의 투표를 진행할 수 있다.

쌍특검법, 올해 지나기 전에 표결돼

국회는 이날 오후 열린 본회의에서 민주당 등 야당 주도로 '화천대유 50억클럽 뇌물의혹 사건 진상규명 특검법안'과 '김건희 여사의 도이치모터스 주가조작 의혹 진상규명 특검법안'을 패스트트랙에 태우는 안건을 표결에 부쳤다. 무기명 수기 투표결과 50억클

표결 전 대화를 나누는 더불어민주당 지도부

럽 특검법안은 183명이 표결에 참여해 찬성 183명으로, 김 여사 특검법안은 183명이 표결에 참여해 찬성 182명 반대 1명으로 각각 안건이 통과됐다. 패스트트랙 요구안은 재적의원 5분의 3(180석) 이상 찬성이 있어야 본회의에서 통과되는 만큼 민주당은 의원 총동원령을 내려 표를 단속했다. 민주당은 이날 민형배 의원 복당으로 총 170석이 됐다.

이날 두 특검법안이 패스트트랙 안건으로 지정되면서 두 특검법은 늦어도 12월 말 본회의에서 표결이 이뤄질 전망이다. 민주당과 정의당은 일단 '정의당 안(案)'으로 쌍특검법을 추진하기로 했다. 특검추천권, 수사범위 등 법안내용 수정은 본회의 숙려기간에도 가능하다. 민주당과 정의당은 12월 말 패스트트랙을 거쳐 **양 특검이 공식출범하면 내년 4월 총선을 앞두고 양 특검 이슈가 정국 최대현안으로 떠오를 가능성**을 염두에 둔 것으로 알려졌다. 다만 여권에서는 쌍특검 법안이 연말 국회 본회의를 통과할 경우 윤석열 대통령이 거부권을 행사하지 않겠느냐는 관측이 나오고 있다.

국민의힘, "쌍특검 시도는 이재명 방탄"

여야는 '쌍특검' 법안의 처리를 둘러싸고 찬반토론으로 맞붙었으며, 법안통과 이후에도 장외 신경전을 이어갔다. 야권은 법안처리에 일제히 환영의 뜻을 밝혔다. 박홍근 민주당 원내대표는 표결 후 "특검법안은 국민 압도적 다수가 필요하다고 지지해왔다"며 "검찰이 법 앞에 평등하다는 것을 입증하고자 철저하고 공정하게 수사했다면 여기까지 이르지는 않았을 것"이라고 했다.

반면 이양수 국민의힘 원내수석부대표는 국회 기자회견에서 "야당이 강행처리한 50억클럽 특검법"은 "정의구현이라는 미명 아래 대장동 사건 피고인

인 이 대표의 방탄수단으로 변질될 가능성이 크다"고 비판했다. 그는 특검법상 수사대상에 '50억클럽 의혹 수사과정에서 인지된 관련사건'이 포함된 점을 거론하며 "대장동뿐 아니라 백현동, 위례신도시, 성남FC, 대북송금, 변호사 대납, 불법 대선자금 등 이 대표 관련의혹이 모두 인지사건, 관련사건으로 수사대상이 될 수 있어 검찰수사에 심각한 지장을 줄 것"이라고 했다.

쌍특검법 표결을 거부하고 퇴장하는 국민의힘 의원들

국민의힘은 또다시 거대야당의 쟁점법안 강행처리를 저지하지 못했다. 쌍특검 패스트트랙 지정안, 간호법 제정안, 의료법 개정안, 방송법 등 모두 국민의힘이 반대한 법안이 통과됐다. 지난 3월에도 양곡관리법 개정안이 국민의힘 반대에도 민주당 주도로 통과된 바 있다.

결국 이날 본회의에서 국민의힘은 3차례의 집단퇴장을 통한 표결불참으로 반대의사를 표출했다. 윤재옥 국민의힘 원내대표는 "(퇴장은) 법안처리 자체에 저희 당이 동의하지 않는다는 뜻"이라며 "국민들에게 민주당 입법폭주에 대해서 제대로 알리고, 저희가 할 수 있는 다음 수단을 강구하겠다"고 말했다.

신규 초등교사 수 10년 만에 절반, 예비교사 감축도 시간문제

정부가 교원 신규채용 규모 축소안을 발표했다. 특히 저출산의 직격탄을 맞은 초등학교의 교원 신규채용 규모를 상당폭 줄인다. 이에 교원양성기관 정원이 교원 신규채용 규모보다 많아지면서 교·사대 입학정원 조정도 '시간문제'가 될 것이라는 전망이 나온다.

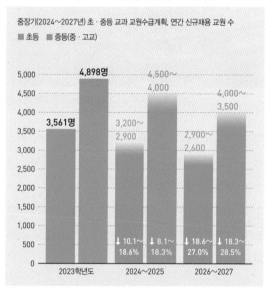

초·중·고 교사 신규채용 규모 축소안

중장기(2024~2027년) 초·중등 교과 교원수급계획, 연간 신규채용 교원 수
■ 초등 ■ 중등(중·고교)

자료 / 교육부

학령인구 감소로 신규채용 줄이기로

4월 24일 교육부가 발표한 '중장기(2024~2027년) 교원수급계획'에 따르면 교육부는 2024~2025년 초등교원 신규채용을 연 3,200~2,900명 내외로 올해(3,561명)보다 10.1~18.6% 감축하기로 했다. 2026~2027년에는 올해보다 18.6~27.0% 줄어든 연 2,900~2,600명 내외를 채용할 계획이다. 초등교원 신규채용 규모는 2013년 7,365명에서 약 10년

만에 절반 이상 줄어들 전망이다. 중·고등학교에 해당하는 중등교원 신규채용 또한 2024~2025년에 4,500~4,000명 내외로 올해(4,898명) 대비 8.1~18.3% 줄이고, 2026~2027년에는 올해보다 최대 28.5% 감소한 4,000~3,500명 내외로 교원을 신규채용할 예정이다.

교육부가 교원 신규채용을 줄이기로 한 가장 큰 원인으로는 저출산에 따른 학령인구* 감소가 꼽힌다. 계획 첫해인 2024년 초등학교에 입학할 학생들이 태어난 2017년 합계출산율(여성 1명이 평생 낳을 것으로 예상되는 평균 출생아 수)은 1.052명으로 1명을 겨우 넘었다. 당시 통계청이 여러 인구 시나리오를 작성할 때 고려한 최저출산율보다도 더 낮은 수준이다. 2025년에 입학하는 학생들이 출생한 2018년 합계출산율은 0.977명, 이듬해인 2019년엔 0.918명, 2020년 0.837명으로 더 떨어지며 '출산율 쇼크'가 이어졌다.

학령인구

정해진 교육과정을 이수하거나 특정 교육기관에 다닐 수 있는 6~21세 아동·청소년의 총인원 수를 말한다. 통계청에 따르면 장기화한 저출산의 영향으로 국내 학령인구가 꾸준히 감소하고 있다. 이러한 감소세는 어린이집과 유치원부터 초·중·고를 거쳐 대학까지 이어져 학생정원을 채우지 못해 문을 닫는 학교가 증가하는 추세다.

또 2027년 공립 초·중·고교 학생 수는 381만 7,000명으로 올해(439만 6,000명)보다 13.2%(57만 9,000명) 감소할 것으로 예상된다. 이후 학령인구 감소세는 더욱 가팔라져 10년 뒤인 2033년에는 공립 초등학생 수가 올해보다 44.2%(112만 1,000명) 감소한 141만 8,000명으로 쪼그라든다. 공립 중·고등학생 역시 27.2%(50만 6,000명) 줄어 135만 1,000명에 그친다.

정부의 교원수급계획을 규탄하는 전국교육대학생연합 관계자들

교대 정원감축 예고에 교원단체 반발

교원 신규채용이 줄어들면 교·사대 정원감축도 불가피할 것으로 전망된다. 초등교사 양성기관인 교대·초등교육과 정원의 경우 2012년에 축소한 것을 마지막으로 10년 이상 정원이 거의 변함 없다. 현 정원이 계속 유지된다면 2027년까지 교대·초등교육과 정원이 교원 신규채용 규모보다 최대 1,200명 이상 많아지게 돼 경쟁률이 오를 수밖에 없는 구조다. 게다가 신규채용 규모가 지속해서 감소해 지난해 초등교원 임용합격률이 9년 만에 절반이 되지 않을 정도로 하락한 상황인 데다 서울 등 일부 지역에서는 임용합격생 전원이 학교에 배치받지 못하는 등 임용적체도 심각한 상황이다. 이대로라면 상황이 더 악화할 우려가 큰 셈이다. 중등교원 양성기관인 사범대·사범계 학과·교직과정 등의 입학정원은 2010년 4만 3,227명에서 2022년 1만 9,834명까지 이미 지속해서 감축되고 있다. 교원양성기관 역량진단 결과에 따라 사범대 역시 계속해서 정원이 감축될 것으로 보인다.

그러나 그간 학급당 학생 수를 고려해야 한다며 교원 수 감축에 부정적이었던 교원단체는 신규교원에 이어 예비교원까지 감축하는 방침에 대해 반발하고 있다. 또한 교원 신규채용 규모가 줄어들면 교단의 고령화가 심화하고 기간제 교사가 양산될 것이라는 우려도 제기된다. 한국교원단체총연합회(교총)는

"학생 한명 한명을 제대로 살피고 활발히 교감할 수 있는 20명 이하 학급 구축, 정규교원 확충이 필요하다"고 촉구했다.

중국·대만 대리전 파라과이 대선, 친미·친대만 승리

중남미 국가 파라과이 대통령선거에서 친미국·친대만 성향의 보수우파 후보가 압승했다. 실리를 내건 친중국 성향의 중도좌파 후보가 약진했으나 71년간 장기집권한 보수우파의 벽을 넘지 못했다.

70년 우향우 연장

4월 30일(현지시간) 치러진 파라과이 대선에서 집권여당 공화국민연합당(ANR, 콜로라도당)의 산티아고 페냐 후보가 약 42.7%를 득표해 약 27.5%를 얻은 제1야당 정통급진자유당(PLRA) 소속 에프라인 알레그레 후보를 누르고 대통령에 당선됐다. 선거과정에 상당수 여론조사에서 알레그레 후보가 1위를 달리는 조사결과가 나와 70여 년 만에 정권교체에 대한 기대를 낳기도 했지만, 막상 투표함을 열어본 결과 이변은 없었다. 막판 야권분열과 알레그레 후보가 콜로라도당 대표인 오라시오 카르테스 전 대통령을 '파라과이의 파블로 에스코바르(콜롬비아의 마약왕)'에 비유하는 등 과격한 발언을 한 탓에 중도표심이 이탈했다는 분석이 나온다.

콜로라도당의 조직력도 막강했다. 전국의 투표소를 감시하고 원주민들을 버스에 태워 투표소로 보내면서 페냐 당선자를 뽑도록 압력을 가했다고 미국의 뉴욕타임스(NYT)는 전했다. 그 결과 콜로라도당은

함께 치러진 총선에서도 상원과 하원 모두 과반 의석을 차지하며 압승을 거뒀다. 또한 17명을 뽑는 주지사 선거에서도 15명을 당선시키면서 중앙정부와 지방정부, 의회 헤게모니를 모두 거머쥐었다.

산티아고 페냐 파라과이 대통령 당선인

미국·대만 안도 … 남미 유일의 대만 수교국 유지

주변국을 제외하고 그간 크게 주목하지 않았던 파라과이 대선이 올해 국제사회의 눈길을 끈 건 크게 2가지 이유 때문이다. 우선 대만의 13개 수교국 중 한 곳인 파라과이에서는 '중국과 대만 중 어느 쪽을 선택하는 게 국익에 도움이 되느냐'라는 딜레마를 놓고 두 후보가 극명한 시각차를 드러냈다. 페냐는 대만과의 현재 관계를 강력하게 유지해야 한다는 입장이었다. 미국에서 석사학위를 받은 그는 미국 및 대만이라는 전통적 우방을 잃어서는 안 된다는 외교 철학을 여러 차례 드러냈다. 지난 1월 CNN과의 인터뷰에서 "우리는 미국, 이스라엘, 대만이라는 지정학적 관계를 계속 안고 갈 것"이라며 미국, 이스라엘, 대만을 '파라과이 발전을 위한, 중요한 삼각구도'로 설명하기도 했다.

반면 알레그레는 파라과이 대표적 수출품인 대두와 소고기를 "세계 최대 시장에 개방해야 한다"는 논리로 중국 친화적인 제스처를 취했다. 대만 언론에서 "우리와의 단교는 기정사실"이라며 우려를 드러낼 정도로 알레그레의 화법은 간결하고 명확했다.

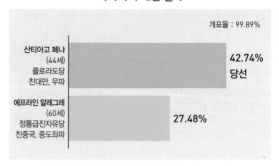

파라과이 대선 결과

개표율 : 99.89%

산티아고 페냐
(44세)
콜로라도당
친대만, 우파
42.74%
당선

에프라인 알레그레
(60세)
정통급진자유당
친중국, 중도좌파
27.48%

이 외에도 멕시코, 페루, 칠레, 콜롬비아, 베네수엘라, 볼리비아, 온두라스, 니카라과 등 중남미 국가에 좌파정부가 속속 들어선 가운데 파라과이에서 우파 정권 명맥을 유지할 수 있을지도 관심사였다. 특히 지정학적 조건상 파라과이 사회분위기에 가장 큰 영향을 미치는 아르헨티나와 브라질에서도 민심이 '좌향좌'를 선택하면서 파라과이 역시 직·간접적으로 영향을 받을 것이라는 관측이 있었다.

그러나 1992년 개헌 전까지 헌법에 '국교는 가톨릭'이라고 명시할 정도로 전통과 보수적 가치를 중시했던 파라과이에서 좌파연합은 이번 대선 막판에 사분오열됐고, 알레그레 또한 분열된 표심 속에 이변을 연출하기엔 역부족이었다. 이로써 일단 최근 중남미에 몰아친 제2의 좌파물결(Pink Tide, 핑크타이드*)은 일단 멈춘 모양새다. 뒷마당에 친중 정권이 들어서는 것을 우려한 미국 또한 가슴을 쓸어내렸고, 대만은 남미 유일의 수교국 지위를 지키게 됐다.

핑크타이드

1999년 우고 차베스(베네수엘라)가 집권한 후 볼리바르식 사회주의와 아르헨티나 페론식 포퓰리즘의 결합하며 세계 최대 석유매장량에 힘입은 오일머니를 바탕으로 '좌파벨트'를 구축, 약 15년간 남미 12개국 중 10개국에 좌파정권이 물밀듯 연이어 들어선 것을 말한다. 뉴욕타임스의 래리 로터가 2005년 처음 쓴 용어다. 2013년 차베스 사망과 석유·구리 등의 원자재값 하락으로 인한 자금 부족, 전 세계적 극우 득세로 급속히 퇴조했다.

19위

"이런 희생 더는 없어야" …
부산 스쿨존 사고 방지책 잇따라

지난 4월 28일 오전 8시 22분께 부산 영도구 청동초등학교 앞 어린이보호구역*에서 비탈길을 따라 굴러 내려온 무게 1.5t의 원통형 화물이 초등학생 3명과 30대 여성 1명 등 4명을 덮쳤다. 이 사고로 10세 초등학생이 숨졌고, 다른 초등생 2명과 학부모 1명도 다쳤다.

어린이보호구역

어린이를 보호하기 위해 초등학교와 유치원의 주 통학로를 보호구역으로 지정해 교통안전시설물 및 도로부속물을 설치함으로써 안전한 통학공간을 확보하는 제도. 어린이 교통사고 예방과 어린이들의 건강한 학교생활을 목적으로 시행하고 있다. 관련 규칙에 따르면 보호구역 지정대상 시설의 주 출입문을 기준으로 반경 300m 이내의 도로 중 일정구간을 보호구역으로 지정하며, 필요한 경우 500m 이내까지 지정이 가능하다.

사고유발 업체, 부실작업 정황 드러나

5일 부산경찰청에 따르면 참사를 유발한 화물은 사고현장에서 100여m 떨어진 어망제조공장에서 하역 작업 중 떨어뜨린 것으로 나타났다. 영도 봉래산 자락에 있는 청동초 앞 등굣길은 10도 이상의 가파른 경사가 이어지는 곳이다. 이곳은 어린이보호구역이어서 주정차가 허용되지 않지만, 어망제조공장 측은 사고 20분 전쯤부터 대형컨테이너 차량을 세우고 그물원료인 '원사롤'을 지게차로 내리고 있었다. 이 과정에서 지게차 운전자가 별도의 안전조치 없이 지게차를 이용해 세워진 원사롤을 눕히려고 했고, 이때 원사롤이 지게차를 빠져나가며 비탈길을 향해 굴러가기 시작했다. 작업자들이 버팀목 등을 던져 원사롤을 멈추려고 했지만 역부족이었고, 결국 원사롤은

어린이보호구역 펜스를 무너뜨린 뒤 피해자들이 있던 곳을 덮쳤다.

사고 당시 등굣길로 굴러온 원통형 화물

당시 지게차 운전자는 해당 공장 대표로 무면허였던 사실도 드러났다. 경찰은 공장 대표를 사고 이튿날 과실치사 혐의로 입건했고, 무면허 운전 부분에 대해서도 건설기계관리법 위반 혐의를 적용할 것으로 알려졌다. 경찰은 또 경사면 작업 때 표준안전 작업지침을 준수했는지도 확인하고 있다. 경사면에서 화물을 취급할 때는 버팀목이나 고임목 등으로 안전조치를 해야 한다. 당시 하역작업을 여러 명이 했던 만큼 조사결과에 따라 입건자가 더 늘어날 가능성도 있다.

뒤늦은 대책 쏟아져 … 현실적 대책 내놔야

사고 나흘 만인 5월 2일 부산시와 경찰, 영도구 등은 뒤늦은 사고방지 대책을 일제히 쏟아냈다. 부산시는 어린이보호구역 안전실태를 전수조사하겠다고 발표했고, 등하교 때 안전관리 인력을 배치하거나 교통봉사체계를 갖추겠다고 말했다. 어린이보호구역 내 불법주정차를 못 하도록 과태료도 기존 3배에서 5배로 올리는 방안을 추진하겠다고 했다.

영도구도 사고가 난 현장에 불법주정차를 못하도록 시설 유도봉을 설치하고 주정차단속 폐쇄회로(CC)TV를 설치하겠다고 했다. 안전펜스도 보강하고, 그동안 미설치된 구간에도 펜스를 추가로 설치하겠다고 덧붙였다. 경찰은 어린이보호구역 내에 위험한 업체나 대형트럭으로 하역작업을 하는 곳은 없는지 전수조사하기로 했다. 또 이번에 사고가 난 청동초 앞 등굣길에 화물차량이 출입하지 못하도록 통행금지를 하는 방안도 검토하겠다고 밝혔다.

사고가 발생한 부산 영도구 초등학교 앞 등굣길

한편 강진희 부산학부모연대 상임대표는 해당 사고 이후 바쁜 출근시간에도 아이들을 데려다주는 학부모가 늘어났다면서 부실한 안전펜스 문제는 반드시 개선돼야 한다고 주장했다. 현재 부산 시내 초등학교 앞에 설치된 안전펜스는 아이들이 도로 밖으로 뛰어나지 못하도록 막는 '보행자 경계용' 펜스여서 건장한 성인남성이 발로 몇 번 차면 쓰러질 정도로 약한 것으로 알려졌다. 고속도로나 교각 등에 설치되는 충격 보호용 안전펜스도 있지만, 어린이보호구역에는 설치할 의무가 없어 일부 초등학교 외에는 설치된 곳을 찾기 어렵다. 강 대표는 "돈 몇 푼에 생때같은 목숨을 또 잃는 일이 없도록 실질적인 대책을 마련해야 한다"고 목소리를 높였다.

현대차, 미국판매 증가 … 러시아공장은 매각 추진

현대차와 기아가 친환경차 선전에 힘입어 지난 4월 미국시장에서 호실적을 거뒀다. 현대차그룹은 현대차(제네시스 포함)와 기아의 미국에서의 판매량이 14만 4,874대로 전년 동월 대비 15.2% 증가했다고 5월 3일 밝혔다.

친환경차 판매 74.0% 늘며 월간 최대

현대차와 기아 모두 지난해 8월부터 9개월 연속 전년 동월 대비 판매가 증가했다. 특히 합산판매량 기준으로 작년 11월부터 6개월 연속 두 자릿수 증가율을 나타냈다. 도요타(0.7%), 혼다(24.5%), 마쓰다(7.5%), 스바루(11.5%) 등 현재까지 미국실적이 공개된 다른 완성차업체의 평균 판매증감률(10.6%)을 고려하면 현대차그룹이 상대적으로 양호한 성적을 거뒀다는 평가다. 현대차와 기아의 호실적은 하이브리드차(HEV)를 비롯한 친환경차가 이끌었다. 현대차 · 기아의 친환경차 판매는 각각 1만 2,904대, 1만 1,798대로 집계됐는데, 이는 작년 동월보다 74.0% 늘어난 것이다. 월 기준 역대 최다 판매량이기도 하다. 친환경차 판매가 지난해 10월부터 7개월 연속 두 자릿수 증가율을 기록하면서 친환경차 판매

비중(17.1%)도 처음으로 17%대를 돌파했다. 이중 HEV는 총 1만 7,872대가 팔리며 125.0%라는 가장 높은 증가율을 나타냈다.

반면 미국 내 보조금 지급대상에서 제외된 전기차는 예상대로 상대적으로 둔화한 증가율(9.8%)을 보이며 총 6,814대가 팔린 것으로 집계됐다. 현대차 아이오닉5와 기아 EV6 판매는 각각 13%, 53% 감소했다. 앞서 미국정부는 **인플레이션감축법*(IRA)** 세부지침에 따라 선정한 보조금 지급대상 전기차에 현대차와 기아 차종을 제외했다. 제네시스 GV70 전동화 모델의 경우 미국 앨라배마 공장에서 양산해 '북미 현지조립' 요건에는 해당하지만, 배터리 핵심 광물의 40% 이상을 미국이나 미국과의 자유무역협정(FTA) 체결국에서 채굴·가공해야 한다는 요건을 맞추지 못해 보조금 지급대상에서 빠졌다.

인플레이션감축법

미국정부가 급등한 인플레이션을 완화하기 위해 마련한 법안으로 2022년 8월 16일 조 바이든 미국 대통령이 법안에 서명하며 발효됐다. 그러나 발표된 법안에 따르면 전기차 구매 시 보조금(세액공제 혜택)을 받기 위해서는 중국 등 우려국가의 배터리 부품 및 광물을 일정비율 이하로 사용해야 하고, 북미에서 최종 조립된 전기차에만 지급한다는 조건을 걸어 국내 자동차업계의 전기차 수출이 차질을 빚을 것으로 전망되고 있다.

전쟁 여파로 1년 넘게 가동중단 … 손실 불가피

한편 러시아와 우크라이나 전쟁 여파로 1년 동안 가동 중단해온 러시아 제2도시 상트페테르부르크 공장을 외국기업에 매각하는 협상은 마무리 단계에 접어든 것으로 알려졌다. 현대차는 상트페테르부르크에 현지공장을 건설해 2011년부터 유럽진출의 교두보로서 운영해왔다. 이 공장에서는 연간 23만대가 생산됐으며, 3년 전에는 GM공장을 인수해 생산능력을 30만대까지 확대했다. 약 2,600명의 근로자가

현지맞춤형 모델인 쏠라리스, 글로벌 소형SUV 크레타, 기아 리오 등을 생산하며 러시아시장에서 수입차 인지도 1위를 달리고 있었다.

하지만 러시아가 우크라이나를 침공한 직후인 지난해 3월부터 공장가동이 중단됐고, 가동재개 시점이 불투명한 상황이 지속됐다. 현대차 러시아공장 측은 지난해 말 전쟁 여파와 공급망 대란에 따른 생산 감소로 감원에 착수했다고 발표하기도 했다. 여기에 최근 윤석열 대통령의 우크라이나 전쟁 관련 발언으로 인해 러시아 내 여론까지 돌아서면서 상황이 더욱 악화됐다.

현대차 측은 상트페테르부르크 공장매각 보도에 대해 현시점에서는 정해진 것이 없다고 밝혔다. 그러나 4월 28일 업계에 따르면 최근 현지에 진출한 카자흐스탄 기업과 공장매각 협상을 마무리하고 러시아정부의 최종승인을 기다리고 있는 것으로 확인됐다. 현지 직원들의 고용승계 등에 대해서도 합의했으며, 현대차가 원하는 시기에 공장을 다시 사들인다는 조건이 붙은 것으로도 알려졌다. 다만 **공장조성에 이미 6,000억원 이상이 들어간 상황에서 운용비까지 따지면 1조원 정도의 손실이 발생할 것으로 추정된다.** 판매율 역시 3만 6,000대에서 1만 1,000대로 69.3% 급감했다. 시대

한 달 동안 화제의 뉴스를 간단하게!
간추린 뉴스

윤석열 대통령 취임 1년 … 여당은 호평, 야당은 혹평

5월 10일 취임 1년을 맞은 윤석열 대통령은 9일 주재한 국무회의 모두발언에서 전임 정부에서 이념에 치우친 각종 정책이 최근 전세·주식 관련 사기사건의 원인이 되고, 이를 바로잡을 정책을 세우려 해도 거대야당의 벽에 막혀 어렵다고 비판했다. 국민의힘은 10일 현 정부가 성공적인 국정운영을 하고 있다며 '비정상의 정상화' 시간이었다고 강조했고, 외교·경제 분야에서도 재도약을 위한 발판을 마련했다고 평가했다. 반면 더불어민주당은 지난 1년간 대한민국이 퇴행했다고 혹평하며 야당과의 소통부족, 외교 참사 등을 실정으로 지적하고 국정기조 변화를 촉구했다.

건설노조 간부 분신해 사망 … 강력투쟁 나선 노동계

5월 1일 노동절에 구속영장실질심사를 앞두고 민주노총 건설노조 강원지부 간부 양회동 씨가 분신해 병원에서 치료받던 중 사망했다. 양씨는 강원지부 조합원 2명과 함께 폭력행위처벌법상 공동공갈, 업무방해혐의로 구속영장이 청구된 상태였다. 그는 "정당하게 노조활동을 했는데 (혐의가) 집시법위반도 아니고 업무방해 및 공갈이랍니다"라는 내용의 유서를 남기고 분신했다. 노조는 유서를 공개하면서 "윤석열정권이 건설노동자의 죽음을 야기했다"며 "건설노조에 대한 무자비한 탄압을 중단하라"고 촉구하고, "총력·총파업 투쟁을 선포한다"고 밝혔다.

거액 가상자산 보유 논란 김남국 의원 … 민주당 탈당

거액의 가상자산 보유논란에 휘말린 김남국 더불어민주당 의원이 5월 14일 탈당했다. 그는 "앞으로 무소속 의원으로서 부당한 정치공세에 끝까지 맞서 진실을 밝혀내겠다"고 말했다. 가상화폐 '위믹스' 코인을 최고 60억원어치 보유했었다는 논란이 불거진 그는 가상화폐 보유 및 거래과정에 어떤 불법도 없었고, 재산신고도 적법하게 완료했다고 해명했지만 논란은 식지 않았다. 또 그가 가상자산 소득과세를 1년 미루는 내용의 '소득세법 개정안'을 공동발의한 것도 도마에 올랐다. 김 의원의 탈당으로 당 차원의 진상조사나 윤리감찰은 중단될 것으로 전망됐다.

김남국 더불어민주당 의원

2분기 전기·가스요금 인상 … 여름 '냉방비 폭탄' 어쩌나

정부가 2분기 전기·가스요금을 각각 현행보다 5.3% 인상함에 따라 각 가정에도 5월 16일부터 달라진 요금체계가 적용됐다. 정부 등에 따르면 월평균 332kWh(킬로와트시)를 사용하는 4인가구 기준 전기요금은 기존 월 6만 3,570원에서 6만 6,590원으로 오른다. 부가세 등을 포함해 3,020원을 더 내는 것이다. 도시가스는 월평균 3,861MJ(메가줄) 사용하는 4인가구는 가스요금으로 월 4,430원을 더 부담한다. 부가세 등 포함 가스요금이 기존 8만 4,643원에서 8만 9,074원으로 인상되는 데 따른 것이다. 정부는 이와 함께 취약계층을 위한 '냉방비 폭탄' 완화대책도 내놨다.

이상민 장관 첫 탄핵심판 변론 … "10·29참사 예측한 사람 있나"

이상민 행정안전부 장관의 파면 여부를 가릴 탄핵재판의 첫 정식 변론이 5월 9일 열렸다. 헌법재판소 탄핵심판정에서 이 장관 측 윤용섭 변호사는 좌중을 향해 "이 중에 참사를 예측한 사람은 없었을 것"이라며 10·29참사 책임론을 부인했다. 또 "경험 못 한 참사가 발생했는데 일사불란하게 아무 문제없이 사후대응조치를 한 번에 끝낼 수 있겠느냐"며 "시스템의 미흡한 점을 두고 '전부 장관 잘못'이라고 하는 것은 옳지 않다"고 주장했다. 반면 국회 측은 "참사 전후 피청구인의 대응은 헌법과 법률이 장관에게 요구한 수준과 국민의 기대를 현저히 저버렸다"며 맞섰다.

변론을 위해 탄핵심판정에 참석한 이상민 장관

5억짜리 1주택자 재산세 15만원 덜 낸다 … 공정가액비율 추가인하

행정안전부는 올해 1주택자 재산세 부담을 완화하기 위해 작년 한시적으로 60%에서 일괄 45%로 낮췄던 공정시장가액비율을 공시가격에 따라 차등적으로 더 낮추기로 했다고 5월 2일 밝혔다. 공시가격 3억 이하는 43%, 3억 초과 6억 이하는 44%, 6억 초과는 지난해와 동일하게 45%를 적용하기로 했다. 공시가 6억 이하 주택에 대해 이 비율을 추가로 낮추기로 한 것이다. 6억 이하 주택은 전체 1주택자의 93.3%다. 올해 1주택자 공정시장가액비율이 43~45%로 낮아지면 납세자 세 부담은 2020년보다 29.3~42.6% 줄고, 2022년보다는 8.9~47.0% 줄어들 전망이다.

2024년 최저임금위 첫 회의 … 근로자-공익위원 충돌

1차 최저임금위원회 회의에서 발언하는 권순원 공익위원

5월 2일 내년 최저임금을 결정하기 위한 최저임금위원회 첫 회의에서 근로자위원들과 공익위원들이 정면충돌했다. 당초 첫 회의는 4월 18일 열릴 예정이었지만, 노동계가 권순원 공익위원 간사의 사퇴를 요구하며 장내시위를 벌여 무산된 바 있다. 박희은 민주노총 부위원장은 "미래노동시장연구회 좌장을 맡아 '주 69시간제'를 내놓고 윤석열정부의 입장과 경영계 요구를 대변하는 자를 어떻게 신뢰할 수 있느냐"며 다시금 사퇴를 요구했다. 그러나 권 간사는 "생각이 다르다는 이유로 사퇴를 요구하는 것은 최저임금위원회 존재 자체를 부정하는 것"이라며 이를 일축했다.

브라질 삼림파괴·인권침해 … 공룡기업 카길, 법적분쟁

세계적 곡물기업 카길(Cargill)이 브라질 삼림파괴 및 인권침해와 관련해 미국에서 법적분쟁에 휘말렸다. 국제환경단체 '클라이언트어스'는 경제협력개발기구(OECD) 미국 국내연락사무소(NCP)에 카길의 국제규범 위반에 대한 이의를 제기했고 NCP가 검토에 나섰다. 이 단체는 카길이 2030년까지 모든 공급망에서 아마존우림 등의 벌목을 완전히 없애도록 모니터링하고 있다고 주장했으나, 사실은 제대로 모니터링을 하지 않았고 브라질 삼림의 훼손도 계속되고 있다고 봤다. 아울러 카길이 원주민이나 아프리카계 브라질인의 인권침해에 연루됐다는 보고서도 인용했다.

카길이 콩밭으로 개간한 아마존 열대우림

온라인 커뮤니티에서 만난 두 10대 … 극단선택에 SNS로 중계까지

온라인 커뮤니티 디시인사이드 '우울증갤러리'에서 만난 10대 두 명이 극단선택을 시도하다 경찰에 제지됐다. A(17)양과 B(15)양은 5월 5일 오전 3시 55분께 서울 한남대교 북단에서 극단선택을 시도하며 그 과정을 SNS로 중계했다. 이처럼 최근 10대들이 SNS로 극단선택을 하는 장면을 생중계하는 일이 잇따라 발생해 문제가 되는 가운데 해당 학생들이 우울증갤러리에서 활동한 것으로 알려져 방송통신심의위원회(방심위)에 사이트 차단을 촉구하는 목소리가 커졌다. 방심위는 앞서 4월 27일 차단 여부를 심의했으나 법률자문 후 결정하기로 하고 일단 보류했다.

사라지고 잊힌 '임금의 길' … 광화문 월대 규모·변화과정 확인

언론에 공개된 광화문 월대

경복궁의 정문인 광화문 앞에 설치된 월대(越臺, 月臺)의 옛 모습과 변화과정을 보여주는 흔적이 확인됐다. 일제가 훼손하기 전 규모나 전반적인 구조를 알 수 있어 향후 복원결과에 관심이 쏠린다. 문화재청은 광화문 월대를 복원·정비하기 위한 향후 계획을 4월 25일 공개했다. 월대는 궁궐의 중심건물인 정전(正殿) 등 주요건물에 설치한 넓은 대(臺)를 뜻한다. 조사결과 경복궁 중건 당시 설치된 광화문 월대의 규모는 길이 48.7m, 폭 29.7m 규모로 육조거리를 향해 뻗어 있었던 것으로 파악됐다. 임금이 지나가는 길인 어도(御道)의 옛 모습도 가늠할 수 있다.

김민재, 한국인 최초로 이탈리아 세리에A 우승 … 완벽한 빅리그 데뷔시즌

한국축구 대표 수비수 김민재가 유럽 빅리그 데뷔시즌을 우승으로 장식했다. 이로써 1990년 이후 33년 만에 리그정상에 복귀한 김민재의 소속팀 SSC 나폴리는 1987년을 포함해 통산 세 번째 리그 우승을 차지했다. 한국선수가 유럽 5대 빅리그로 꼽히는 잉글랜드, 독일, 스페인, 이탈리아, 프랑스리그에서 우승한 것은 박지성, 정우영에 이어 김민재가 세 번째다. 특히 김민재는 한국선수의 첫 이탈리아 프로축구리그 우승이라는 기록을 썼다. 김민재는 이번 시즌 팀의 리그 38경기 가운데 36경기에 선발로 나오며 수비의 중심역할을 해냈다.

우승을 확정한 후 팬들과 기뻐하는 김민재

중장기 가뭄대책 발표에
4대강 사업 논란 재점화

4대강 보 적극 활용 지시

4월 4일 국무회의에서 윤석열 대통령이 남부지방의 극심한 가뭄과 관련해 "그간 방치된 4대강 보를 적극 활용하라"고 지시했다.

지난해 초부터 시작된 가뭄의 영향으로 남부지방에서는 생활·공업·농업용수로 활용되는 댐의 저수율이 급격히 낮아져 비상급수를 시행해 왔다.

핵심 브리핑

정부가 광주·전남지역의 가뭄에 대처하기 위해 '4대강 보'를 적극 활용하겠다는 계획을 밝히면서 4대강 사업과 관련한 논란이 재점화하는 모양새다. 이미 설치된 이수시설인 만큼 최대한 활용해야 한다는 주장과 이수시설로 보기엔 부적절하게 설치됐으며 생태계를 위해 해체·개방해야 한다는 주장이 계속해서 엇갈리고 있다. 시대

이에 정부는 4대강 보를 '물그릇'으로 활용하는 중장기 가뭄대책을 발표하고 날씨와 수량 등을 고려해 탄력적으로 운영하겠다고 밝혔다.

그러나 사업 초기부터 정권이 바뀔 때마다 논란이 됐던 4대강 사업은 이번 가뭄대책 발표 이후 존치와 해체를 두고 또다시 의견이 엇갈리고 있다.

또한 이번 대책이 문재인정부가 추진한 4대강 보 상시개방·해체 정책에 반하는 내용인 만큼 '정책 뒤집기'라는 평가가 나올 수도 있다.

실제로 그동안 강에 녹조가 심해지면 4대강 보를 해체 해야 한다는 목소리가 커졌다가 가뭄이 깊어지면 보를 활용하자는 의견이 힘을 얻는 모습이 반복돼왔다.

우리나라 판결문 공개비율은
0.3%에 불과하다?

What?

인공지능(AI) 기술이 민간을 넘어 공공영역으로 확대되고 있으나 우리나라는 판결문 공개비율이 낮아 AI 인프라 구축에 걸림돌이 되고 있다는 주장이 제기됐다. AI서비스를 구축하기 위해서는 충분한 데이터 확보가 중요한데, 사법분야의 주요 데이터인 판결문의 공개비율이 0.3%에 불과해 AI구축이 어렵다고 지적한 것이다. 이러한 주장은 사실일까?

2019년부터 민형사·행정 확정판결문 대부분 공개

챗GPT와 같은 생성형 인공지능(AI) 모델은 데이터 학습을 통해 다양한 결과물을 생성한다. 최근 정부는 이러한 AI서비스를 공공부문에 적용해 국정운영에 활용할 계획을 밝혔다. 그러나 IT전문 출판업체 한빛미디어 이사회의 박태웅 의장은 4월 한 라디오 인터뷰에서 "한국에서는 챗GPT 같은 AI서비스를 만들 수 없다"며 "법률분야에서는 판결문 공개비율이 0.3%라 데이터학습에 걸림돌이 되고 있다"고 지적했다.

헌법(109조)은 재판의 심리와 판결을 원칙상 공개하도록 규정하면서, 다만 국가의 안전보장이나 안녕 질서를 방해하거나 선량한 풍속을 해할 염려가 있을 때는 법원의 결정으로 공개하지 않을 수 있다는 단서를 달아놨다. 사법부는 이에 따라 '종합법률정보시스템'과 '판결서 인터넷열람 제도(판결서 열람서비스)'를 통해 인터넷으로 판결문을 공개하고 있다. 종합법률정보시스템은 무료로 판결문을 공개하고 있으나 대법원이 선례적 가치를 인정한 일부 판결만을 공개해 소극적이라는 비판을 받아왔다.

2019년 국회에서 열린 '판결문 공개 확대를 위한 국회토론회' 자료집을 보면, 과거 종합법률정보시스템을 통해 공개된 판결문은 전체 대법원판결의 3%, 각급 법원판결의 0.003%에 불과했다는 걸 알 수 있다.

판결문 공개비율을 확대하라는 요구에 상응해 2019년 판결서 열람서비스가 도입됐다. 이를 이용하면 건당 수수료 1,000원을 결제하고 비실명 처리된 확정판결문을 열람·출력할 수 있다. 다만 공개되는 판결문의 범위는 2013년 이후 확정된 형사사건 판결문과 2015년 이후 확정된 민사·행정·특허사건 판결문으로 제한됐다. 따라서 그 이전 판결문은 여전히 열람할 수 없다.

자료에 따르면 2019~2022년 4년간 연평균 41만 건 정도의 확정된 민사·형사·행정사건 판결문이 판결서 열람서비스에 등록됐다. 이는 매년 전국 법원에서 선고하는 민사·형사·행정사건 전체 판결의 약 30%에 해당한다. 세분화해서 보면 민사판결의 평균 19%, 형사·행정판결의 60% 이상에 해당한다. 이는 전체 판결 중 확정판결과 거의 일치하고, 확정판결 사건은 극히 일부를 제외하고는 대부분 판결문이 공개된다고 할 수 있다.

검색제한 등 접근성은 떨어져

판결서 열람서비스를 통해 이전보다 많은 판결문이 공개되고 있지만 서비스 이용에 제약이 많아 판결문에 대한 접근성이 좋다고 할 수는 없다. 판결서 열람서비스에 접속해 개인정보를 입력하면 사건번호나 키워드를 통해 판결문을 검색할 수 있다. 그러나 한번에 검색할 수 있는 기간은 2년, 미리보기 글자 수는 800~900자(공백 포함)로 제한되고, 키워드로 검색했을 때 결과가 부정확한 경우도 더러 있다. 이처럼 검색기능에 제한이 있다 보니 판결문의 정확한

연도나 사건번호를 모르는 사용자는 여러 차례 검색을 반복해야 한다. 또 수수료를 내면 전문을 열람할 수 있지만, 찾고자 하는 판결문이 아니거나 여러 판례를 참조해야 하는 경우 다른 판결문을 구매해야 한다. 이는 사용자의 비용부담으로 이어질 수 있다.

또한 현재 판결문을 이미지 형태로 제공하고 있어 PDF파일로 텍스트 변환과 기계판독이 불가능한 상황이다. 이 때문에 텍스트를 음성으로 변환하는 서비스가 필요한 노약자나 시각장애인의 경우 법원에 판결문을 따로 신청해야 하는 이중의 제약이 따른다. 기계판독이 불가능한 판결문의 형태는 앞서 언급한 것처럼 사법분야에서의 AI인프라 구축을 가로막는 요인이기도 하다.

판결문은 일반국민들이 재판에서 방어권을 행사하는 데 필요한 기본자료에 해당한다. 사법부는 올해 1월부터 민사·행정·특허 사건의 경우 미확정 사건의 판결문도 열람할 수 있도록 허용하는 등 공개범위를 확대했지만, 낮은 접근성에 대한 문제 제기는 여전하다. 특히 법원사이트를 활용해 정보를 얻는 비율은 학력과 소득수준이 낮을수록 함께 낮아지는 경향을 보였다. 전문가들은 판결문을 공개하고 이를 데이터화하면 전직 판사나 검사 출신의 변호사가 재판의 결과에 영향을 미치는 전관예우를 예방할 수 있을 것으로 본다. 다만 법원행정처는 현행 판결문 공개시스템을 개선하기 위해서는 충분한 예산지원이 선행돼야 한다는 입장이다. ⬛

우리나라 판결문 공개비율이 0.3%에 불과하다는 주장은 판결서 열람서비스 도입 이전 상황을 지적한 것으로 현 상황에 부합한다고 보기는 어려우나 접근성이 떨어지고 기계판독이 불가해 AI인프라 구축에 제한이 있는 것은 사실이다.

수출 아닌 수입?

경주에 미국 SMR 가시화

대통령의 국빈 방미 직후인 5월 초, 경상북도 지역신문에 '미국 원전기업이 경북에 소형모듈원전(SMR) 건설을 추진하고 있다'는 기사가 실렸다. 경북도와 울진군이 '세계 1위 SMR 기업인 미국 뉴스케일파워와 GS에너지, 두산에너빌리티, 삼성물산이 경북 울진에 SMR 모듈 6개로 구성되는 소형 원자력발전소를 2030년까지 건설'한다고 밝혔다는 것이다. 세계무대에서 원전수출을 국가 경쟁력의 원동력으로 삼겠다던 정부의 포부와 달리 수출은 길이 막히고, 수입부터 하는 것 아니냐는 우려가 나온다.

미국에서 글로벌 업체들과 소형모듈원전(SMR ; Small Modular Reactor) 관련 업계 경영진과 연이어 만나 사업 확대방안을 논의했던 두산에너빌리티가 윤석열 대통령과 조 바이든 미국 대통령의 정상회담이 있기 하루 전인 4월 25일(현지시간) 미국 워싱턴DC에서 '한미 첨단산업·청정에너지 파트너십' 행사에 참석했다. 여기에서 두산에너빌리티는 미국 뉴스케일파워, 한국수출입은행 등과 글로벌시장에 SMR 보급을 위한 기술·금융 및 제작·공급망 지원 관련 업무협약(MOU)을 체결했다.

아시아시장 확대를 추진하는 뉴스케일파워는 두산에너빌리티와 협력을 통해 한국 내 공급망을 적극적으로 활용할 계획이다. 두산에너빌리티는 경험을 살려 뉴스케일파워가 개발하는 SMR을 미국에서 생산할 수 있도록 기반구축을 도울 예정이라고 알려지면서 원전업계의 새로운 돌파구가 될 것이라는 기대를 갖게 만들었다. 정상회담의 결과물인 워싱턴선언에 원자력발전 분야와 관련해 '지적재산권 존중'과 '국제원자력기구 추가의정서 준수'라는 내용이 포함됨에 따라 사실상 웨스팅하우스의 손을 들어주고 한국의 원전수출이 완전히 불가능해졌다는 평가가 나오는 소식이었기 때문에 그 MOU 체결성과는 더욱 커 보였다.

그동안 웨스팅하우스는 한국수력원자력(한수원)의 'APR-1400(한국형 원전)' 노형이 웨스팅하우스가 미국정부의 허가를 받아 수출한 원전기술로 개발된 것이므로 한수원이 다른 나라에 원전을 수출하려면 미국의 수출통제를 받아야 한다고 자신들의 지적재산권을 주장해왔다. 이 때문에 2009년 아랍에미리트 원전 수주전 때는 한수원이 웨스팅하우스에 기술자문료를 지급하는 방식으로 분쟁을 해결한 사례도 있다. 지난해 10월에는 폴란드의 1단계 원전 사업자

선정을 열흘 앞둔 시점에 한수원을 상대로 지식재산권 소송을 냈고, 결국 폴란드 원전 1단계 사업자는 웨스팅하우스로 선정됐다.

웨스팅하우스가 건설 중인 원전(미국 조지아주)

그런데 한국형 SMR의 세계수출이라는 기대와 달리 정상회담 며칠 후 경북 경주에 뉴스케일파워의 SMR 6기로 구성된 소형 원자력발전소를 건설한다는 소식이 전해졌다.

SMR은 차세대 원전이자 한국원전의 미래

❖ 차세대 원전산업 선도
❖ 안전성 탁월, 입지 자유로워
❖ 탄소중립시대의 새로운 대안

SMR은 기존 대용량 발전 원자로에 대비되는 개념으로 300MWe 이하의 전기출력을 가진 소형원자로를 말한다. 기존 대형원전보다 안전성이 강화되고, 특히 일본 후쿠시마 원전이 전력공급이 끊기면서 대형 원전사고로 이어진 것을 고려했을 때 전력공급이 끊겨도 공기를 이용한 원자로 자연냉각이 가능하다는 점에 있어서 주목받고 있다. 기존 원전과 달리 해안이 아닌 내륙에도 설치할 수 있어 입지와 출력면에서 유연성을 갖췄다는 평가를 받는다.

세계적으로도 SMR에 주목하는 이유도 여기 있다. 세계 20여 국가에서 71종의 SMR이 개발 중에 있으며, 영국 국립원자력연구소에 의하면 2035년 SMR 시장규모가 620조원에 이를 것으로 예측하고 있다. 특히 바이든 대통령은 마이크로소프트사의 빌게이츠와 손잡고 '2050 탄소중립'의 핵심전략으로 SMR 개발을 적극 추진하고 있다.

한국원자력연구원의 소형모듈원자로(SMR)

우리나라도 10여 년 전부터 SMR에 관심을 두고 연구·개발에 공을 들여왔고, 지난 3월에는 2030년까지 전 세계 원전시장을 공략할 150만m² 규모의 국가산업단지를 경주시 문무대왕면 일원에 조성하기로 최종결정했다. SMR(소형모듈원자로)국가산단 조성사업은 국내 소형모듈원전 연구개발의 요람이 될 문무대왕과학연구소와 연계한 특화사업으로 지역의 새로운 성장동력을 창출하기 위한 민선8기 경주시의 핵심 전략사업이다.

경주시는 연구용역을 통해 분석한 자료를 근거로 SMR국가산단을 통해 유발될 것으로 예상되는 경제적 파급효과를 생산유발효과 7,300억원, 부가가치 유발효과 3,410억원, 취업유발효과 5,399명, 산단 조성 후 가동 시에는 생산유발효과 6조 7,357억원, 취업유발효과 2만 2,779명에 달할 것이라며 장밋빛 청사진을 내놨다.

이런 때에 경북도와 경주시는 뉴스케일파워가 경북 지역 17만 5,000여m² 부지에 SMR 6개를 짓는 사업을 2031년까지 완료하고, 462MW의 전력을 생산할 계획이라고 밝혔다. 그러면서 경북의 원전산업이 글로벌 시장을 주도하게 될 것이라고 전했다. 이철우 경북도지사는 "윤 대통령의 방미성과로 경주 SMR, 울진 원자력수소 등 경북이 추진 중인 국가산단에 날개를 달게 됐다"며 "한미 간 기술동맹의 성과를 내도록 현장에서 적극적으로 지원해서 청정에너지와 첨단산업 발전을 위해 경북이 앞장설 것"이라고 말했다. 주낙영 경주시장도 "SMR은 반도체, 자동차, 철강 등 주력 산업의 침체로 위기를 겪고 있는 우리나라 경제를 도약시킬 구원투수이자 새로운 성장동력"이라며 "향후 후속조치에 대해서도 속도감 있게 추진해 지역 혁신성장을 선도하는 산업 생태계를 조성하는 데 최선을 다하겠다"고 밝혔다.

뉴스케일 소형모듈원자로(SMR) 원전 조감도(뉴스케일파워 제공)

한국, 미국의 SMR 실험장 되나?

❖ 미국 내에 건설 안 해본 초보기업
❖ 한국만의 스마트원전 있는데, 왜?
❖ 환경영향평가, 지역주민 반대 넘을 수 없어

SMR이 기존 대형원전보다 안전하다는 주장의 가장 큰 근거는 크기가 작다는 점이다. 크기가 작다는 것은 핵분열로 발생하는 열 밀도가 낮다는 것을 의미한다. 따라서 사고로 냉각기능 작동이 중단돼도 열을 식히기 쉬워 노심손상 같은 최악의 상황으로 진행될 가능성이 낮다는 것이다. 하지만 크기가 작고 단순해져서 더 안전해지는 것이 아니라 그 반대가 될 수도 있다는 지적도 있다.

한병섭 원자력안전연구소장은 "대형원전 설비의 절반 이상은 안전과 관련된 설비로 볼 수 있는데, 원전이 작아지면서 이런 설비들이 압축되면 검사와 관리에 들어가는 기술비용이 더 증가하고 안전성은 더 위협을 받을 수밖에 없다"고 말했다. SMR로 대형원전과 같은 양의 전력을 생산하려면 다수 호기를 운영해야 하기 때문에 각각의 SMR의 안전성은 높아지더라도 전체적 안전성은 크게 개선되지 않을 것이란 의견도 있다. 결국 경제성과 안전성에 있어서 대형원전보다 탁월하다고 할 수 없다는 것이다.

또한 고준위 방사성 물질인 사용후핵폐기물 발생량은 같은 양의 전력을 생산할 때 SMR이 더 많을 수 있다는 지적도 나온다. 소형 원자로의 열밀도가 대형 원자로에 비해 낮기 때문이다. 임 소장은 "설계를 아주 잘하면 (대형원전과) 비슷한 수준까지 가고, 아니면 더 많이 나올 수 있다"고 말했다.

경험도 문제다. 기본적으로 원전은 자국에서 건설을 완료하고 안정성을 검증한 후 수출한다. 그러나 뉴스케일파워는 자체 개발한 경수로형 SMR에 대해 2020년 9월 미국 원자력규제위원회(NRC)의 표준설계 인증을 받기는 했지만, 원자로 건설 경험이 없는 스타트업기업이다. 미국 유타주 발전사업자 UAMPS가 건설하는 CFPP 발전소에 77MW의 원자로 모듈 6기를 적용하려다 발전단가 상승으로 난관에 부딪친 상태이기도 하다. 결국 뉴스케일파워 SMR의 경주 입성은 검증도 안 끝난 불확실한 원전을 한반도에 설치한다는 의미가 된다. 이에 서균렬 서울대 원자핵공학과 명예교수는 인터뷰에서 "우리 국토, 우리 국민을 볼모로 한번 지어보겠다? 우리가 어디 핵실험장인가?"라고 비판했다.

무엇보다 우리에게는 한국원자력연구원의 1997년부터 개발해온 '스마트'와 울산과학기술원이 2019년부터 연구에 착수한 '마이크로우라노스'가 있다. 또한 정부는 인수위 시절부터 원전수출을 목표로 내세워왔다. 이 때문에 대형원전의 수출이 어려워질 수도 있는 지금 한국형 SMR에 투자가 아닌 자국에서조차 외면당한 미국의 SMR을 검증도 없이 우리나라에 건설하려 한다는 비판이 나온다. 또한 주민 반대를 넘어설 수 있을지도 미지수다. 소형이라도 핵발전소이기 때문이다. 시대

1분기 경제 역성장 탈출,
긴장 풀어선 안 돼

NEWSPAPER

1분기 0.3% 성장,
수출부진이 0.1%p 끌어내려

올해 1분기(1~3월) 한국경제가 전 분기 대비 0.3% 성장하며 역성장의 고리를 끊고 반등에 성공했다. 마스크 착용 전면해제로 민간소비가 살아나면서 간신히 2개 분기 연속 역성장은 면했지만 부진한 수출 탓에 올해 성장률 전망은 밝지 않다. 한국은행이 2월 전망한 연간성장률 전망치(1.6%)도 하향 수정될 조짐이다. 이마저도 경기가 상반기에 저조하다 하반기에 살아날 것이란 '상저하고(上低下高)' 흐름을 전제로 한 분석이다.

2023.04.26. 동아일보

가까스로 역성장 탈출, 민간소비가 견인해

한국은행(한은)은 4월 25일 올해 1분기 실질 국내 총생산(GDP) 성장률(속보치·전분기 대비)이 0.3%로 집계됐다고 발표했다. 지난해 4분기 성장률이 마이너스(-0.4%)를 기록했는데 한 분기 만에 역성장에서 탈출했다. 올해 1분기 성장률을 부문별로 보면 민간소비가 오락문화, 음식·숙박 등 서비스를 중심으로 0.5% 증가했다. 성장률에 대한 민간소비의 기여도는 0.3%포인트(p)로 분석됐다. 반면 순수출(수출-수입)은 성장률을 0.1%p 끌어내렸다.

수출과 투자가 부진한 가운데 민간소비가 1분기 성장률을 견인했다는 평가가 나온다. 우리 경제가 올해 바닥권에서 벗어나 반등의 실마리를 찾을 수 있

을지 주목된다. 1분기 성장률이 시장의 예상을 상회하며 역성장에서 일단 벗어났다고 하지만, 올해 전체 성장률의 회복세를 예단하긴 일러 보인다. 해외에 있는 우리 기업들이 송금한 배당소득이 1분기 성장률을 견인했기 때문이다. 3월은 해외에 있는 우리 기업이 배당소득을 국내로 송금하는 기간이다. 반면 4월은 우리나라에 있는 해외기업들이 배당소득을 자국으로 송금하는 기간이다. 이를 감안하면 2분기 성장률을 낙관할 수만은 없다.

한은은 지난 2월 올해 연간성장률 전망치를 1.6%로 제시했다가 4월 11일에는 1.6%보다 소폭 하회할 것이라고 예상했다. 한은의 추가성장률 전망치는 국제통화기금(IMF)이 제시한 1.5% 내외가 될 것이란 관측이다.

우리나라 둘러싼 대내외적 불확실성 커

경제성장세를 좌우할 수 있는 대내외적인 변수에 주목할 필요가 있다. 한은 관계자는 이날 올해 성장률 전망치와 관련된 변수로 반도체 등 글로벌 IT 경기와 중국의 리오프닝(경제활동 재개) 상황 등을 언급했다. 올해 하반기까지 IT 경기가 회복되거나 중국 경제의 회복세가 빨라질 수 있다는 시장 일각의 기대감이 없지 않지만, 현재로선 불확실성이 여전하다고 봐야 한다.

내수와 수출동향을 세심하게 살피고 대응해야 할 때다. 정부는 최근 경제동향(그린북) 4월호에서 "우리

경제는 제조업 중심의 경기둔화 흐름이 지속되고 있다"고 진단하면서 둔화의 원인으로 반도체를 적시했다. 반도체가 수출과 전반적인 경기회복 여부에 주된 요소가 될 것이란 전망이 나오는데, 반도체 부문은 작금의 미중갈등의 와중에서 특단의 활로를 모색해야 하는 비상한 국면에 처해 있다.

감소하는 수출, 긴장 늦춰선 해법찾기 어려워

수출전선의 부진양상이 지속되는 것도 우려스럽다. 한국무역협회는 올해 1분기 수출이 1,515억달러로 전년동기 대비 12.6% 감소했다고 밝혔다. 수입은 1,740억달러로 전년동기 대비 2.2% 감소했고 무역적자 규모는 225억달러로 집계됐다. 올해 1분기 수출과 수입 모두 전년동기에 비해 감소했다. 반도체를 포함한 중간재 수출부진이 주 요인으로 꼽힌다.

대내외적인 악재를 딛고 수출부진 양상을 타개하기 위한 구조적 해법찾기를 서둘러야 한다. 수출은 4월 20일까지 1년 전보다 11% 줄어들며 감소세가 지속됐다. 무역수지는 작년 3월부터 적자행진이다. 올해 들어 누적된 무역적자는 265억달러를 넘었다. 이는 작년 연간 무역적자(478억달러)의 55%에 해당한다. 수출산업의 기반이 전반적으로 한계상황에 이르고 있는 것은 아닌지 우려된다. 신성장 동력을 찾고 대책을 강구하는 데 한시도 긴장을 늦추기 어려운 현실을 직시해야 한다. ⓢⓓ

섬김받지 않고 섬기겠다
영국 찰스 3세 대관식

찰스 3세(74) 국왕이 5월 6일(현지시간) 마침내 왕관을 쓰고 영국과 14개 영연방 왕국의 군주가 됐음을 전 세계에 공표했다. 찰스 3세는 런던 웨스트민스터 사원에서 거행한 대관식에서 저스틴 웰비 캔터베리 영국 성공회 대주교가 수여한 2.23kg 무게의 왕관을 썼다. 찰스 3세는 "하느님의 이름으로, 그의 본보기로서 나는 섬김받지 않고 섬길 것"이라고 말했다.

70년 만의 대관식, 드디어 왕관 쓴 찰스 3세

영국에서 국왕의 대관식이 열린 것은 1953년 선왕인 엘리자베스 2세의 대관식 이후 70년 만이다. 지난해 9월 여왕의 서거 이후 찰스 3세가 즉시 왕위를 계승한 지 8개월 만이기도 하다. 이날 대관식은 1,000년 가까이 이어져 온 전통의 틀을 대체로 따랐으나, 일부 의식에서는 시대의 변화를 반영했다. 찰스 3세는 성경에 손을 얹은 채 "모든 종교와 믿음을 가진 사람들이 자유롭게 살 수 있는 환경을 조성하기 위해 노력하겠다"고 말했는데, 이 대목은 70년 전 대관식 때는 없었던 것으로 다양성 존중이라는 시대정신에 맞춰 추가됐다.

불교, 유대교, 이슬람교 등 다른 종교 지도자들이 대관식에 참석해 비종교적인 대관식 물품을 전달한 것도 대관식 사상 처음 있는 일이다. 영어와 함께 웨일스어, 스코틀랜드 게일어, 아일랜드어로 찬송가가 울려 퍼졌으며, 여성 사제가 처음으로 성경을 낭독하고 흑인 여성 상원의원, 카리브해 출신 여성 남작이 대관식에서 역할을 맡았다는 데서도 왕실이 포용하고자 하는 다양성을 엿볼 수 있었다.

빗속에서도 "신이여 국왕을 지켜주소서"

대관식을 위해 '다이아몬드 주빌리 마차'를 타고 버킹엄궁을 떠난 찰스 3세 부부가 웨스트민스터 사원으로 향한 2km 구간은 영국국기 '유니언잭'을 흔들며 '왕의 행렬'을 지켜보려는 사람들로 인산인해를 이뤘다. 오전부터 빗방울이 떨어졌지만, 행렬을 비교적 가까이서 볼 수 있는 더몰 거리는 전날 밤부터 줄을 서 자리를 잡은 시민들로 발 디딜 틈 없이 붐볐다. 이날 모인 사람들은 왕실이 영국을 하나로 묶어주는 역할을 한다고 입을 모았다. 이들은 "군주제는 잉글랜드 특유의 제도로 영국에 좋다"며 "공화제를 원하는 사람들이 시위하는 것은 자유이지만 그들은 극소수"라고 주장했다.

군주제 거부감에 "내 왕 아니다" 시위도

70년 만의 대관식은 국가적 초대형 이벤트로 화려하게 치러졌으나 군주제 논의에도 불을 붙였다. 왕실이 영국의 구심점이라는 신뢰와 세계에 유례없는 제도라는 자부심이 의식 전반에 깔려있지만 미세한 금이 가고 있다. 영국은 브렉시트, 코로나19 이후 성장동력이 떨어졌고 물가상승률이 10%가 넘는다.

작년부터 '생계비 위기'라는 표현이 공공연해졌고, 의료·교통·교육 등 공공부문 거의 전부에서 급여를 올려달라며 파업을 하고 있다. 대관식 참석자 숫자를 70년 전의 4분의 1 수준으로 축소하고 행렬도 단축했지만 1억파운드(1,700억원) 이상으로 알려진 비용을 세금으로 대는 데는 반감이 나왔다.

이날 거리에서 '내 왕이 아니다(Not My King)'라는 구호가 터져 나온 것도 이런 배경에서다. 군주제폐지 시민단체 '리퍼블릭'은 "군주가 아닌 국민대표가 국가원수가 돼야 한다"며 대관식시위 동참을 촉구해 관심을 받았다. 왕실행사에 관심을 끄는 것을 넘어서 행동에 나서는 사람들이 늘어나는 것이다.

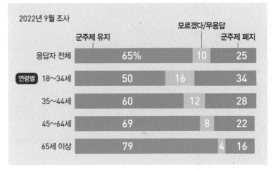

영국 성인의 '군주제 유지' 응답 비율

2022년 9월 조사

구분	군주제 유지	모르겠다/무응답	군주제 폐지
응답자 전체	65%	10	25
연령별 18~34세	50	16	34
35~44세	60	12	28
45~64세	69	8	22
65세 이상	79	4	16

자료 / 모닝컨설트

군주제에 대한 영국인들의 지지가 갈수록 떨어지는 것은 찰스 3세에게 큰 고민거리다. 어머니와 같은 카리스마나 인기도 없고, 왕실 지지율마저 떨어지는 상황에서 달라진 세상에 걸맞은 왕실의 모습을 보여야 한다는 무거운 짐을 지고 있다. 국제적으로는 과거 제국주의 식민지배 시절의 과오를 반성해야 한다는 목소리가 높다. 분열된 영국인들을 아우르고, 왕실가족 내 잡음도 다스려야 한다. 근본적으로는 군주제가 현대 민주주의에 걸맞지 않다고 보는 21세기 영국민들에게 왕실이 시대착오적이지 않다는 것을 보여주는 것이 중요하다는 지적이 나온다. 시대

"영업상 자유 vs 차별 부당"

점주도 고객 선택할 수 있어

개인사업장에서 누구를 들어오게 하거나 못 오게 하는 것은 사업주의 자유다. 연령대별 출입제한은 소비자 입장에서나 사회적으로나 불쾌하다고 비칠 수 있는 부분이기는 하지만 사업장의 특성에 맞게 고객을 선택할 수 있는 것이다. 특히 여성 사업주나 점원의 경우 남성 고객들로부터 지속적으로 성희롱에 시달리는 사례가 많다. 이번 시니어존을 선언한 카페 역시 고연령층 남성들로부터 여성 사업주가 성희롱에 시달린 끝에 내린 조치였다. 지난 4월에도 자영업자 커뮤니티 '아프니까 사장이다'에서 "50~60대 진상이 너무 많다"면서 조언을 구하는 글이 올라와 열띤 토론이 벌어지기도 했다.

성희롱 외에도 반말, 고성에 욕설까지 서슴지 않는 노년층은 이미 개인사업장의 오랜 문제였다. "딸 같아서"라는 말이 용서될 수 없는 시대에 여전히 과거의 권위적인 행동을 이어가는 노년층은 사업자뿐 아니라 다른 고객들에게도 불쾌한 경험을 하게 한다. 이 때문에 노년층이 많이 오가는 사업장에 젊은 세대들이 가지 않으려 하는 것이다. 이런 경우 사업주는 영업행위를 위해 선택할 수밖에 없다. 단순히 MZ세대가 갖는 노년층에 대한 혐오의 문제라고 비판할 것이 아니라 '왜 그런 결정을 했는가'에 집중하고 제한대상 스스로 반성해야 한다.

어버이날인 5월 8일 한 온라인 커뮤니티에 '노시니어존'이라는 제목으로 한 장의 사진이 게재됐다. '노시니어존(60대 이상 어르신 출입제한)'이라고 명시해놓은 한 카페의 출입문을 찍은 사진이었는데, 바로 이 문구 옆에는 '안내견은 환영한다'는 스티커가 붙어 있었다. 글쓴이는 "무슨 사정일지는 몰라도 부모님이 지나가다 보실까 무섭다"고 감상을 남겼다. 이에 다수의 온라인 커뮤니티에서는 또 다른 차별이라는 비판과 노년층에서 소위 '진상손님'이 많기 때문에 가게주인으로선 그럴 수 있다는 옹호론이 엇갈렸다.

특정집단을 배제하는 '노○○존'에 대한 논란은 2014년 '노키즈존(No Kids Zone, 어린이 출입금지)'이 등장하면서부터다. 아이가 식당에서 뛰어다니다 화상을 입은 일로 소송을 낸 부모에게 법원이 식당책임이 80%라며 식당주인과 종업원에게 4,000여 만원을 배상하라고 판결한 것을 계기로 자영업자들이 공공장소에서 아이들의 행동이나 소음이 타인을 불편하게 만든다는 이유를 내세우며 '노키즈존'을 도입했다. 결국 자녀들을 적절히 통제하지 않는, 즉 제 자식만 챙기는 무책임한 부모들의 이기심이 어린이 기피현상을 낳았다는 비판의 목소리가 커졌다.

노시니어존 논란

5월 9일 기준 구글맵의 '노키즈존 지도'를 보면 전국에서 451개의 노키즈존이 운영 중이다. 노키즈존이 늘면서 다른 종류의 노○○존도 생기고 있다. 2019년엔 '49세 이상 정중히 거절합니다'라는 안내문을 붙인 식당이 화제가 됐다. 지난해에는 전국의 스터디카페에 '중고교생 출입불가'가 유행처럼 번졌고, 40대 이상의 고객은 거절한다는 캠핑장도 있었다. 이외에도 부산의 대학가의 한 술집은 학생들의 편의를 위해 '노교수존'을, 서울 신림동의 한 식당은 중년남성들의 성희롱에 맞서 '노중년존'을 내걸기도 했다.

전문가들은 노시니어존의 등장에 대해 MZ세대를 중심으로 기성세대에 대한 거부감과 적대감이 표출된 사례라고 진단하고, 저출산·고령화 문제와 연동되면서 사회구조적으로 젊은 세대가 노인세대를 부양해야 하는 부담이 훨씬 커진 만큼 "갈등문제와 노인배제가 더 심각해질 것"이라고 우려했다. 문제는 노시니어존을 비롯한 '노○○존'이 법적으로 제재하기 어려운 부분이고 각자의 입장이 있기 때문에 옳다 그르다고 할 수 없다는 것이다. 한편 제주도의회는 차별과 인권침해 예방을 위해 오는 11월 '제주특별자치도 아동출입제한업소(노키즈존) 지정 금지 조례안'을 심사할 것을 밝히기도 했다. 시대

YES!
"개인사업장 출입은 사업주가 정할 수도 있다"
"일하다 보면 어르신들 상대가 가장 힘들긴 해"

NO!
"혐오나 차별이 아무렇지도 않은 세상이 된 듯"
"노키즈존 보면 저런 거 생길 수순이었다"

반대

개보다 천대받는 노인

국가인권위원회(인권위)는 2017년 "노키즈존은 아동차별"이라며 13세 이하 아동의 이용을 제한한 식당에 시정을 권고한 바 있다. 나이를 기준으로 한 이용제한은 합리적이지 않다고 판단한 것이다. 이런 결정에 대해 인권위는 국가인권위원회법 제2조 제3호를 근거로 "일부 아동과 그 부모 때문에 식당 이용을 전면 배제하는 것은 일부 사례를 객관적·합리적 이유 없이 일반화한 것에 해당한다"고 밝혔다.

'대한민국헌법 제11조제1항'은 '모든 국민은 법 앞에 평등하다. 누구든지 성별·종교 또는 사회적 신분에 의하여 정치적·경제적·사회적·문화적 생활의 모든 영역에 있어서 차별을 받지 아니한다'로 규정한다. 마찬가지로 합리적인 이유 없이 성별, 나이, 학력, 직업, 국적 등을 이유로 차별을 하는 행위는 평등권 침해행위에 해당한다.

무엇보다 '노○○존'에는 '약자 혐오'가 깔려 있다. 사회적으로 배려받아야 할 약자인 아동이나 노인에 대한 차별·혐오가 '노○○존'이라는 형식으로 나타난 것이다. 이 추세라면 여성, 남성, 학생 등의 출입이 금지되는 사업장까지 등장할 수 있다. 지금은 내가 배척하지만, 언젠가는 나도 배척당할 수 있다는 의미다. 연령대가 아니라 행위에 대한 기준을 마련해야 하는 이유다.

"피해자 선구제 vs 빌라왕 선처벌"

가장 빠르고 확실한 구제법

임차인 보호를 명분으로 만들어놓은 '임대차 3법'이 있지만, 이 법은 지금 같은 집값 폭락기에는 도움이 되지 못한다. 전월세 상한제와 같이 연장 시 임대료나 월세를 일정요율 이상 인상하는 것을 억제하는 데 초점을 둔 법이기 때문이다.

물론 전세금이 상대적으로 소액인 임차인은 전셋집이 경매에 넘어갔을 때 일정금액이라도 우선해 돌려받을 수 있다. 그러나 미추홀구처럼 다주택 소유자가 대출금리 인상으로 장기연체를 하면서 경매에 넘어가면 권리의 1순위는 대출을 해준 은행과 같은 금융권이 갖는다. 여기에 집값이 하락하면 대출금이 집값을 상회하는데, 이런 경우 세입자 몫은 없을 수밖에 없다.

이번 전세사기 사태는 제도 미비, 집값 하락, 금리 인상 등에 법의 허점을 이용한 갭투자가 원인이다. 즉, 전세로 사는 개인의 잘못 차원을 넘어섰다는 것이다. 정부, 지방자치단체, LH(한국토지주택공사) 등 공공 영역에서 문제해결에 나서야 하는 이유가 여기에 있다. 공공에서 문제가 된 전세주택을 사들여 피해자의 거주권을 우선 보장하는 것이 가장 빠르고 확실한 피해자 구제 방법이다. 제도의 미비로 벌어진 일인 만큼 제도를 통해, 그리고 공공이 먼저 나서야 하는 것이다.

'인천 주택왕', '광주(광역시) 빌라왕' 같은 사기사례가 전국 여러 곳에서 나타나면서 피해를 입은 2030세대 4명이 스스로 목숨을 끊는 비극이 이어지고 있다. 특히 '주택왕'이라는 별명이 붙은 인천의 한 건설업자가 2,800여 채 주택으로 2,700억원의 전세보증금을 제대로 돌려주지 못하거나, 대출이자를 갚지 못해 몇십 채 이상의 공동주택이 건물째 경매로 넘어가면서 벌어진 일이다. 이번에 문제가 된 인천 미추홀구에서만 3,000여 가구가 피해를 입었다. 이 중 61.6%는 임의경매(담보권 실행경매)에 넘어갔고, 92가구는 이미 낙찰돼 매각됐다.

인천의 한가운데쯤 있는 구도심 미추홀구는 주택매매 실거래 평균가격이 2023년 1월 기준 2억 2,000만원으로 강화군을 제외한 인천시 자치구 가운데 가장 낮다. 재개발 예정지가 230곳에 달하는 등 낙후지역이 많아 집값이나 땅값이 상대적으로 저렴한 것이다. 이 때문에 목돈이 부족한 2030세대 1인가구 청년들이나 신혼부부들이 많이 거주하고 있었다. 미추홀구 중에서도 전철역과 가까운 숭의동(도원·제물포역)과 도화동(도화역), 주안동(주안역) 등에 피해가 집중된 이유이기도 하다.

주택 공공매입 논란

'인천 주택왕'과 '광주 빌라왕'의 경우에는 소개 브로커 · 중개사까지 결탁해 처음부터 사기일 개연성이 높지만, 이와는 달리 고금리에 집값 급락으로 결과적으로 사기가 돼버린 경우도 매우 많다. 결국 정부는 전세보증금을 돌려받지 못한 20~30대 피해자들이 스스로 목숨을 끊은 뒤에야 전세사기 피해자 주택의 경매일정을 중단하는 등의 조치를 긴급하게 내왔고, 일부 경매가 중단되기도 했지만 피해자를 구제하는 데는 역부족이었다.

이에 정치권에서는 공공매입과 우선매수권 등을 주장하며 피해자를 우선적으로 구제해야 한다는 목소리가 커지고 있다. 더불어민주당과 정의당이 우선 처리를 요구하고 있는, 정부의 공공매입을 전제로 하는 '선(先)보상, 후(後)구상권 청구' 법안이 그것이다. 한국자산관리공사 등 공공기관이 전세보증금 채권을 인수해 피해금액을 우선 보상하고, 이후 해당 주택을 인수해 공공임대주택으로 활용하거나 매각하는 방식으로 피해보상에 쓴 돈을 회수하는 방안이다. 이에 국민의힘은 시급히 대책을 마련해야 한다는 데는 공감한다면서도 공공매입에 대해서는 사회적 합의의 필요성과 실효성을 이유로 난색을 표하고 있다. 🔲

"부자는 감세, 전세피해자 구제는 나 몰라라?"
"법의 맹점 이용한 범죄이므로 국가가 책임져야"

"개인의 피해를 왜 국가가 대신 보상해주나?"
"집값이 떨어진 상태에서 과연 실효성이 있을까?"

세금 투입은 사회적 합의 필요

공공매입은 세금이 투입되는 사업이다. 따라서 '어떤 기관이, 무슨 돈으로'에 대한 사회적 합의 없이는 불가능하다. 비싸게 사면 납세자가 동의하지 않을 것이고, 싸게 사면 임대인·임차인이 동의하지 않는다. 세입자 보증금 우선반환도 채권행사 관련 현행법령을 대폭 고치지 않고는 어렵다.

은행의 손실분담도 정부가 강요해서는 안 된다. 은행은 경제에 미치는 영향이 크기 때문에 이런저런 규제에 영향을 받고 정부정책에 맞추기는 하지만, 국가 소유의 공공기관이 아닌 엄연한 사기업이다. 사기업의 존재이유는 영업이익의 창출이다. 자유시장 경제체제하에서 사기업의 영업행위를 국가가 나서서 막을 수는 없다.

무엇보다 주택왕이나 빌라왕처럼 갭투자를 이용한 사기 피의자들과 노후대책을 위해 다가구 건물 1채를 보유한 이들은 분명히 구분해야 한다. 명백한 사기극과 집값이 전세금보다 싸지는 바람에 집주인이 만기 때 보증금을 돌려주지 못하는 '깡통전세'나 '역전세'와는 구별해야 하는 것이다. 또한 사기도 처음부터 고의에 의한 것인지, 고금리에 집값이 급락하면서 결과적으로 사기가 돼버린 것인지 나눠서 봐야 한다. 모든 전세금 반환갈등을 국가가 다 해결해줄 수는 없다.

QUIZ

핫이슈 퀴즈

한 달 이슈를 퀴즈로 마무리!

01 한미 정상이 4월 26일 정상회담을 가진 뒤 공동성명을 발표하고 별도 문건 형식으로 도출된 (   )을/를 통해 핵협의그룹을 신설하기로 했다.

02 한일정상은 5월 7일 회담 이후 양국의 대표적 비우호 조치였던 (   ) 원상회복을 위한 절차가 착실히 이행되고 있다고 전했다.

03 주택임대차보호법에서는 임대차기간 보장, (   ) 부여, 보증금 우선변제권 인정 등의 특례를 규정하고 있다.

04 최근 정치권에서 송영길 전 더불어민주당 대표의 돈봉투 살포 의혹과 김현아 국민의힘 전 의원의 공천헌금 의혹 등 (   )와/과 관련한 논란이 연이어 불거졌다.

05 (   )(이)란 가계와 민간 비영리단체들이 일정기간 물건 구매 및 서비스 이용에 지불한 모든 비용을 합산한 금액을 말한다.

06 정치자금법에 따르면 정치자금을 주고받는 과정에서 발생할 수 있는 비리를 방지하기 위해 (   )에 등록된 후원회를 통해 정치자금을 조달할 수 있도록 하고 있다.

07 현물주식을 보유하지 않은 상태에서 가격변동에 따른 차익을 목적으로 하는 (   )이/가 SG증권발 폭락사태의 원인으로 지목됐다.

08 (   )은/는 제2차 세계대전 및 나치독일 이후 나치즘을 일부 수정하거나 재수용하는 사상 및 움직임을 뜻한다.

09 국내 금융기관들은 (   )을/를 유지하기 위해 금융감독원장이 정한 기준에 따라 미래 채무상환능력을 반영한 건전성 정도를 5단계로 분류하고 있다.

10 (   )은/는 승객의 호출을 기반으로 하는 운송서비스로 일정한 노선이나 운행시간표 없이 이용수요에 따라 운행한다.

11 의료법 개정안은 의료인의 면허 결격사유를 확대하는 것을 골자로 한 법안으로 (　　) 이상의 형을 받으면 면허를 취소할 수 있도록 하는 내용이 포함됐다.

12 2011년 알아사드 대통령이 반정부시위대를 강경진압한 이후 (　　)에서 퇴출당한 시리아가 12년 만에 연맹에 복귀했다.

13 정순신 변호사 아들의 학교폭력 사건을 계기로 정부가 11년 만에 '무관용 원칙'을 내세우며 (　　)을/를 대대적으로 손질했다.

14 5월 5일 세계보건기구(WHO)가 코로나19의 (　　) 해제를 선언하면서 3년 4개월간 유지됐던 최고수준의 경계태세가 풀리게 됐다.

15 (　　)은/는 비휘발성 메모리의 일종으로 전원이 꺼져도 한번 저장된 정보는 지워지지 않는다는 특징이 있다.

16 더불어민주당을 주축으로 한 야당이 국민의힘의 반발 속에 국회 본회의에서 이른바 '쌍특검' 법안을 (　　)(으)로 지정했다.

17 정부가 교원 신규채용 규모를 축소하기로 한데에는 저출산으로 인한 (　　) 감소가 가장 큰 원인으로 꼽혔다.

18 (　　)은/는 베네수엘라에서 우고 차베스정권이 출범하면서 시작된 흐름으로 약 15년간 남미에서 좌파정권이 연이어 집권한 것을 의미한다.

19 (　　)은/는 어린이 교통사고 예방과 어린이들의 건강한 학교생활을 목적으로 시행하고 있는 제도다.

20 미국정부는 (　　) 세부지침에 따라 선정한 전기차 구매 보조금 지급대상에서 현대차와 기아 차종을 제외했다. 시대

---

01 워싱턴선언　**02** 화이트리스트　**03** 대항력　**04** 불법 정치자금　**05** 개인소비지출(PCE)　**06** 선거관리위원회　**07** 차액결제거래(CFD)　**08** 네오나치　**09** 자산건전성　**10** 수요응답형 교통　**11** 금고　**12** 아랍연맹(AL)　**13** 학교폭력 근절 종합대책　**14** 국제적 공중보건 비상사태(PHEIC)　**15** 낸드플래시　**16** 패스트트랙(신속처리안건)　**17** 학령인구　**18** 핑크타이드　**19** 어린이보호구역　**20** 인플레이션감축법(IRA)

필수
시사상식

한 달 동안 화제의 용어를 한자리에!
시사용어브리핑

월광족(月光族) 월급을 모두 써버리는 특성을 가진 중국의 신세대
국제·외교

매달 받는 월급(月)을 모두 써버리는(光) 소비패턴을 가진 중화권의 젊은 세대를 일컫는 말이다. 대체로 중국정부의 1가족 1자녀 원칙에 따라 '소황제'로 불리면서 성장한 이들로 월급의 대부분을 명품이나 자동차 구매, 해외여행에 소비하는 등 자신이 추구하는 라이프스타일을 위해 돈을 아끼지 않는다는 특징이 있다. 중국의 신세대 중 가장 강력한 소비성향을 보여주는 세대로 꼽히며,  현재의 행복을 우선시하는 '욜로(YOLO ; You Live Only Once)족'과 비슷한 유형으로 분류되기도 한다.

왜 이슈지?
최근 **월광족**의 소비패턴이 다시 주목을 받고 있는 가운데 전문가들은 과거 저축을 통해 부를 축적했던 부모세대와 다른 성향에 대해 어려운 경제상황과 더불어 젊은 세대가 느끼는 삶에 대한 환멸이 반영된 결과라고 분석했다.

밈코인 온라인에서 유행하는 밈이나 농담을 기반으로 만들어진 가상자산
경제·경영

도지코인, 시바이누 등과 같이 인터넷과 소셜네트워크서비스(SNS)에서 인기를 끄는 밈이나 농담을 기반으로 만들어진 가상자산을 말한다. 인기 캐릭터를 앞세운 재미 유발을 목적으로 하며, 2021년 일론 머스크 테슬라 최고경영자(CEO)가 도지코인을 지지하는 글을 여러 차례 올려 화제가 됐다. 그러나 유통규모가 크지 않고 특별한 목표나 기술력이 없어서 가격변동성이 크고 투자사기 위험이 있다. 실제로 2021년 넷플릭스 드라마 '오징어 게임'을 주제로 한 '스퀴드게임코인'이 등장해 가격이 급상승했으나, 하루아침에 대폭락하면서 해당 코인에 투자한 사람들이 큰 손실을 입은 바 있다.

왜 이슈지?
근래 가상화폐 시장에서 **밈코인**이 급등세를 보이는 가운데 유명 개구리 캐릭터를 내세운 '페페코인'이 출시된 지 약 한 달 만에 시가총액 10억달러를 넘어섰다.

면역빚(Immune Debt) 바이러스에 노출되는 것을 인위적으로 막아 감염위험이 커지는 것

인위적으로 바이러스에 노출되는 상황을 차단하면 당장은 병에 걸리지 않지만 결국 나중에 갚아야 하는 빚처럼 감염위험이 쌓인다는 뜻의 신조어다. 2022년 5월 프랑스 의사들이 처음 제시했다. 이들은 코로나19의 확산을 막기 위해 각국에서 시행한 방역조치가 바이러스나 세균에 대한 면역력을 떨어뜨려 이전보다 감염에 취약해졌다고 주장했다. 그러나 모든 전문가가 이에 동의하는 것은 아니며, 면역력이 약화한 것이 아니라 예전의 바이러스 유행상태로 돌아간 것이라고 보기도 한다.

> **왜 이슈지?**
>
> 코로나19 방역조치 완화로 마스크 착용의무가 해제된 이후 호흡기감염증 환자가 급증하자 일부 전문가들은 최근 여러 바이러스 감염병이 동시다발적으로 유행하는 것이 '**면역빚**'과 관련이 있다고 전했다.

차액결제거래(CFD) 기초자산 없이 가격변동분에 대해서만 차액을 결제하는 파생상품

현물 주식 등 기초자산을 보유하지 않고 진입가격과 청산가격 간 차액을 현금으로 결제하는 장외 파생상품 중 하나다. 일반적인 주식투자와 다르게 주가차액에 투자하는 것으로서 레버리지(차입)을 일으켜 최대 2.5배까지 투자할 수 있는 것이 특징이다. 주가가 오르면 수익률이 극대화되지만, 주가가 하락하는 경우 손실이 그만큼 커지기 때문에 투자위험도가 높아 전문투자자에 한해서만 거래가 허용되고 있다. 또 실제 주식을 보유하지 않은 상태에서도 일부 증거금을 납입하면 거래가 가능해서 양도소득세, 지분공시 의무 등의 규제를 회피하는 수단으로 악용될 수 있다는 문제가 있다.

> **왜 이슈지?**
>
> SG증권발 폭락사태의 원인으로 지목된 **차액결제거래(CFD)**의 거래잔액이 3월 말 기준 2조 8,000억원에 육박한 것으로 알려진 가운데 지난 1~2월 CFD 거래대금이 4조원에 달할 정도로 급증한 것이 이번 사태의 피해규모를 키웠다는 지적이 나왔다.

서울, 마이 소울(Seoul, my soul) '서울은 나의 영혼'이라는 의미를 담은 서울시의 새 슬로건

3월 28일 최종확정된 서울시의 새로운 슬로건이다. 서울(Seoul)과 소울(soul)의 발음이 동일한 것에서 착안해 만들어졌으며, '서울은 나의 영혼'이라는 의미를 담고 있다. 2022년 시민공모 등을 통해 제안된 여러 슬로건 가운데 ▲ 서울 포 유 ▲ 어메이징 서울 ▲ 메이크 잇 해픈, 서울 ▲ 서울, 마이 소울 등 4가지 안을 두고 같은 해 12월 28일부터 2023년 3월 15일까지 1차 선호도조사와 결선투표를 거쳐 확정됐다. 이명박 전 대통령이 서울시장으로 취임할 당시 처음 도입한 '하이 서울(Hi Seoul)'과 박원순 전 시장 때 도입된 '아이 서울 유(I Seoul U)'에 이은 서울시의 세 번째 슬로건으로써 8년 만의 개정이다.

> **왜 이슈지?**
>
> 서울시는 4월 28일 '**서울, 마이 소울(Seoul, my soul)**'을 새로운 브랜드 슬로건으로 확정 발표하고, 29일부터 개최된 2023 한강불빛공연 드론라이트쇼에서 해당 문구를 마지막 순서로 연출해 시민에게 홍보했다.

뱀부 실링(Bamboo Ceiling) 미국사회에서 동양인들이 직면하는 보이지 않는 장벽

국제·외교

아시아 출신이거나 아시아계 미국인들이 직면하게 되는 '보이지 않는 장벽'을 의미한다. 미국사회에서 동양인들이 겪는 일종의 유리천장(조직 내에서 특정 소수자의 고위직 승진을 막는 것)으로 '대나무천장'이라고도 한다. 실제로 다양한 전문분야에서 충분한 능력이 있음에도 불구하고 동양인에 대한 편견 등으로 승진 등에 불이익을 당하는 일이 발생하고 있는데, 한국계 금융인들 역시 전 세계 금융의 중심인 뉴욕 월가에서 유사한 현상을 경험하는 것으로 알려졌다.

왜 이슈지?

지난 4월 12일 열린 제15회 한인금융인협회(KFS ; Korea Finance Society) 연례만찬에 1,300여 명에 달하는 월가 금융인들이 참석한 것을 두고 **뱀부 실링**이 다소 완화됐다는 평가가 나왔다.

미카(MiCA ; Markets in Crypto Assets) 가상자산에 대한 포괄적 규제내용이 담긴 법안

경제·경영

4월 20일(현지시간) 유럽연합(EU) 의회가 전 세계 최초로 가상자산산업을 규제하기 위해 통과시킨 포괄적 규제법안을 말한다. 이 법안에 따르면 가상화폐를 구매하는 소비자의 위험을 줄이기 위해 투자자가 가상자산을 잃게 되는 경우 가상화폐를 제공한 자가 책임지도록 했다. 또 가상자산 플랫폼 운영과 관련한 위험성을 투자자에게 반드시 알려야 하고, 새로운 코인을 판매하는 것도 규제대상이 된다. 가상자산 거래소가 투자자를 제대로 보호하지 못하거나 금융안정성을 저해한다고 판단되는 경우에는 유럽규제당국(ESMA)이 직접 개입해 플랫폼 운영을 제한 또는 금지할 수 있다.

왜 이슈지?

유럽연합(EU) 의회는 **미카(MiCA)** 법안의 통과를 발표하면서 성명을 통해 "법안은 거래 투명성, 공개, 허가, 감독 등과 관련해 가상화폐 플랫폼, 코인 발행자, 거래자에게 많은 요구사항을 부과할 것"이라고 밝혔다.

스텔스 럭셔리(Stealth Luxury) 브랜드 로고가 드러나지 않는 소박한 디자인의 명품

문화·미디어

'살며시'라는 뜻의 'stealth'와 '명품'을 뜻하는 'luxury'의 합성어로 '조용한 명품'을 의미한다. 브랜드 로고가 없거나 매우 작게 표시돼 있고 디자인이 소박한 명품을 말한다. 눈에 띄는 디자인으로 브랜드의 존재감을 부각하고자 했던 기존의 트렌드에서 벗어나 단조로운 색상과 수수한 디자인으로 고전적인 감성을 살리는 것이 특징이다. 코로나19 이후 불확실한 경제상황과 혼란스러운 분위기가 지속되면서 패션업계에서는 본인의 경제력을 감추기 위해 스텔스 럭셔리가 유행하고 있다.

왜 이슈지?

최근 인플레이션과 불안정한 경제상황으로 소비시장에 변화가 나타나면서 명품을 구매할 때에도 '**스텔스 럭셔리**'로 불리는 로고리스(상표가 보이지 않는) 제품에 대한 관심이 높아졌다.

트릴레마(Trilemma) 세 가지 문제가 서로 얽혀 있어 이를 동시에 개선할 수 없는 상태

세 가지의 정책목표가 서로 얽혀 있어서 하나의 정책의 목표를 결정하는 데 있어 딜레마에 빠지기 쉬운 상태라는 의미의 말이다. '삼각딜레마' 또는 '삼중딜레마'라고도 한다. 여기서 딜레마(Dilemma)란 두 가지 선택지 중 어떤 것을 택해도 안 좋은 결과가 초래되는 상황을 말하고, 트릴레마는 세 가지의 선택지가 서로 상충돼 나아가지도 물러서지도 못하는 진퇴양난의 상황을 말한다. 경제학에서는 물가안정, 경기부양, 국제수지 개선의 3중고를 의미한다. 즉, 물가안정에 중점을 두면 경기침체가 일어나기 쉽고, 경기부양에 중점을 두면 인플레이션이 유발되고 국제수지가 악화할 위험이 있다는 뜻이다.

왜 이슈지?

5월 3일(현지시간) 미국 연방준비제도(Fed)가 기준금리를 0.25%포인트(p) 인상하는 베이비스텝을 발표해 한미 간 금리격차가 1.75%p까지 벌어진 이후 한국은행은 물가와 경기, 금융이라는 세 가지 문제를 두고 쉽게 결정하지 못하는 **트릴레마**에 빠졌다.

바다콧물(Sea Snot) 해양에 녹조가 심해지면서 바다 표면이 점액물질로 덮이는 현상

식물성 플랑크톤의 과도한 번식으로 녹조가 심해지면서 바다 표면이 끈적한 물질로 뒤덮이는 현상을 가리키는 말이다. 식물성 박테리아는 점액질을 배출하는 특성이 있는데, 정화되지 않은 폐기물이 바다로 배출되면 부영양화가 일어난다. 여기에 식물성 조류 등의 미생물이 대거 번식하면서 증가한 점액물질이 해수면을 뒤덮는 것이다. 해양오염과 지구온난화에 따른 수온 상승, 해류 의 정체 등으로 질소, 인 등의 농도가 높아져 식물성 플랑크톤이 폭발적으로 늘어난 것이 원인으로 꼽힌다.

왜 이슈지?

바다콧물은 그 자체로는 유해하지 않지만 세균과 미생물의 숙주가 되거나 악취 및 질병을 유발할 수 있고, 점액질 때문에 바다 속에 산소가 공급되지 않아 해양생물의 대량폐사를 일으키는 등의 문제가 있어 연구자들이 이를 해결하기 위한 방법을 찾고 있다.

워크(Woke) 보수진영에서 '정치적 올바름'에 과도하게 반응하는 이들을 비꼬는 의미로 사용하는 말

'깨우다'라는 의미의 영어단어 'wake'의 과거분사형을 미국 흑인들이 과거형(woke)으로 짧게 말하던 것에서 유래했다. 1930년대 미국 인권운동에서 처음 언급된 이후 사용되기 시작했으며, 인종차별 철폐운동에서 '사회적 불의를 인식하고 있다'는 긍정적인 의미로 사용됐다. 하지만 2020년 경찰의 과잉진압으로 조지 플로이드가 사망한 사건 이후 '흑인 생명도 소중하다(Black Lives Matter)'는 운동이 확산하자 당시 보수층에서 백인도 역차별을 받고 있다며 반발하고 나섰다. 이때부터 보수진영에서는 과도한 정치적 올바름(PC ; Political Correctness)에 빠진 사람을 비꼬거나 진보진영을 비판하는 표현으로 사용하고 있다.

왜 이슈지?

미국의 정치적 양극화가 극심해지고 있는 가운데 보수 정치인들이 지지자를 결집하기 위해 이용하는 '안티 **워크**(Anti-Woke)' 구호가 2020년에 이어 2024년 대선에서도 영향력을 끼칠 것으로 전망되고 있다.

애크하이어(Acqhire) 뛰어난 인재를 영입하기 위해 기업 인수를 시행하는 것

인수합병(M&A) 절차 중 하나로 뛰어난 인재를 영입하기 위해 기업을 인수한 뒤 해당 인재를 고용하는 것을 말한다. '인수(acquisition)'와 '고용(hire)'의 합성어다. 과거 애플이 주로 사용하던 방식으로 애플은 지난 2015년부터 2021년까지 100여 개 이상의 기업을 인수한 것으로 집계되기도 했다. 대형회사를 타깃으로 했던 구글이나 페이스북, 아마존 등과 달리 애플은 대부분 소규모 스타트업을 타깃으로 삼았는데, 당시 업계에서는 애플이 유능한 개발자를 흡수하는 데 초점을 맞춰 인수를 추진한 것으로 분석했다. 국내에서도 향후 유망기업을 애크하이어 형태로 인수하는 사례가 증가할 것으로 전망되고 있다.

왜 이슈지?
산업 특성상 시장환경이나 소비자의 행동패턴 등의 변동성이 높은 IT·플랫폼 업계에서는 경쟁력을 유지하기 위해 인수합병 등을 거쳐 끊임없이 사업을 확장하고 있으며, 기술과 인재를 영입하기 위한 **애크하이어**도 흔하게 이뤄진다.

거지방 절약을 유도할 목적으로 만들어진 카카오톡 오픈채팅방

익명의 사람들이 모여 지출내역을 공유하는 카카오톡 오픈채팅방이다. 채팅방별로 운영규칙이 조금씩 다르지만, 지출을 줄이고 절약을 공통목표로 정해 서로의 지출내역을 공개하고 의견을 주고받는 방식으로 운영된다. 불필요한 소비를 한 경우 따끔한 충고나 질책으로 충동구매를 막거나 잘못된 소비습관을 돌아보게 만든다는 점에서 화제가 됐다. 또 소비허락을 구하는 글에 재치

와 풍자가 담긴 답변이 이어지는 등 극단적인 소비와 절약을 놀이문화로 재탄생시켰다는 평가를 받는다.

왜 이슈지?
최근 MZ세대 사이에서 유행하고 있는 **거지방**은 고물가, 고금리 등으로 어려운 경제상황 속에서 극단적으로 소비를 줄이려는 2030세대의 상황이 반영된 것으로 '지출 제로'를 실천하는 무지출챌린지와 비슷하다.

벤틀리법 음주운전 사고로 부모를 잃은 미성년 자녀의 양육비를 가해자가 책임지도록 한 법

음주운전 교통사고로 피해를 입은 가정에 미성년 자녀가 있는 경우 가해자가 직접 양육비를 책임지도록 한 미국의 법이다. 정식명칭은 '이든, 헤일리, 벤틀리법(Ethan's, Hailey's, and Bentley's law)'이다. 2019년 미국 테네시주에서 음주운전 사고로 사망한 '이든'과 '헤일리', 2021년 같은 지역에서 음주운전 사고로 부모와 동생을 잃은 '벤틀리(당시 5세)'의 이름을 딴 것이다. 이 법에 따르면 가해자들은 피해자의 자녀가 성인이 될 때까지 양육비를 지급하고, 액수는 아동의 경제적 필요와 자원, 생활수준 등 성장환경을 고려해 법원이 정하도록 했다. 현재 미국의 약 20개 주에서 해당 법안의 도입을 검토하고 있다.

왜 이슈지?
최근 국내에서 음주운전으로 인한 사망사고가 연이어 발생하면서 가해자를 강력하게 처벌해야 한다는 여론이 높아지는 가운데 한국판 **벤틀리법** 입법에 속도가 붙고 있다.

GPT-4 챗GPT 개발사인 오픈AI가 공개한 최신 인공지능 언어모델

최근 전 세계적 화두로 떠오른 인공지능(AI) 챗봇 '챗GPT'의 개발사인 오픈 AI가 3월 14일 공개한 최신 AI 언어모델을 말한다. 앞서 챗GPT에 적용되던 GPT-3.5의 업그레이드 버전으로 GPT-4의 가장 큰 특징은 텍스트만 입력 가능했던 기존 GPT-3.5와 달리 이미지를 인식하고 해석할 수 있는 '멀티모달(Multimodal)' 모델이라는 점이다. 또한 각종 시험에서 기존 버전을 뛰어넘는 성능을 입증했으며, 한국어를 포함한 24개 언어능력도 향상됐다.

왜 이슈지?

챗GPT 개발사인 오픈AI와 협력하고 있는 마이크로소프트(MS)가 5월 3일(현지시간) 자사 검색엔진인 '빙(Bing)'의 전면 오픈 소식을 발표하며 빙에 **GPT-4**를 탑재했다고 밝혔다.

프라미스 작전 군벌 간 무력충돌이 발생한 수단에서 우리 교민들을 구출하기 위해 진행된 작전

4월 15일 아프리카 수단에서 정부군(SAF)과 신속지원군(RSF) 간 무력충돌이 발생한 이후 사태가 커지자 수단에 체류 중인 우리 교민 28명을 철수시키기 위해 공군이 진행한 작전이다. 작전명령을 받은 공군 C-130J 임무요원들은 4월 21일 김해기지에서 이륙해 수단 인근 지부티 미군기지에 도착한 뒤 23일 수단 북동쪽 항구도시인 포트수단 공항으로 이동해 교민 후송준비를 마쳤다. 이후 24일 수도 하르툼에서 버스를 타고 포트수단에 도착한 교민들을 C-130J 수송기를 통해 사우디아라비아 제다공항으로 후송했고, 교민들은 이곳에서 KC-330 다목적공중급유수송기로 갈아타고 25일 성남 서울공항으로 무사귀환했다.

왜 이슈지?

수단을 탈출한 우리 교민들이 무사히 서울공항에 도착하면서 **프라미스 작전**이 성공적으로 마무리된 가운데 미국, 아랍에미리트(UAE), 사우디아라비아 등 우방국들의 적극적인 협조가 작전 성공에 결정적인 역할을 한 것으로 알려졌다.

느리게 진행되는 재앙(Slow-rolling Crisis) 경제위기가 서서히 확산하는 현상

경제위기가 한번에 터지지 않고 천천히 확산한다는 뜻으로 세계 최대 자산운용사 블랙독의 CEO 래리 핑크가 지난 3월 실리콘밸리은행(SVB)이 파산한 이후 미국 금융시스템의 위기상황을 진단하며 처음 사용했다. 미국 자산기준 16위 규모의 은행이던 SVB의 파산은 미국 역사상 2번째로 큰 규모의 은행 파산이라는 점에서 글로벌 금융위기 우려를 높인 바 있다. 핑크는 SVB 파산이 미국 연방준비제도(Fed)의 공격적 금리인상으로 인한 서막일 수 있다며 '도미노 현상'을 경고했다.

왜 이슈지?

미국 실리콘밸리 은행(SVB)의 파산에 이어 스위스의 투자은행 크레디트 스위스(CS)도 파산위기에 직면했으나 스위스연방정부와 은행의 발 빠른 대처로 사태는 다소 진정되는 모양새다. 다만 '**느리게 진행되는 재앙**'과 금리변동이 여전히 변수로 꼽힌다.

시사상식 기출문제

01 경기회복속도가 느린 가운데 물가가 치솟는 현상은? [2023년 코리아헤럴드]

① 슬로플레이션
② 스킵플레이션
③ 다운플레이션
④ 에코플레이션

해설
슬로플레이션(Slowflation)은 경기회복속도가 둔화되는 상황 속에서도 물가상승이 나타나는 현상이다. 경기회복이 느려진다는 뜻의 'slow'와 물가상승을 의미하는 '인플레이션(inflation)'의 합성어다. 슬로플레이션에 대한 우려는 글로벌 공급망 대란에 따른 원자재가격 폭등에서 비롯된 것으로 스태그플레이션보다는 덜 심각한 상황이지만 경제 전반에는 이 역시 상당한 충격을 미친다.

02 구글이 2023년 출시한 인공지능 챗봇의 이름은? [2023년 코리아헤럴드]

① 왓슨
② 테이
③ 클로바
④ 바드

해설
'바드(Bard)'는 구글이 2023년 출시한 인공지능 챗봇 서비스다. 3월 21일부터 미국과 영국에서 일부 이용자를 대상으로 테스트에 들어갔고, 4월부터는 한국을 포함해 일부 국가에서도 바드 웹사이트를 통해 테스트 버전 이용신청을 접수받았다.

03 이산화탄소 배출이 많은 국가에서 생산하는 제품에 관세를 부과하는 탄소국경조정제도의 영문약자는? [2023년 헤럴드경제]

① CERs
② CBAM
③ CDM
④ DOE

해설
탄소국경조정제도의 영문약자는 CBAM(Carbon Border Adjustment Mechanism)이다. 이산화탄소 배출이 많은 국가에서 생산·수입되는 제품에 부과하는 관세로 미국 조 바이든 행정부와 유럽연합(EU)이 주도적으로 추진하고 있다.

04 기관투자자가 수탁자로서의 책임을 다하도록 행동원칙을 규정한 자율규범은? [2023년 헤럴드경제]

① 포이즌 필
② 뉴거버넌스
③ 스튜어드십 코드
④ 코리아 디스카운트

해설
스튜어드십 코드는 연기금·보험사 등 기관투자자들이 기업의 의사결정에 적극적으로 참여해 주주의 역할을 충실히 수행하고, 위탁받은 국민 또는 고객의 자금을 투명하게 운용하는 수탁자의 책임 역시 충실히 수행토록 유도해 수익률을 높이는 데 목적을 둔 일종의 가이드라인이다. 과거 서구 지역에서 귀족들의 저택에 기거하며 집안일을 관리하는 스튜어드(집사)에서 유래한 용어다.

05 다음 중 세계국채지수에 대한 설명으로 옳지 않은 것은? [2023년 헤럴드경제]

① 전 세계 투자기관이 국채를 사들이는 지표가 된다.
② 런던증권거래소의 FTSE 러셀이 발표한다.
③ 세계 3대 채권지수 중 하나다.
④ 우리나라도 현재 편입돼 있다.

해설

세계국채지수(WGBI ; World Government Bond Index)는 블룸버그-버클레이즈 글로벌 종합지수, JP모던 신흥국 국채지수와 함께 세계 3대 채권지수 중 하나다. 영국 런던증권거래소의 파이낸셜타임스 스톡익스체인지(FTSE)가 발표한다. 세계 투자기관들이 국채를 사들이는 지표가 되는 지수로, 우리나라는 시장접근성 기준에 미달해 아직 편입돼 있지 않으나, 지난 2022년 9월 관찰대상국에 등재된 것으로 알려졌다.

06 우리나라의 20세기를 대표하는 추상화가로 〈론도〉, 〈우주〉 등의 모더니즘 회화를 남긴 인물은? [2023년 헤럴드경제]

① 김환기
② 박수근
③ 유영국
④ 이우환

해설

한국 추상미술의 선구자로 평가되는 김환기 화백은 1913년 태어나 일본에서 미술을 공부하고 다시 한국으로 돌아와 서양의 모더니즘을 한국적으로 받아들인 인물이다. 우리나라 20세기를 대표하는 화가로 우리의 산천과 달, 항아리 등의 소재를 통해 우리 고유의 정서와 미를 잘 표현해냈다. 〈론도〉, 〈항아리와 여인들〉, 〈우주〉 등의 작품을 남겼다. 우리나라와 프랑스, 미국을 넘나들며 활동했으며 1974년 뉴욕에서 작고했다.

07 미국 라스베이거스에서 해마다 열리는 세계 최대규모의 가전제품 박람회는? [2023년 연합뉴스TV]

① GSM
② MWC
③ CES
④ IFA

해설

세계가전전시회(CES ; Consumer Electronics Show)는 미국 라스베이거스에서 매년 열리는 세계 최대규모의 가전제품 박람회다. 1967년 처음 뉴욕에서 개최됐으며 1995년부터 라스베이거스에서 열린다. 미국소비자기술협회가 주관하며, 세계 유수의 가전제품·IT기업이 총출동해 각 기업이 선봉으로 내세우는 최일선의 상품과 첨단기술을 접할 수 있다.

08 미국으로 수입되는 소형트럭에 고율의 관세를 적용하는 제도는? [2023년 연합뉴스TV]

① 트럭세
② 링크세
③ 치킨세
④ 토빈세

해설

'치킨세(Chicken Tax)'는 미국이 수입산 소형트럭에 25%의 고율관세를 적용하는 제도다. 유럽 국가들이 미국산 닭고기에 고율의 관세를 부과하자, 이에 대응해 미국에 수입되는 소형트럭에도 고율관세를 부과하면서 치킨세라는 이름이 붙게 됐다. 트럼프정부 당시에는 이 치킨세를 소형트럭에서 전 차종으로 확대하려는 움직임을 띠기도 했다.

🔒 01 ① 02 ④ 03 ② 04 ④ 05 ④ 06 ① 07 ③ 08 ③

09 다음 중 엘니뇨에 대한 설명으로 옳지 않은 것은?

[2023년 연합뉴스TV]

① 강한 무역풍의 영향으로 발생한다.
② 태평양 적도의 남미 해안에서 발생한다.
③ 스페인어로 '아기 예수'라는 의미다.
④ 해수면 온도가 평년 대비 0.5℃ 높게 지속되는 현상이다.

해설

엘니뇨(El Nino)는 평년보다 0.5℃ 이상 해수면 온도가 높은 상태가 5개월 이상 지속되는 현상이다. 주로 열대 태평양 적도 부근 남미 해안이나 중태평양 해상에서 발생하는데, 크리스마스 즈음에 나타나기 때문에 '아기 예수, 남자아이'를 뜻하는 스페인어 '엘니뇨'라고 불린다. 엘니뇨는 대기순환에 영향을 줘 세계 각 지역에 홍수, 무더위, 가뭄 등 이상기후를 일으킨다. ①은 엘니뇨의 반대 현상인 라니냐(La Nina)에 대한 설명이다.

10 다음 단어 중 외래어 표기가 올바르지 않은 것은?

[2023년 연합뉴스TV]

① 팀워크
② 네비게이션
③ 다이내믹
④ 난센스

해설

지도를 보여주거나 지름길을 찾아 자동차의 운전을 돕는 장치 또는 프로그램은 '내비게이션(navigation)'으로 적는다. 국립국어원에서는 내비게이션을 '길도우미'로 순화해 적도록 권고하고 있다.

11 은행연합회가 우리나라 시중 8개 은행에서 얻은 정보로 산출하는 자금조달비용지수는?

[2023년 이투데이]

① 코리보
② FOMC
③ 스프레드
④ 코픽스

해설

코픽스(COFIX ; Cost of Funds Index)는 2010년에 도입된 대출기준금리로, 우리나라 8개 은행사가 제공하는 자금조달 관련정보를 기반으로 산출한 자금조달비용지수를 말한다. 은행연합회가 산출해 발표하며, 코픽스의 종류에는 잔액기준 코픽스, 신규취급액기준 코픽스, 단기 코픽스 등이 있다.

12 다음 중 법원이 피의자의 구속영장을 발부하는 기준이 아닌 것은?

[2023년 이투데이]

① 피의자의 주거가 일정할 것
② 피의자가 범행증거를 없앨 이유가 있을 것
③ 피의자에게 죄가 있다고 여길만한 상당한 의심이 있을 것
④ 피의자가 도망 또는 도주할 우려가 있을 것

해설

구속영장은 피의자나 피고인을 일정한 장소에 가두는 것을 허가하는 영장이다. 구속을 위해서는 검사의 청구에 의해 법관이 적법한 절차에 따라 발부한 영장을 제시해야 한다. 피의자가 죄를 지었다고 생각할 만한 상당한 의심이 있고, 주거가 일정하지 않거나 증거를 없앨 이유가 있는 경우 또는 도망이나 도주의 우려가 있는 때에 검사는 관할 지방법원 판사에게 청구해 구속영장을 발부받아 피의자를 구속할 수 있다.

13 덴마크 출신의 철학자로 실존주의 철학의 문을 연 인물은? [2023년 부산광역시공무직통합채용]

① 쇠렌 키에르케고르
② 마르틴 하이데거
③ 블레즈 파스칼
④ 닉 보스트롬

해설

쇠렌 키에르케고르(Soören Kierkegaard)는 덴마크 출신의 종교사상가이자 철학자다. 키에르케고르는 19세기 실존주의 철학의 선구자 중 한 명으로 평가된다. 그는 실존의 측면에 비춰 인간의 삶을 3단계로 구분했다. 아직 실존의 의의를 의식하지 못하는 미적 실존, 윤리적인 사명에 따라 삶을 이어가는 윤리적 실존, 종교에 의지해 삶의 불안감을 극복하는 종교적 실존이 그것이다.

14 조선시대에 일어난 다음 네 사화 중 가장 나중에 일어난 것은?

[2023년 부산광역시공무직통합채용]

① 기묘사화
② 갑자사화
③ 을사사화
④ 무오사화

해설

사화는 조선시대 사림파와 훈구파 사이의 대립으로 사림파가 큰 피해를 입은 4가지 사건을 말한다. 1498년 무오사화, 1504년 갑자사화, 1519년 기묘사화, 1545년 을사사화로 이어진다. 을사사화는 명종 재임 당시 일어났으며, 인종의 외척이던 윤임과 명조의 외척이던 윤원형 세력의 대립으로 벌어졌다.

15 다음 중 4대 남자 메이저 골프대회에 해당하지 않는 것은? [2023년 부산광역시공무직통합채용]

① PGA 챔피언십
② US 오픈
③ 프레지던츠컵
④ 브리티시 오픈

해설

4대 남자 메이저 골프대회로 꼽히는 것은 PGA 챔피언십(PGA Championship, 1916), US 오픈(US Open, 1895), 브리티시 오픈(British Open, 1860), 마스터스(Masters, 1930)이다. 프레지던츠컵은 미국과 유럽을 제외한 인터내셔널팀 사이의 남자 프로골프 대항전이다. 2년마다 열리는 유럽 남자 골프 대항전인 라이더컵이 개최되지 않는 해에 열린다.

16 가사를 쓴 송강 정철과 함께 조선시대 시가의 양대산맥으로 손꼽히는 시조 시인은?

[2023년 부산광역시공무직통합채용]

① 김수장
② 김천택
③ 박인로
④ 윤선도

해설

조선 중기의 문신인 윤선도는 유명한 가사(歌辭)를 다수 지은 송강 정철과 함께 조선 시가 양대산맥으로 평가되는 인물이다. 등용과 파직, 유배로 다사다난한 삶을 산 인물로 뛰어난 시조를 많이 지었으며, 특히 벼슬에 뜻을 버리고 보길도에서 지내며 지은 〈어부사시사〉가 유명하다.

17 다음 중 영국의 베버리지 보고서에서 정의한 5대 사회악에 해당하지 않는 것은?

[2023년 부산광역시공무직통합채용]

① 불결
② 태만
③ 궁핍
④ 불신

해설

베버리지 보고서는 영국의 경제학자인 윌리엄 베버리지(William Henry Beveridge)가 사회보장에 관한 문제를 조사 · 연구한 보고서다. 이 보고서는 국민의 최저생활 보장을 목적으로 5대 사회악의 퇴치를 주장했으며 사회보장제도의 원칙을 제시했다. 베버리지는 궁핍(Want), 질병(Disease), 무지(Ignorance), 불결(Squalor), 태만(Idleness) 등 다섯 가지가 인간생활의 안정을 위협하는 사회악이라고 정의했다.

18 구한말 고종황제의 퇴위 반대운동을 벌인 민중계몽단체는? [2023년 부산광역시공무직통합채용]

① 근우회
② 보안회
③ 대한자강회
④ 신민회

해설

1906년 4월 설립된 대한자강회는 민중계몽단체로서 국민의 교육을 강화하고 그로 하여금 국력을 키워 독립의 기초를 닦기 위한 사명을 띠고 있었다. 윤효정, 장지연, 나수연 등이 설립했으며, 교육기관을 세울 것을 주장하고 고종황제의 퇴위 반대운동을 펼치기도 했다.

19 다음 주요 공직자 중 가장 임기가 짧은 공직자는?

[2023년 광주보훈병원]

① 검찰총장
② 감사원장
③ 국회의원
④ 대법원장

해설

고위공직자 중 검찰총장, 국회의장, 국회부의장의 임기는 2년이다. 임기가 4년인 공직자는 감사원장, 감사위원, 국회의원이며, 5년은 대통령, 6년은 헌법재판소 재판관, 중앙선거관리위원장, 대법원장, 대법관이다. 일반법관은 10년으로 가장 길다.

20 국제연합 안전보장이사회의 상임이사국에 해당하지 않는 국가는? [2023년 광주보훈병원]

① 영국
② 독일
③ 러시아
④ 중국

해설

국제연합(UN) 회원국의 평화와 안보를 담당하는 안전보장이사회(UNSC)는 미국, 영국, 프랑스, 러시아, 중국의 5개의 상임이사국과 10개의 비상임이사국으로 구성된다.

21 다음 중 부산국제영화제에 대한 설명으로 옳지 않은 것은?

[2023년 광주보훈병원]

① 아시아 최대규모의 국제영화제다.
② 매년 10월 첫째 주 목요일에 열린다.
③ 1996년부터 개막됐다.
④ 경쟁 영화제다.

해설
1996년 시작된 부산국제영화제는 도쿄·홍콩국제영화제와 더불어 아시아 최대규모의 국제영화제다. 매년 10월 첫째 주 목요일부터 10일간 진행되며, 부분경쟁을 포함한 비경쟁 영화제다. 국제영화제작자연맹의 공인을 받았다.

22 다음 중 판소리 5대 마당이 아닌 것은?

[2023년 폴리텍]

① 춘향가
② 변강쇠가
③ 홍보가
④ 적벽가

해설
판소리는 한 명의 소리꾼이 창(소리)·말(아니리)·몸짓(발림)을 섞어가면서 긴 이야기를 노래하는 전통예술의 한 갈래다. 판소리의 5대 마당에는 춘향가, 심청가, 홍보가, 적벽가, 수궁가가 전해진다.

23 다음 중 성격이 다른 음악 장르는?

[2023년 폴리텍]

① 광상곡
② 레퀴엠
③ 위령곡
④ 진혼곡

해설
레퀴엠(Requiem)과 위령곡, 진혼곡은 모두 같은 의미를 가지고 있으며 가톨릭에서 죽은 이를 기리기 위한 위령 미사에서 사용된 곡을 뜻한다. 광상곡은 카프리치오(Capriccio)라고도 불리며, 일정한 형식에 구속되지 않고 자유로운 요소가 강한 기악곡을 말한다.

24 동물의 중추신경계에 존재하며 행복을 느끼게 하고, 우울이나 불안감을 줄여주는 신경전달물질은?

[2023년 폴리텍]

① 옥시토신
② 히스타민
③ 세로토닌
④ 트립토판

해설
신경전달물질 중 하나인 세로토닌(Serotonin)은 아미노산인 트립토판을 통해 생성된다. 세로토닌은 동물의 뇌와 중추신경계에 존재하며, 감정에 관여해 행복감을 느끼게 하고, 우울감과 불안감을 줄여주는 역할을 하기도 한다. 세로토닌이 결핍되면 기분장애를 유발할 수 있다.

시사상식 예상문제

01 비싸고 품질 좋은 상품으로 소비자를 공략하는 마케팅 방식은?

① 인센티브 마케팅
② 플래그십 마케팅
③ 임페리얼 마케팅
④ 풀 마케팅

해설

임페리얼 마케팅(Imperial Marketing)은 고가이면서도 고품질의 상품을 내세우면서 브랜드의 고급화를 노려 소비자를 끌어당기는 전략이다. 무엇보다 값어치 있는 좋은 상품을 원하는 소비자에게 어필하는 전략으로 자동차, 가전제품, 식료품 등 다양한 분야에서 경쟁사보다 고가의 상품을 내놓음으로써 시장과 소비자의 이목을 끈다.

02 다음 중 프랑스의 장편소설 〈레 미제라블〉을 쓴 작가는?

① 에밀 졸라
② 오노레 드 발자크
③ 마르셀 프루스트
④ 빅토르 위고

해설

〈레 미제라블〉은 프랑스의 19세기를 배경으로 하는 장편소설로서 빅토르 위고가 집필했다. 빅토르 위고의 필생의 역작이라고 할 수 있으며 그만큼 분량도 방대하다. 1862년에 발표된 이 작품은 빵을 훔쳤다는 죄목으로 19년 동안 수감됐던 주인공 장 발장이 출소 후 불우한 자신의 삶을 극복해나가는 이야기를 담았다.

03 다음 중 김구의 주도로 중국 상해에서 조직된 독립운동 단체의 이름은?

① 한인애국단
② 의열단
③ 신간회
④ 신민회

해설

한인애국단은 1920년대 중반 이후 대한민국 임시정부의 활동 침체를 극복하고, 1931년 만보산 사건과 만주사변 등으로 인해 침체된 항일 독립운동의 활로를 모색하려는 목적에서 결성됐다. 김구의 주도로 중국 상해에서 조직된 대한민국 임시정부의 특무 활동기관이자 1930년대 중국 관내의 대표적인 의열투쟁단체였다.

04 현재 삼성전자가 파운드리 공장을 건설하고 있는 지역은?

① 미국 텍사스
② 중국 충칭
③ 말레이시아 페낭
④ 헝가리 괴드

해설

삼성전자는 2021년 11월 미국의 텍사스주 테일러시에 반도체 파운드리(반도체 위탁생산) 공장을 건설한다고 발표했다. 당시 삼성전자는 세계 파운드리 시장 1위인 대만의 TSMC를 추월하겠다는 포부를 밝히기도 했다. 현재 2024년 하반기 가동을 목표로 170억달러를 투자해 파운드리 공장을 건설하고 있다.

05 2022년 3월 대선부터 적용된 총선·지선 출마연령은?

① 만 18세 이상
② 만 19세 이상
③ 만 20세 이상
④ 만 25세 이상

해설

2021년 12월 31일 국회 본회의에서 공직선거법 개정안이 통과되면서 만 18세 이상의 국민이면 누구나 국회의원 선거와 지방선거에 출마할 수 있게 됐다. 이에 따라 2022년 3월 9일 대통령 선거와 함께 치러진 국회의원 재·보궐선거부터 적용되고 있다.

06 국제결제은행에서 일반은행에 권고하는 자기자본비율 수치를 일컫는 용어는?

① BIS비율
② 지급준비율
③ DSR비율
④ DTI비율

해설

BIS비율은 국제결제은행(BIS)이 은행의 건전성과 안정성을 확보할 목적으로 은행의 위험자산에 대해 일정비율 이상의 자기자본을 보유하도록 하는 것이다. 은행의 신용위험과 시장위험에 대비해 최소한 8% 이상이 되도록 권고하고 있으며, 10% 이상이면 우량은행으로 평가받는다.

07 우리나라 최초의 텔레비전 상업 방송국은?

① 동양방송
② 경성방송
③ 한국방송
④ 대한방송

해설

우리나라에서 최초로 개국한 텔레비전 상업 방송국은 대한방송이다. 1956년에 설립됐으며 처음에는 격일제로 2시간씩 보도·오락 등을 방송했지만 적자를 이기지 못해 한국일보에 양도됐다. 이후 방송시간을 확대하고 제작에 안정을 찾게 됐으나 1959년 원인 모를 화재로 사옥과 방송장비를 소실했다. 그 후 주한미군방송의 도움으로 방송을 이어가다 결국 1961년 폐국했다.

08 하나의 문제가 해결되는 즉시 다른 문제가 발생하는 현상은?

① 칵테일파티 효과
② 빨대 효과
③ 풍선 효과
④ 바넘 효과

해설

풍선 효과(Balloon Effect)는 어떤 문제를 해결하기 위해 정책을 실시해 그 문제가 해결되고 나면 다른 곳에서 그로 말미암은 또 다른 문제가 발생하는 현상을 말한다. 이러한 현상이 마치 풍선의 한쪽을 누르면 다른 쪽이 튀어나오는 모습과 같다고 하여 풍선 효과라는 이름이 붙었다.

09 다음 중 개인책임형 퇴직연금 가입자의 운용 지시 없이 금융사가 사전에 정한 방법으로 운용하는 제도는?

① LBO
② 디폴트 옵션
③ 그림자 금융
④ ABS

해설
디폴트 옵션은 자동투자옵션이라고도 한다. 개인책임형 (DC) 퇴직연금에 가입한 사람이 별도로 운용 지시를 하지 않으면 금융사가 미리 지정했던 방법으로 연금을 운용하는 방식이다. 장기적 운용이 필요한 퇴직연금 가입자들에게 운용의 어려움을 덜어줄 수 있는 방법으로 평가받는다.

11 안건에 대한 반대의견을 차단하기 위해 주위에 찬성 측 인물을 배치해 분위기를 조성하는 효과는?

① 스틴저 효과
② 레밍 효과
③ 메디치 효과
④ 간츠펠트 효과

해설
스틴저 효과(Stenger Effect)는 미국의 심리학자 스틴저가 연구한 이론으로 조직의 목표를 결정하고 이끄는 경우, 안건에 대한 찬반 합의를 빠르고 수월하게 도출하기 위한 것이다. 회의 때 안건에 대해 찬성할 인물을 미리 정해두고, 반대의견이 있는 이의 양측에 미리 앉히는 것이다.

10 헬레니즘 시대 후기의 대표적 그리스 건축양식은?

① 로코코 양식
② 코린트 양식
③ 로마네스크 양식
④ 바실리카 양식

해설
코린트 양식(Corinthian Order)은 알렉산더 대왕이 광활한 제국을 건설하고 동서의 문화가 활발히 교류한 헬레니즘 시대 후기의 대표적인 그리스 건축양식이다. 코린트라는 명칭은 그리스의 교통 요충지인 코린토스에서 따왔으며, 매우 화려하고 기둥의 머리인 주두에 아칸서스 잎 모양의 장식을 달아 놓은 것이 특징이다.

12 청일전쟁의 패배 이후 중국 지식계층이 양무운동의 한계를 느끼고 일으킨 사회운동은?

① 의화단운동
② 변법자강운동
③ 무술정변
④ 신해혁명

해설
변법자강운동은 청일전쟁에서 패배하자 근본적 정치변혁을 요구하는 개혁론이 대두되면서 캉유웨이, 량치차오 등 중국 지식계층이 일으킨 운동이다. 일본의 메이지 유신을 본떠 입헌군주제, 의회제도 등 서양의 제도를 도입해 근대화를 이루려 했으나, 서태후를 중심으로 하는 보수파의 반격(무술정변)과 개혁파의 분열 등으로 실패했다.

13 호환성이 뛰어나고 무손실 압축을 지원하는 최초의 이미지 파일 포맷은?

① TIFF
② BMP
③ GIF
④ PNG

해설
TIFF(Tagged Image File Format)는 '태그가 붙은 이미지 파일 형식'이라는 뜻으로 1986년 미국의 앨더스사(현재의 어도비사)와 마이크로소프트사가 공동개발한 이미지 파일 포맷이다. 이미지에 대한 무손실 압축만을 지원하며 RGB와 Lab, CMYK 색상을 모두 지원한다.

14 어떤 현상의 인과관계를 설명하기 위해 불필요한 가정은 없애야 한다는 논리 이론은?

① 브레너의 빗자루
② 피츠의 법칙
③ 투키디데스의 함정
④ 오컴의 면도날

해설
오컴의 면도날은 14세기 영국의 신학자였던 윌리엄 오컴이 주장한 것으로, 특정한 현상을 설명할 때 불필요한 가정은 면도날로 자르듯 걷어내야 한다는 이론이다. 한 가지 현상의 인과관계를 추론하는 두 가지 주장이 있을 때 가정의 수가 적은 것을 선택해야 한다는 것이다. 가정이 들어간다는 것은 그만큼 확률도 낮아진다는 것인데, 오컴은 가장 단순하고 군더더기 없는 추론이 현상의 인과관계를 가장 명확히 설명한다고 주장했다.

15 다음 중 세계 4대 뮤지컬에 해당하지 않는 것은?

① 미스 사이공
② 레 미제라블
③ 지저스 크라이스트 슈퍼스타
④ 오페라의 유령

해설
세계 4대 뮤지컬이라고 부르는 작품으로는 〈캣츠〉, 〈미스 사이공〉, 〈레 미제라블〉, 〈오페라의 유령〉이 있다. 이 작품들은 모두 영국 웨스트엔드의 유명 제작자인 카메론 매킨토시에 의해 만들어졌고, 그의 작품 중에서도 규모가 큰 것으로 손꼽힌다. 일각에서는 해외언론에서 말하는 이 '매킨토시의 빅4'가 국내에 전해지면서 오역돼 세계 4대 뮤지컬이라 부르게 됐다는 이야기가 있다.

16 다음 중 환태평양조산대에 대한 설명으로 틀린 것은?

① 대부분 영역이 보존형 경계로 이루어져 있다.
② 불의 고리라고도 불린다.
③ 지구상에서 일어나는 지진의 대부분이 발생하는 영역이다.
④ 태평양판을 중심으로 말발굽 형태를 이루고 있다.

해설
환태평양조산대(Circum-Pacific Belt)는 불의 고리라고도 불리며 지구상에서 발생하는 지진의 90%, 화산활동의 75%가 발생하는 영역이다. 태평양판을 말발굽 형태로 둘러싼 판들이 구조운동을 하며 지질현상을 일으킨다. 남아메리카 남쪽부터 아메리카 대륙 서쪽 해안을 따라 알류산 · 쿠릴 · 일본열도를 지나 말레이시아와 뉴질랜드까지 이어진다. 대부분이 판들이 마주 보고 섭입 및 충돌하는 수렴형 경계를 이루고 있다.

17 지속적인 경고로 충분히 예상할 수 있지만 쉽게 간과하는 위험요인을 일컫는 용어는?

① 방 안의 코끼리
② 하얀 코끼리
③ 애자일 조직
④ 회색 코뿔소

해설
회색 코뿔소는 2013년 세계정책연구소 대표이사인 미셸 부커가 언급한 용어로 갑자기 일어난 것이 아닌 위협요인으로 계속 지적돼 온 문제들을 쉽게 간과하는 것을 뜻하는 용어다. 몸집이 크고 무거운 코뿔소는 멀리 있어도 그 존재를 알 수 있으나, 막상 우리에게 돌진해오면 순간 대처하기 어려운 상황에서 따왔다.

18 1987년에 우리나라에서 일어난 역사적 사건이 아닌 것은?

① 6월 민주항쟁
② 6 · 29민주화 선언
③ 12 · 12군사반란
④ 대통령 직선제 실시

해설
6월 민주항쟁은 1987년 6월 10일부터 같은 달 29일까지 일어난 민주화 운동이다. 전두환정부 하에서 박종철 고문치사사건, 이한열 최루탄 피격사건이 발생하며 촉발됐다. 이후 노태우 당시 대통령 후보가 전두환 대통령에게 직선제 개헌안을 수용할 것을 권유해 승낙을 받아냈다. 노태우는 8개항의 시국수습방안을 담은 6 · 29민주화 선언을 발표했고 그해 10월 대통령 직선제 개헌이 이루어졌다. 12 · 12군사반란은 1979년 전두환군부가 반란을 일으켜 정치권력을 잡은 사건이다.

19 다음 중 신체의 뼈에서 칼슘이 유출되는 것을 막는 영양소는?

① 칼륨
② 마그네슘
③ 셀레늄
④ 아연

해설
인체 내 마그네슘 총량의 60%는 뼈에 존재한다. 마그네슘은 뼈의 성분인 칼슘이 혈액에 녹을 수 있도록 도와 칼슘 과잉으로 인한 부작용을 방지한다. 또한 뼈에서 칼슘이 빠져나오는 것을 막아주기도 하고, 칼슘을 만들어내는 칼시토닌의 생성을 위해서도 필요하다. 이 밖에도 근육의 수축 · 이완과 심장박동을 정상적으로 유지하고, 탄수화물의 대사와 지방 · 단백질의 합성에도 관여한다.

20 우리나라 정부가 운영하고 있는 여성청소년 생리대 바우처 지원대상의 연령기준은?

① 만 9~18세
② 만 9~24세
③ 만 11~18세
④ 만 11~24세

해설
여성청소년 생리대(보건위생물품) 바우처 지원제도는 저소득층 여성청소년에게 생리대를 비롯한 보건위생물품 구매비용을 지원하는 정책이다. 전자 바우처 형태로 지원되며, 2022년부터 지원대상 연령이 기존 만 11~18세에서 만 9~24세로 확대됐다. 자격기준은 생계 · 의료 · 주거 · 교육 급여 수급자, 법정 차상위계층, 한부모가족 등이다.

21 가상자산 사업자가 가상자산을 전송할 때 관련정보를 모두 수집하도록 한 규정은?

① 코인룰
② 볼커룰
③ 업틱룰
④ 트래블룰

해설

트래블룰은 암호화폐거래소 등 가상자산 사업자가 가상자산을 전송할 때 거래인의 실명 등 관련정보를 모두 수집하도록 한 국제자금세탁방지기구(FATF) 규정이다. '코인거래 실명제'라는 이름으로도 불린다. 이 규정과 국내의 '특정금융거래정보의 보고 및 이용 등에 관한 법률(특금법)' 개정에 따라 가상자산거래소는 모두 가상자산 사업자로 등록하고 실명거래와 관련된 시스템을 갖춰야 한다.

22 온라인에서 특정 정보를 숨기고자 이를 삭제했다가 외려 세간의 주목을 받게 됨을 뜻하는 용어는?

① 깨진 유리창 이론
② 안나 카레니나의 법칙
③ 패티클라크의 법칙
④ 스트라이샌드 효과

해설

스트라이샌드 효과는 온라인상에서 어떤 특정한 정보를 숨기기 위해 이를 삭제했다가 오히려 사람들의 주목과 관심을 끌게 되는 것을 말한다. 미국의 유명 가수였던 바브라 스트라이샌드(Barbra Streisand)의 이름을 딴 용어다. 2000년대 초 한 사진작가가 캘리포니아 해안을 촬영한 사진에 자신의 집이 들어가 있다는 사실을 알게 된 스트라이샌드는 법정 소송을 걸면서까지 이를 삭제해달라고 요청했다. 그러나 역으로 사람들의 관심을 끌게 돼 그녀의 저택 사진이 널리 유포됐다.

23 2014년 3월 우크라이나로부터 독립해 러시아와 합병한 공화국이 위치한 반도는?

① 크림반도
② 캄차카반도
③ 리바치반도
④ 야말반도

해설

크림반도는 우크라이나 남쪽 지역에서 흑해를 향해 돌출해 있는 반도다. 1991년 우크라이나가 소련으로부터 독립한 이후 크림자치공화국이 됐으나 2013년부터 우크라이나의 친서방 정권에 반발해 분리 독립하자는 움직임이 일었다. 이듬해인 2014년 러시아군이 크림반도를 장악한 뒤 실시한 러시아와의 합병을 위한 주민투표에서도 압도적 찬성표가 나왔다. 결국 푸틴 러시아 대통령이 러시아-크림공화국 합병 문서에 최종 서명하며 러시아의 일부가 됐지만, 국제사회는 이를 인정하지 않고 있다.

24 승인된 사용자로 위장해 시스템에 접근하는 해킹방식은?

① 스피어피싱
② 디도스
③ 스푸핑
④ 크래킹

해설

스푸핑(Spoofing)은 해킹을 목표로 하는 시스템이나 네트워크의 호스트를 속여서 접속하는 것을 말한다. 허가받은 IP를 도용한 뒤 승인받은 사용자인 것처럼 위장해 접근하기도 하고, 가짜 웹사이트를 구성해 일반이용자의 방문을 유도하기도 하며, 가짜 주소로 이메일을 보내 상대방을 속이기도 한다. 이러한 방식으로 시스템 권한을 획득하거나 상대방의 정보를 탈취한다.

01 성질이 다른 두 기단의 세력이 비슷해 거의 이동하지 않고 일정한 자리에 머물러 있는 이것은?

[장학퀴즈]

정답

정체전선은 북쪽 대륙에서 내려온 저온건조한 공기와 북태평양 고기압을 따라 남쪽에서 올라온 고온다습한 공기가 만나 형성된다. 여름철 장마전선이 대표적인 정체전선이며, 2022년 8월 중부지방에 내린 기록적인 폭우 역시 정체전선의 영향이 컸던 것으로 알려졌다.

02 현진건의 소설 〈운수 좋은 날〉의 주인공으로 하층민의 절박한 삶을 대변하는 인물은?

[장학퀴즈]

정답

〈운수 좋은 날〉은 1920년대 서울을 배경으로 하며, 인력거를 끌면서 하루하루 생계를 이어가던 김 첨지에게 일어나는 사건들을 그린 단편소설이다. 일제강점기 가난한 하층민의 비극적인 삶이 잘 드러난 작품으로 꼽힌다.

03 최근 MZ세대가 흔히 겪는다고 알려진 공포증이 있다. 사회불안장애 중 하나로 SNS 소통이 활성화되면서 생긴 이것은 무엇인가?

[옥탑방의 문제아들]

정답

전화공포증(콜포비아)은 전화통화를 기피하는 현상으로 전화통화보다 문자나 모바일메신저 등으로 소통하는 것을 더 선호하는 것을 말한다. 스마트폰이 등장한 이후 텍스트를 이용한 소통에 더 익숙해지면서 전화하는 것을 어색해하거나 두려워하는 사람들이 많아진 것으로 나타났다.

04 독일에서는 한번 부동산 계약을 체결하면 오래 유지되는 경우가 많아 입주 전 까다로운 절차를 거쳐야 한다. 이때 세입자들이 집주인에게 제출해야 하는 이것은 무엇인가?

[옥탑방의 문제아들]

정답

독일의 세입자들은 집주인에게 소득증명서를 포함해 은행신용등급 등 집세를 성실하게 지불할 수 있다는 것을 증명할 자료를 제출해야 한다. 이밖에 자기소개서를 작성하고 면접을 보기도 한다.

05 다음 중 맞춤법이 틀린 것은?

[우리말 겨루기]

① 경쟁률   ② 지지율
③ 성공율   ④ 할인율

정답

③은 '성공률'로 써야 올바른 표현이다. 율과 률은 모두 명사에 붙어 법칙이나 비율의 뜻을 더해주는 접미사다. 일반적으로 받침이 있는 명사 뒤에 붙는 경우에는 '률'로 표기하고, 'ㄴ'으로 끝나는 낱말 뒤나 모음으로 끝나는 명사 뒤에 붙는 경우에는 '율'로 표기한다.

06 '둔하다'의 뜻풀이에 포함돼 있지 않은 단어는?

[우리말 겨루기]

① 느리다   ② 서투르다
③ 육중하다   ④ 투박하다

정답

'둔하다'는 '깨침이 늦고 재주가 무디다' 또는 '동작이 느리고 굼뜨다', '생김새나 모습이 무겁고 투박하다', '기구나 날붙이 따위가 육중하고 무디다' 등의 의미가 있다.

07 라틴어로 보석을 조각한 장신구를 뜻하는 것으로 영화에서는 관객의 시선을 끌기 위해 등장하는 출연자를 가리키는 이 말은? [유퀴즈 온 더 블럭]

정답
카메오(Cameo)란 영화나 방송에서 유명인사 혹은 배우가 예기치 않은 장면에 출연해 잠깐 동안 펼치는 연기나 맡은 역할을 뜻한다. 서스펜스 영화의 거장 알프레도 히치콕 감독은 자신이 만든 영화에 직접 출연해 카메오의 시초로 알려져 있다.

08 제2차 세계대전에서 처음 언급된 이 효과는 가짜 약을 복용해도 심리적 요인으로 인해 병세가 호전되는 현상이 나타난다. 이 효과는? [유퀴즈 온 더 블럭]

정답
플라시보 효과는 '기쁨을 주다, 즐겁게 하다'라는 뜻의 라틴어에서 유래한 말로 의사가 효과가 없는 가짜 약이나 꾸며낸 치료법을 환자에게 제안하지만 환자의 긍정적인 믿음으로 병세가 호전되는 현상을 말한다.

09 태양에서 방출된 플라스마의 일부가 공기 분자와 반응해 빛을 내는 현상으로 프랑스 과학자 피에르 가센디가 로마시대 새벽의 신의 이름을 따 부르기 시작한 이것은? [유퀴즈 온 더 블럭]

정답
오로라는 라틴어로 '새벽'이라는 뜻으로 로마신화에 등장하는 여명의 신 아우로라(Aurora, 그리스신화 에오스)의 이름에서 유래했다. 주로 북극 지방인 그린란드와 알래스카에서 관찰할 수 있다.

10 문제적 학교 게시판에 누군가 알 수 없는 숫자들을 적어 놓고 마지막 숫자를 지웠다. 물음표에 들어갈 숫자는? [문제적 남자]

$$56=80$$
$$81=88$$
$$65=90$$
$$79=?$$

정답
보기에서 등호 앞의 숫자를 한글로 읽었을 때 뒤 두 자리 수를 각각 더한 후 맨 앞자리 수를 곱하면 등호 뒤의 수가 나온다. 56=80을 예로 들면, 56을 한글로 쓰면 오십육이고 여기서 십(10)과 육(6)을 더한 후 오(5)를 곱하면 5×(10+6)=80이다. 같은 규칙을 적용해 풀면 79=7×(10+9)=133이 되므로 물음표에 들어갈 숫자는 133이다.

11 숨바꼭질을 하던 장원이가 화장실이 급해 건물로 뛰어 들어갔더니 다음과 같은 그림과 함께 비밀번호가 걸려 있었다. 물음표에 들어갈 숫자는? [문제적 남자]

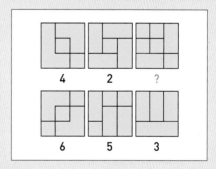

정답
보기에서 도형 아래의 숫자들은 그림에서 찾을 수 있는 정사각형의 개수를 뜻한다. 따라서 물음표에 들어갈 숫자는 9이다.

취업!
실전문제

최종합격 기출면접

CJ그룹의 면접은 1차 면접과 2차 면접이 있다. 1차 면접은 크게 PT면접과 직무면접으로 진행된다. CJ제일제당, CJ오쇼핑, CJ올리브네트웍스 등의 경우 자기소개서와 역량 관련 질문이 주를 이루는 다대다 직무면접과 토론을 통해 보고서를 작성하고 발표하는 PT면접으로 구성돼 있다. CJ CGV, CJ프레시웨이와 같은 서비스 업종과 영업직무의 경우 직무면접과 PT면접은 물론 실제 업무에서 일어날 수 있는 상황에 대한 Role-play면접도 진행한다. 또한, 사전과제가 주어지는 직무나 계열사도 있다. 2차 면접은 임원 3명과 지원자 3명이 조를 이뤄 진행되는 다대다 면접으로 자기소개 및 직무와 관련한 심층적인 질문이 주어진다.

1 PT면접

PT면접은 팀 프로젝트 형식으로 진행되며 CJ인으로서의 자질, 팀워크, 인성 등 응시자들의 종합역량을 평가한다. 한 방에 6명의 응시자가 팀을 이뤄 제시된 과제를 해결해야 하는데, 이때 2명의 면접관이 동석해서 해결과정과 팀원들의 성향, 문제해결 방식 등을 지켜본다. 실제 CJ의 업무진행 방식과 유사하게 구성된 면접이기 때문에 자신의 생각을 무조건적으로 앞세우거나 튀려고 하기보다 팀원들과 함께 협력해 좋은 아이디어를 도출하는 것이 중요하다.

기출문제

- 한뿌리와 관련하여 2030 프로모션을 기획하시오.
- 회사에 복지제도를 만들려고 한다. 어떤 복지제도를 만들어 보면 좋겠는가?
- 방문한 유통업체에서 CJ제일제당 제품의 매출이 낮을 때 어떤 방법으로 활성화할 것인가?
- CJ올리브영에서 서브스크립션 서비스를 진행하려고 한다. 기획해 보시오.
- CJ올리브영에서 판매되는 카테고리 중 하나를 선택해 매장을 기획하시오.
- CJ푸드빌의 브랜드 중 하나를 정해서 매출을 올릴 수 있는 아이디어를 제시하시오.
- CJ푸드빌의 운영방향에 대해 토론하시오.
- 매장 내에서 마찰이 생기는 경우 어떻게 해결할 것인가?
- CJ ENM 콘텐츠로 해외(국가 중 택1) 진출에 관하여 계획을 짜보시오.
- 페스티벌을 기획한다면 어떤 페스티벌을 기획할 것인가?
- 마이너리티 문화를 대중화할 수 있는 프로그램을 기획하시오.
- CJ파워캐스트가 가지고 있는 매체를 토대로 상품을 기획하시오.

2 직무면접

직무면접은 다대다 면접 또는 Role-play면접으로 진행된다. 다대다 면접은 3명이 한 조를 이뤄 3명의 면접관과 함께 면접을 보게 되는데, 주로 자기소개서와 직무와 관련된 질문 및 산업에 대한 이해도를 묻는 질문이 주어진다. Role-play면접은 실제 업무현장에서 일어날 수 있는 몇 가지의 사건들을 제시해주고 문제를 해결해나가는 상황극을 진행한다. 이러한 직무면접은 지원자의 단체활동, 창의적인 경험, 힘든 상황을 극복한 경험과 같은 주제에 대해 질문을 하여 지원자의 가치관이나 행동을 구체적으로 알아보기 위한 면접방식으로, 지원자의 다양한 경험에 대해 요약해서 말하고 해당 경험이 직무에 어떻게 연결되어 기여할 수 있는지 논리적이면서 솔직하게 설명하는 것이 중요하다.

기출문제

- 30초 동안 자기소개를 해 보시오.
- 이 회사를 선택한 이유는 무엇인가?
- 일을 하면서 가장 중요하다고 생각하는 것은 무엇인가?
- 갈등이 발생했을 때 해결하는 방법은 무엇인가?
- 스트레스가 있을 때 해소방법이 있는가?
- 마케팅이 무엇이라 생각하는가?
- 상사가 불합리한 일을 지시한다면 어떻게 할 것인가?
- 자신을 한 단어로 표현해 보시오.
- 가장 싫어하는 유형의 사람은 누구인가?
- 지원동기 및 직무를 선택한 이유는 무엇인가?
- 지원한 직무에서 무슨 일을 하는지 아는가?
- 평소 CJ 직원에 대한 생각을 말해 보시오.
- 본인을 채용해야 하는 이유는 무엇인가?
- 자신의 강점 및 약점에 대해 말해 보시오.
- 데이터 분석에 있어서 가장 중요하다고 생각하는 점이 무엇인가?
- 진취적 리더와 맞춤형 서포터 중 본인은 어떤 성향인가?
- 리더 역할을 하면서 거두었던 성과가 있다면 말해 보시오.
- 창의적인 아이디어를 통해 실행 가능했던 산출물은 무엇이 있는지 말해 보시오.
- 직무 관련해서 읽은 도서 중 가장 최근에 읽은 것은?
- 경쟁사와 자사를 비교하고 그 이유를 설명해 보시오.
- 가장 크게 성취감을 느낀 경험에 대해 말해 보시오.
- 창조적인 일을 한 경험에 대해 말해 보시오.
- 본인이 지원한 업무가 아닌 다른 업무로 배정받을 경우 어떻게 하겠는가?
- 학교를 다니면서 성취감이 컸던 경험이 있다면 말해 보시오.
- 입사 후 어떤 자기계발을 할 것인가?
- CJ계열사에서 일한 경험(아르바이트 등)이 있다면 어떤 일을 했는가?
- 궁극적으로 이루고자 하는 목표는 무엇인가?
- 야근에 대해 어떻게 생각하는가?
- 앞으로 IT업계에서 발전하게 될 분야가 무엇인 것 같은가?
- 업무를 수행하는 데 필요한 역량은 무엇인가?
- 해외 진출을 위한 새로운 브랜드를 만들어 보시오.

국민건강보험공단은 "국민의 평생건강을 지키는 건강보장 전문인재 양성"을 목표로 하여 '국민을 위하는 인재', '정직으로 신뢰받는 인재', '혁신을 추구하는 인재', '전문성 있는 인재'를 선발하고자 한다. 국민건강보험공단의 면접시험은 경험행동면접(BEI)과 상황면접(SI)으로 진행되며, 필기시험 합격자 중 인성검사를 실시하고 증빙서류 제출을 완료한 자를 선발해 진행한다.

상황면접

창의성과 공동체의식, 적극성 등을 평가하는 다대일 구술면접 방식으로 진행되며, 주로 건강보험공단과 관련된 이슈나 실무에 대한 질문을 하는 경우가 많아 사업과 제도 등에 대해 미리 파악해 두어야 한다. 처음에는 상황검토실에 들어가서 10분 동안 상황을 검토하게 되는데, 7~8명이 한 조가 되어 상황검토와 대기를 함께한다. 면접방이 나눠져 있으며, 시간이 되면 각자 면접방으로 들어가 3:1로 면접을 진행한다.

기출문제

- 비대면 재택근무로 인해 업무의 효율성이 떨어질 뿐만 아니라 직원들의 고충도 늘어나고 있다. 당신이 인사담당자라면 어떻게 할 것인가?
- 고액체납자들에게 올바른 체납을 요구하기 위해 앞으로 국민건강보험공단이 해야 할 일로 적절한 것은 무엇인가?
- 현재 2030세대와 4050세대 사이의 괴리감이 심각하게 커지고 있다. 이러한 세대갈등을 해결하기 위한 방향으로 적절한 방법은 무엇인가?
- 저출산 고령화로 인해 2030세대의 부양 부담이 가중되는 상황이다. 이로 인한 건강보험료 인상을 피할 수 없는 상황이 되었는데, 보험료 인상에 대한 2030세대의 저항이 굉장히 심하다. 이런 문제를 어떻게 해결할 수 있겠는가?
- 생계형 체납자들을 관리하기 위해 앞으로 국민건강보험공단이 해야 할 일로 적절한 것은 무엇인가?
- 지역사회 경제활성화를 위해서 국민건강보험공단에서 할 수 있는 사업은 무엇인가?
- 영유아의 건강검진 수검률은 낮은 상태를 유지하고 있다. 저출산 고령화의 상황에서 영유아 건강은 무엇보다 중요한 문제다. 현재 국가에서 전액을 지원함에도 영유아 미수검율이 훨씬 높은데, 이때 공단 관계자로서 해결방법은 무엇인가?

2 경험행동면접

경험행동면접은 직무능력과 인성, 태도 등을 평가하는 것으로 다대다 구술면접 방식으로 진행된다. 따라서 자기소개서에 작성한 내용과 철저한 자기분석을 기반으로 일관성 있게 답변하는 것이 중요하다.

기출문제

- 자신이 갖고 있는 직무역량 및 강점을 가지고 요양직 직무 시 어떤 점을 발휘할 수 있는가?
- 예상치 못한 어려움 속에서 이를 해결했던 경험과 본인의 역할은 무엇이었는지 말해 보시오.
- 빠른 상황판단 능력을 통해 공단에서 기여할 수 있는 부분에 대해 말해 보시오.
- 민원업무에 대한 자신의 가치관에 대해 이야기하고, 그 이유에 대해 설명해 보시오.
- 직무기술서에 대해 읽어본 적이 있는가? 읽어보았다면 어떤 내용이 있는지 서술해 보시오.
- 통계조사를 하기 위해서 어떤 능력이 필요한가? 혹시 관련된 프로그램을 쓸 줄 안다면 말해 보시오.
- 공단에 들어오게 되면 개선하고 싶은 사업이 있는가? 그 이유는 무엇인가?
- 현재 공단이 추진하고 있는 사업에 대해 아는 대로 말해 보시오.
- 현재 다른 기관에 재직하고 있는가?
- 많은 공공기관 중에서도 하필 국민건강보험공단에 지원한 이유는 무엇인가?
- 본인이 업무를 수행할 때 부족한 역량이라고 생각되는 부분은 무엇인가? 그리고 그 이유는?
- 자신의 권한 내에서 민원을 효율적으로 응대한 경험이 있는가?
- 공공기관 직원에게 가장 중요한 직업윤리는 무엇인가? 그리고 그 이유에 대해 말해 보시오.
- 가장 응대하기 어려웠던 민원인의 유형은 누구였는가?
- 가장 일하기 힘든 동료는 어떤 유형인가? 그리고 그 동료가 왜 그렇게 행동했는지 말해 보시오.
- 오늘 면접 보는 것을 친구들이나 부모님들께 말했는가? 그리고 동료들의 피드백은 어땠는가?
- 실수를 했음에도 불구하고 끝까지 일을 완수한 경험에 대해 말해 보시오.
- 원칙을 지키기 힘들었음에도 불구하고 끝까지 지킨 경험에 대해 말해 보시오.
- 성향이 달랐던 사람과 일해본 경험이 있는가? 있다면 말해 보시오.
- 일하면서 상사를 만족시켰던 경험이 있는가? 있다면 말해 보시오.
- 결정을 내릴 때 혼자 하는가? 혹은 주변 사람들의 의견을 많이 따르는 편인가?
- 본인이 생각했을 때 친해지기 어려운 사람에 대해 말해 보시오.
- 스트레스 해소방법이 있다면 말해 보시오.
- 상대방의 니즈를 파악해서 행동한 경험이 있는가?
- 남들과 다른 나만의 특별함이 있다면 말해 보시오.
- 친화력을 인정받은 경험이 있다면 말해 보시오.
- 인생에서 가장 위급했던 경험에 대해 말해 보시오.
- 본인은 리더와 팔로워 중 어느 쪽이 어울린다고 생각하는가?
- 원칙과 효율 사이에서 갈등한 경험이 있다면 말해 보시오.
- 노조의 권리와 회사의 일 중 중요한 것이 무엇이라고 생각하는가?
- 지원자 본인이 생각하는 리더십이란 무엇인지 말해 보시오.
- 결과와 과정 중 무엇이 더 중요한가?
- 민원인 중에 난동을 부리고 기물을 파손하는 사람이 있다면 제일 먼저 무엇을 할 것인가?
- 일은 잘하는데 인성이 좋지 않은 사람과 일은 잘하지 못하는데 인성이 좋은 사람 중 어떤 사람과 일을 할 것인지 말해 보시오.

대기업 최신기출문제

1. 직업기초능력

01 다음 제시문에서 알 수 있는 내용으로 적절하지 않은 것은?

> 1982년 프루시너는 병에 걸린 동물을 연구하다가, 우연히 정상 단백질이 어떤 원인에 의해 비정상적인 구조로 변하면 바이러스처럼 전염되며 신경세포를 파괴한다는 사실을 밝혀냈다. 프루시너는 이 단백질을 '단백질(protein)'과 '바이러스 입자(viroid)'의 합성어인 '프리온(Prion)'이라 명명하고 이를 학계에 보고했다.
>
> 프루시너가 프리온의 존재를 발표하던 당시, 분자 생물학계의 중심이론은 1957년 크릭에 의해 주창된 '유전정보 중심설'이었다. 이 이론의 핵심은 유전되는 모든 정보는 DNA 속에 담겨 있다는 것과, 유전정보는 핵산(DNA, RNA)에서 단백질로만 이동이 가능하다는 것이다. 크릭에 따르면 모든 동식물의 세포에서 DNA의 유전정보는 DNA로부터 세포핵 안의 또 다른 핵산인 RNA가 전사되는 과정에서 전달되고, 이 RNA가 세포질로 나와 단백질을 합성하는 번역의 과정을 통해 단백질로의 전달이 이루어진다. 따라서 단백질은 핵산이 없으므로 스스로 정보를 저장할 수 없고 자기복제를 할 수 없다는 것이다.
>
> 그런데, 프루시너는 프리온이라는 단백질은 핵산이 아예 존재하지 않음에도 자기복제를 한다고 주장했다. 이 주장은 크릭의 유전정보 중심설에 기반한 분자 생물학계의 중심이론을 흔들게 된다. 아직 논란이 끝난 것은 아니지만 '자기복제하는 단백질'이라는 개념이 분자 생물학자들에게 받아들여지기까지는 매우 험난한 과정이 필요했다.
>
> 과학자들은 충분하지 못한 증거를 가진 주장에 대해서는 매우 보수적일 뿐만 아니라, 기존의 이론으로 설명할 수 없는 현상을 대했을 때는 어떻게든 기존의 이론으로 설명해내려 노력하기 때문이다. 프루시너가 프리온을 발견한 공로로 노벨 생리학·의학상을 받은 것은 1997년에 이르러서였다.

① 프리온은 신경세포를 파괴하는 단백질로서, 병에 걸린 동물에게서 나타난다.

② 프루시너에 따르면 프리온은 다른 단백질과 달리 핵산을 가지고 있다.

③ 프리온을 제외한 단백질은 스스로 정보를 저장할 수 없고, 자기복제도 할 수 없다.

④ 프루시너의 프리온에 대한 주장은 크릭의 유전정보 중심설과 대립되는 내용이다.

> **해설** 세 번째 문단의 첫 번째 문장을 통해서 '② 프루시너에 따르면 프리온은 다른 단백질과 달리 핵산을 가지고 있다'는 내용이 적절하지 않다는 것을 알 수 있다.

02 K은행은 새해를 맞이하여 이웃과 함께하는 봉사 프로젝트 준비를 위해 회의를 진행하려고 한다. 다음 〈조건〉에 따라 준비했을 때 항상 옳은 진술은?

> **조건**
>
> • 회의장을 세팅하는 사람은 회의록을 작성하지 않는다.
> • 회의에 쓰일 자료를 복사하는 사람은 자료준비에 참여한 것이다.
> • 자료준비에 참여하는 사람은 회의장 세팅에 참여하지 않는다.
> • 자료준비를 하는 사람은 회의 중 회의록을 작성한다.

① A사원이 회의록을 작성하면 회의자료를 준비한다.

② B사원이 회의록을 작성하지 않으면 회의자료를 복사하지 않는다.

③ C사원이 회의에 쓰일 자료를 복사하면 회의록을 작성하지 않는다.

④ D사원이 회의장을 세팅하면 회의자료를 복사한다.

해설 '회의장 세팅'을 p, '회의록 작성'을 q, '회의자료 복사'를 r, '자료준비'를 s라고 했을 때, 이들을 나열하면 $p \rightarrow \sim q \rightarrow \sim s \rightarrow \sim r$이 성립한다. 따라서 항상 옳은 진술은 '회의록을 작성하지 않으면 회의자료를 복사하지 않는다'이다.

03 남자 5명, 여자 7명 중 두 명의 대표를 선출한다고 한다. 이때, 대표가 모두 여자로 선출될 확률은?(단, 소수점 첫째 자리에서 반올림한다)

① 44%

② 33%

③ 22%

④ 32%

해설 전체 12명에서 두 명을 뽑는 방법은 $_{12}C_2 = \dfrac{12 \times 11}{2 \times 1} = 66$가지이고, 여자 7명 중에서 2명이 뽑힐 경우는 $_7C_2 = \dfrac{7 \times 6}{2 \times 1} = 21$ 가지이다.

따라서 대표가 모두 여자로 뽑힐 확률은 $\dfrac{21}{66} \times 100 \fallingdotseq 32\%$이다.

04 K회사의 해외사업부, 온라인영업부, 영업지원부에서 각각 2명, 2명, 3명이 대표로 업무회의에 참석하기로 했다. 자리배치는 원탁테이블에 같은 부서 사람이 옆자리로 앉는다고 할 때, 7명이 앉을 수 있는 경우의 수는?

① 48가지

② 36가지

③ 27가지

④ 24가지

해설 같은 부서 사람이 옆자리로 함께 앉아야 하므로 먼저 부서를 한 묶음으로 생각하고 세 부서를 원탁에 배치하는 경우는 $2! = 2$가지이다. 또한 각 부서 사람끼리 자리를 바꾸는 경우의 수는 $2! \times 2! \times 3! = 2 \times 2 \times 3 \times 2 = 24$가지가 나온다. 따라서 조건에 맞게 7명이 앉을 수 있는 경우의 수는 $2 \times 24 = 48$가지이다.

05 다음 기사를 읽고 나눈 대화 중 적절하지 않은 내용을 말한 사람은?

> 통계청이 발표한 '10월 고용동향'에 따르면 지난달 비경제활동인구는 1,673만 6,000명으로 전년 동월 대비 50만 8,000명(3.1%)이 증가했다. 통계기준이 변경된 1999년 6월 이후 10월 기준으로 역대 최대치다. 지난 7월에 이어 네 달 연속 동월 기준 최대치를 기록하고 있는 반면, 경제활동인구(2,811만 6,000명)는 25만 7,000명이 감소했다. 코로나 위기가 반영된 이후부터 8개월째 감소세가 이어지고 있는데 이는 역대 최장기간이다.
>
> 비경제활동인구를 활동 상태별로 보면 지난달 구직활동 계획 없이 '쉬었음'이라고 답한 사람은 235만 9,000명으로 24만 7,000명(11.7%) 늘어 2003년 통계 작성 이래 동월 기준 최대치를 기록했다. '쉬었음'이라고 대답한 인구는 50대(-4,000명)를 제외한 전 세대에서 모두 늘었다.
>
> '쉬었음'이라고 대답한 인구와 달리 구직활동을 희망했으나 채용중단 등 노동시장 문제로 일자리를 구하지 못한 구직 단념자는 61만 7,000명으로 통계기준이 변경된 2014년 이후 동월 기준 최대치를 기록했다. 전년 동월 대비 11만 2,000명 증가했다. 코로나19 사태가 장기화되며 만성적인 '취업포기 현상'이 심화하고 있는 것이다.
>
> '쉬었음'이라고 대답한 인구는 모든 연령계층에서 증가했지만, 특히 20대(7만 1,000명, 20.9%)에서 가장 크게 늘었다. 방역강화에 따라 기업채용이 연기되고, 숙박·음식업이나 교육서비스업 등 대면업종 타격이 지속되면서 20대의 구직기회와 활동이 줄어든 것이 반영됐다.
>
> 실업률 역시 20대(20~29세)가 8.4%로 전 연령층에서 가장 높았다. 전년 동월 대비 1.1%포인트(p) 상승했고, 그 다음 30대(1.0%p), 40대(0.7%p), 50대(0.4%p) 순으로 이어졌다. 청년층(15세~24세)으로 한정해도 취업자는 전년 동월 대비 25만명 감소했고, 고용률은 2.0%p 하락했다.
>
> 고용률은 60세 이상을 제외한 전 세대에서 모두 하락했는데, 특히 20대(-3.1%p) 하락폭이 컸다. 반면 60세 이상 고용률은 전년 동월 대비 0.8%p 증가하며 유일하게 상승했다. 이는 공공일자리 등 정부 정책 효과 영향이라는 것이 통계청의 설명이다.
>
> 통계청 사회통계국장은 "60세 이상에서 고용률이 상승한 것은 코로나 영향으로 올 2월 이후부터 중단됐던 노인일자리가 5월 이후부터 조금씩 완화되면서 풀렸고, 재확산으로 주춤하다가 사회적 거리두기가 완화된 10월에 노인일자리가 다시 증가한 영향으로 보인다"고 말했다.
>
> ⓒ 조선비즈

① 수영 : 경제활동인구란 만 15세 이상 인구 중 취업자와 일을 하려고 구직활동을 하는 실업자를 합한 인구를 뜻해.

② 진솔 : '쉬었음'이라고 대답한 인구는 다른 말로 실망노동자라고도 하지.

③ 채원 : 실업률은 실업자 수를 경제활동인구 수로 나눈 값으로 계산돼.

④ 정은 : 고용률은 취업자 수를 15세 이상 인구수로 나눈 값으로 계산되지.

해설 기사에서 '쉬었음'이라고 대답한 인구는 구직활동 계획이 없었던 사람들이다. 실망노동자는 기사 내용 중 '구직 단념자'의 개념으로, 구직활동을 했지만 취업이 되지 않아 취업을 포기한 사람들을 의미한다.
① 만 15세 이상 인구 중 조사대상 기간에 상품이나 서비스를 생산하기 위하여 실제로 수입이 있는 일을 한 취업자와 일을 하지 않았으나 그 일을 즉시 하려고 구직활동을 하는 실업자를 합하여 경제활동인구라 한다.
③ 실업률은 경제활동인구 중 실업자의 비율이다.
④ 고용률은 15세 이상 인구 중 취업자의 비율이다.

06 다음 중 죄수의 딜레마(Prisoner's Dilemma) 모형에 대한 설명으로 가장 적절한 것은?

① 내쉬균형이 존재하지 않는다.

② 완전경쟁시장에서 기업 간 관계를 잘 설명할 수 있다.

③ 게임 참가자 간의 자유로운 의사소통이 가능하다.

④ 과점기업들이 공동행위를 통한 독점이윤을 누리기 어려운 이유를 잘 설명할 수 있다.

> **해설** 게임이론(Theory of Games)
> 한 기업의 어떤 행동에 대하여 상대방이 어떻게 대응할지를 미리 생각해야 하는 전략적인 상황(Strategic Situation) 하에서 자기의 이익을 효과적으로 달성하는 의사결정 과정을 분석하는 이론을 말한다. 따라서 게임이론은 소수의 기업만 존재하는 과점시장에서 유용하다. 게임이론의 대표모형인 죄수의 딜레마에서는 게임 참가자 간 협력하는 것이 서로에게 가장 이익이 되는 상황임에도 불구하고 서로 간의 의사전달이 불가능하기 때문에 개인적인 욕심으로 서로에게 불리한 상황을 선택하는 딜레마를 보여준다. 그러나 게임이 무한반복되면 노출빈도가 증가하여 서로를 배반하기보다는 협력하게 된다.

07 다음 중 CAPM(자본자산가격결정모형)의 의의와 한계에 대한 설명으로 적절하지 않은 것은?

① 위험과 그에 따르는 균형 기대수익률을 제시해주는 것이 특징이다.

② 완전자본시장 가정 및 모든 투자자가 동일한 예상을 갖는다는 가정이 비현실적이다.

③ 기업고유요인으로 수익률 변동이 클 때에는 역사적 자료를 통한 베타의 통계 추정이 어렵다.

④ 베타가 위험에 관한 모든 것을 설명하지 못하기 때문에 실무에서 거의 사용되지 않고 있다.

> **해설** CAPM은 비현실적이라는 문제점과 베타의 한계에도 불구하고 위험과 기대수익률 간의 관계를 깊이 분석하는 데 유용하게 쓰여 실무에서도 많이 사용되고 있다.

08 다음 중 코로나19 팬데믹으로 침체됐던 경제활동이 다시 시작되는 것을 뜻하는 용어는?

① 리커플링   ② 리쇼어링

③ 리오프닝   ④ 리프로파일링

> **해설** 리오프닝(Re-opening)은 코로나19로 위축되었던 경제활동이 다시 시작되는 것을 뜻한다. 개개인의 소비활동뿐만 아니라 기업의 침체됐던 영업활동이나 투자가 다시 활성화되는 것을 의미하기도 한다. 코로나19 확진자가 감소세로 접어들고, 정부의 사회적 거리두기 조치도 해제되면서 국내의 경제활동이 다시금 기지개를 펴는 것이다.
> ① 리커플링(Recoupling) : 선진국과 신흥국 등의 세계경제가 다른 방향으로 움직이는 디커플링(Decoupling, 비동조화) 현상에서 벗어나 다시 같은 방향으로 움직이는 재동조화를 통해 추세를 같이하는 현상을 뜻한다.
> ② 리쇼어링(Reshoring) : 기업이 생산과 공급 문제의 해결을 위해 해외에 설치했던 생산시설을 자국으로 이전하는 것을 뜻한다.
> ④ 리프로파일링(Reprofiling) : 국채의 상환기간을 연장하거나 이자율을 낮춰 주는 것과 같은 약한 강도의 채무조정을 뜻한다.

1. 의사소통능력

01 다음 글을 논리적 순서대로 바르게 나열한 것은?

> 최근 행동주의펀드가 적극적으로 목소리를 내면서 기업들의 주가가 급격히 변동하는 경우가 빈번해지고 있다. 특히 주주제안을 받아들이는 기업의 주가는 급등했지만, 이를 거부하는 기업의 경우 주가가 하락하고 있다. 이에 일각에서는 주주 보호를 위해 상법 개정이 필요하다는 지적이 나오고 있다.
>
> (가) 이에 대한 대표적인 사례가 SM엔터테인먼트(이하 S사)이다. 그동안 S사는 대주주의 개인회사인 라이크기획에 일감을 몰아주면서 부당한 이득을 취해왔는데, 이에 대해 얼라인파트너스자산운용이 이러한 행위는 주주가치를 훼손하는 것이라며 지적한 것이다. 이에 S사는 라이크기획과 계약종료를 검토하겠다고 밝혔으며, 이처럼 얼라인파트너스자산운용의 요구가 실현되면서 주가는 18.6% 급등하였다. 이 밖에도 카카오와 하이브 등 자본시장에 영향을 미치고 있다.
>
> (나) 이러한 행동주의펀드는 배당확대나 이사 · 감사 선임과 같은 기본적 사안부터 분리상장, 이사회 정원 변경, 경영진 교체 등 핵심경영 문제까지 지적하며 개선을 요구하고 있는 추세이다.
>
> (다) 이와 같은 얼라인파트너스자산운용의 제안을 수락한 7개의 은행 지주는 올해 들어 주가가 8~27% 급상승하는 결과를 보였으며, 이와 반대로 해당 제안을 장기적 관점에서 기업가치와 주주가치의 실익이 적다며 거부한 KT&G의 주가는 동일한 기간 주가가 4.15% 하락하는 모습을 보여, 다가오는 3월 주주총회에서의 행동주의펀드 및 소액주주들과 충돌이 예상되고 있다.
>
> (라) 이처럼 시장의 주목도가 높아진 얼라인파트너스자산운용의 영향력은 최근 은행주에도 그 영향이 미쳤는데, KB금융 · 신한지주 · 하나금융지주 · 우리금융지주 · BNK금융지주 · DGB금융지주 · JB금융지주 등 은행지주 7곳에 주주환원 정책 도입을 요구한 것이다. 특히 그 중 JB금융지주에는 평가 결과 주주환원 정책을 수용할 만한 수준에 미치지 못한다고 판단된다며 배당확대와 사외이사의 추가 선임의 내용을 골자로 한 주주제안을 요구하였다.

① (가) – (나) – (다) – (라)　　　　② (나) – (가) – (라) – (다)
③ (다) – (라) – (나) – (가)　　　　④ (라) – (다) – (가) – (나)

해설 첫 번째 문단은 최근 행동주의펀드가 기업의 주가에 영향을 미치고 있다는 내용을 담고 있으므로, 이어지는 내용은 행동주의펀드가 어떻게 기업에 그 영향을 미치는지에 대해 서술하는 (나) 문단이 적절하고, 다음에는 이에 대한 대표적인 사례를 서술하는 (가) 문단이 이어지는 것이 자연스럽다. 또한 (다) 문단의 내용을 살펴보면 일부 은행에서는 얼라인파트너스자산운용의 제안을 수락했고 특정 은행에서는 이를 거부했다는 내용을 언급하고 있으므로 해당 제안에 대한 구체적인 내용을 다루고 있는 (라) 문단이 먼저 이어지는 것이 적절하다. 따라서 (가)~(라) 문단을 논리적 순서대로 나열하면 (나) – (가) – (라) – (다)가 된다.

02 A~C 세 사람은 제시된 〈조건〉에 따라 다음 주에 출장을 가려고 한다. 세 사람이 같이 출장을 갈 수 있는 요일은?

● **조건** ●

- 소속부서의 정기적인 일정은 피해서 출장 일정을 잡는다.
- A와 B는 영업팀, C는 재무팀 소속이다.
- 다음 주 화요일은 회계감사 예정으로 재무팀 소속 전 직원은 당일 본사에 머물러야 한다.
- B는 개인사정으로 목요일에 연차휴가를 사용하기로 했다.
- 영업팀은 매주 수요일마다 팀 회의를 한다.
- 금요일 및 주말에는 출장을 갈 수 없다.
---

① 월요일   ② 화요일   ③ 수요일   ④ 목요일

> **해설** 화요일은 재무팀 소속인 C의 출장이 불가하며, 수요일은 영업팀의 정기 일정으로 A, B의 출장이 불가하다. 또한 목요일은 B가 휴가 예정이므로, 세 사람이 동시에 출장을 갈 수 있는 날은 월요일뿐이다.

03 다음 글을 읽고 밑줄 친 (가)~(라) 중 적절한 것을 고르면?

부실 우려가 있는 부동산 프로젝트파이낸싱(PF) 사업장의 (가) 지속화를 위해 금융당국은 28조 4,000억원 규모의 정책자금을 공급하기로 했다.

현재 금융시장에서 회사채 · 단기금융시장은 지난해 하반기 경색 상황에서 차츰 벗어나 개선세가 뚜렷해지고 있고, 회사채 가산금리도 지난해 말 이후 계속 (나) 상승세를 보이고 있다. 또한 올해 1~2월 중 일반회사채는 만기도래액을 (다) 상회하는 수준으로 발행되는 등 시장에서 발행수요가 순조롭게 이루어지고 있다.

다만 미국의 (라) 확장정책의 장기화가 예상되고, 러시아-우크라이나 전쟁 및 미국-중국 갈등상황이 지속되고 있어 올해 역시 금융시장 내 기지수가 존재하는 상황이다. 이에 정부는 부동산 PF의 불안 가능성에 대비해 선제적으로 정책 대응수단을 마련했으며 이를 차질 없이 집행해나가겠다고 밝혔다. 이를 위해 부동산의 대출현황, 사업 진행상황 등을 통합점검하고, 이상 징후에 대한 신속보고체계를 구축해 해당 징후 발생 시, 신속 및 맞춤 대응하겠다는 계획이다.

또한 금융당국은 민간중심사업 재구조화 등을 통해 사업성 우려 사업장의 정상화를 유도하고, 부동산 PF 리스크가 건설사 · 부동산신탁사로 파급되지 않도록 건설사 등에 대해 정책금융 공급규모를 28조 4,000억원으로 확대해 부동산신탁사의 리스크 관리도 강화하기로 하였다.

---

① (가)   ② (나)   ③ (다)   ④ (라)

> **해설** '상회하다'란 '어떤 기준보다 위에서 웃돌다'라는 뜻으로, 시장상황의 긍정적인 평가로 볼 때 그 쓰임이으로 적절하다.
> ① 제시문은 부실 우려가 있는 사업장에 정책자금을 지원해 부실상황을 해결한다는 내용이므로 (가)에는 그 상황을 해결해 안정화시킨다는 뜻의 '정상화'가 더 적절하다.
> ② 회사채는 사업에 필요한 자금을 조달하는 채무로, 금융시장의 상황이 개선된다는 내용으로 보아 (나)에 들어갈 말로는 '하락세'가 더 적절하다.
> ④ '확장정책'은 정부가 경기회복을 위해 재정지출을 증가시키는 정책이고, '긴축정책'은 재정지출을 줄이는 정책을 말한다. 따라서 '다만'이라는 접속사로 볼 때, 앞서 언급한 금융시장의 긍정적 상황과는 반대되는 상황이 나타날 것이므로 (라)에 들어갈 말은 '긴축정책'이 적절하다.

🔒 01 ②   02 ①   03 ③

04 다음은 2018~2022년 지역별 특산품의 매출현황이다. 자료에 대한 해석으로 옳지 않은 것은?

구분	2018년	2019년	2020년	2021년	2022년
X지역	1,751	1,680	2,121	2,001	1,795
Y지역	2,029	2,030	2,031	1,872	1,601
Z지역	1,947	1,012	1,470	2,181	2,412

2018~2022년 지역별 특산품 매출현황 (단위 : 억원)

① X지역의 2022년 특산품 매출은 전년 대비 10% 이상 감소했다.

② X지역의 전년 대비 증감률이 가장 적은 연도는 2019년이다.

③ 2022년 Z지역의 매출은 동년 X지역과 Y지역 매출의 합의 65% 이하이다.

④ Z지역의 2018년 매출은 2022년 매출의 70% 이상이다.

해설 2022년 X지역과 Y지역의 매출합계는 3,396억원이므로 3,396×0.65=2,207.4억원이다. 따라서 Z지역의 매출은 동년 X지역과 Y지역 매출합계의 65% 이상이다.

① X지역의 2022년 매출은 1,795억원이고, 2021년 매출은 2,001억원이므로 증감률을 구하면

$\dfrac{1,795-2,001}{2,001}×100≒-10.3$이다. 따라서 2022년 매출은 전년 대비 10% 이상 감소했다.

② X지역의 연도별 증감률을 구하면 다음과 같다.

- 2019년 : $\dfrac{1,680-1,751}{1,751}×100≒-4.05\%$
- 2020년 : $\dfrac{2,121-1,680}{1,680}×100=26.25\%$
- 2021년 : $\dfrac{2,001-2,121}{2,121}×100≒-5.66\%$
- 2022년 : $\dfrac{1,795-2,001}{2,001}×100≒-10.29\%$

따라서 전년 대비 증감률이 가장 적은 연도는 2019년이다.

④ Z지역의 2018년 매출은 1,947억원이고, 2022년 매출은 2,412억원이다. 2,412×0.7=1,688.4이므로 2018년 매출은 2022년 매출의 70% 이상이다.

05 S기업은 작년에 A제품과 B제품을 합쳐 총 1,000개를 생산했다. 올해는 작년 대비 A제품의 생산량을 2%, B제품의 생산량을 3% 증가시켜 총 1,024개를 생산한다고 할 때, 올해 생산하는 B제품의 수량은?

① 300개

② 350개

③ 400개

④ 450개

해설 작년 A제품의 생산량을 a, B제품의 생산량을 b라고 하면 다음과 같다.

$a+b=1,000 → a=1,000-b$ … ㉠

올해 A제품의 생산량을 2%, B제품의 생산량을 3% 증가시켜 총 1,024개를 생산하면 다음과 같다.

$(a×1.02)+(b×1.03)=1,024$ … ㉡

이때 ㉠과 ㉡을 연립하면,

$[(1,000-b)×1.02]+(b×1.03)=1,024$

$1,020-1.02b+1.03b=1,024 → 0.01b=4$

$∴ b=400$

06 다음 제시문에서 설명하는 경제용어는?

> 시장에서 자산운용 시, 개인의 주관적 판단을 배제하고 금융공학기법을 토대로 주식 관련 자산과 채권의 비중을 탄력적으로 조절하는 펀드를 가리킨다. 객관적인 데이터 및 원칙에 기반하여 일관성 있게 자산을 운용하는 것으로, 변동성이 큰 장세에서 부각되는 펀드이다.

① 헤지펀드　　　　② 주가연계증권　　　　③ 퀀트펀드　　　　④ 랩어카운트

해설 ① 헤지펀드는 소수의 투자자로부터 자금을 모집하고 투자하여 수익을 달성하는 사모펀드의 일종이다.
　　② 주가연계증권이란 개별 주식의 가격 혹은 주가지수에 연계되어 투자 수익이 결정되는 유가증권이다.
　　④ 랩어카운트란 자산운용과 관련된 여러 가지 서비스를 종합하여 제공하고, 고객재산에 대해 자산구성 · 운용 · 투자자문까지 통합적으로 관리하는 서비스이다.

07 다음 제시문에서 설명하는 경제용어는?

> 전자상거래 기업 등의 비금융회사가 온라인 제품 판매, 서비스를 수행하면서 이와 관련하여 입출금계좌 서비스, 전자지갑 및 결제, 대출 등의 금융상품 및 서비스를 함께 제공하여 상품판매 수익 외에 금융 수익을 추구하는 금융형태를 말한다.

① 임베디드 금융　　　　② 프로젝트파이낸싱　　　　③ D-테스트베드　　　　④ 테크핀

해설 ② 프로젝트파이낸싱이란 사회기반시설 건설이나 택지개발과 같은 대규모 사업에 필요한 자금을 조달하기 위해 동원되는 대출 등의 금융수단이나 투자기법을 가리킨다.
　　③ D-테스트베드란 핀테크 스타트업이 사업아이디어 등을 검증할 수 있도록 금융권 데이터 및 테스트 환경을 제공하는 사업을 가리킨다.
　　④ 테크핀이란 IT기업이 기술을 바탕으로 금융서비스를 제공하는 것을 가리키는 용어이다.

08 다음 중 ETF에 대한 설명으로 옳지 않은 것은?

① ETF는 주식형 펀드에 비해 매매시기 및 매매가에 대한 투자자의 의사결정이 자유롭다.
② ETF는 매도 시 증권거래세를 면제받을 수 있다.
③ ETF는 배당소득세 면제 대상이라는 장점을 지닌다.
④ ETF 투자 시, 추종하는 지수가 하락하더라도 수익을 얻을 수 있다.

해설 채권형 ETF, 상품형 ETF 등의 경우 배당소득세를 면제받지 못한다.
　　① ETF는 실시간 매매 및 원하는 매매가에 대한 설정이 가능하므로, 주식형 펀드에 비해 매매시기 및 매매가에 대한 투자자의 의사결정이 자유롭다.
　　② ETF는 주식투자 혹은 펀드투자와 달리, 매도 시 증권거래세를 전면 면제받는다.
　　④ 인버스 ETF에 투자하는 경우, 추종하는 지수가 하락하더라도 수익을 얻을 수 있다.

🔒 04 ③　05 ③　06 ③　07 ①　08 ③

1. 의사소통능력

01 다음 글을 읽고 알 수 있는 내용으로 적절하지 않은 것은?

> 낭만주의의 초석이라 할 수 있는 칸트는 인간 정신에 여러 범주들이 내재하기 때문에 이것들이 우리가 세계를 지각하는 방식을 선험적으로 결정한다고 주장한 바 있다. 이 범주들은 공간, 시간, 원인, 결과 등의 개념들이다. 우리는 이 개념들을 '배워서' 아는 것이 아니다. 즉, 경험에 앞서 이미 아는 것이다. 경험에 앞서는 범주를 제시했다는 점에서 혁명적 개념이었고, 경험을 강조한 베이컨주의에 대한 강력한 반동인 셈이다.
>
> 칸트 스스로도 이것을 철학에 있어 '코페르니쿠스적 전환'이라고 보았다. "따라서 우리는 자신의 인식에 부분적으로 책임이 있고, 자기 존재의 부분적 창조다"라는 말은 인간이라는 존재는 백지에 쓴 경험의 총합체가 아니며, 그만큼 우리는 권리와 의무를 가진 주체적인 결정권자라는 선언이었다. 세상은 결정론적이지 않고 인간은 사회의 기계적 부품 같은 존재가 아님을 강력히 암시하고 있다.
>
> 칸트가 건설한 철학적 관념론은 우리 외부에서 지각되는 대상은 사실 우리 정신의 내용과 연관된 관념일 뿐이라는 것을 명백히 했다. 현실적인 것은 근본적으로 심리적인 것이라는 신념으로서, 객관적이고 물질적인 것에서 근본을 찾는 유물론과는 분명한 대척점에 있는 관점이다.
>
> 그 밖에도 "공간과 시간은 경험적으로 실재이지만 초월적으로는 관념적이다", "만일 우리가 주관을 제거해버리면 공간과 시간도 사라질 것이다. 현상으로서 공간과 시간은 그 자체로서 존재할 수 없고 단지 우리 안에서만 존재할 수 있다"처럼 시간과 공간의 실재성에도 의문을 품었던 칸트의 생각들은 독일 철학의 흐름 속에 이어지다가 후일 아인슈타인에게도 결정적 힌트가 됐다. 그리고 결국 아인슈타인은 상대성이론으로 뉴턴의 세계를 무너뜨린다.

① 칸트에 의하면 공간, 시간 등의 개념들은 태어나면서부터 아는 것이다.

② 낭만주의와 베이컨주의는 상반된 견해를 가지고 있다.

③ 칸트에 의하면 현실의 공간과 시간은 인간에 의해 존재한다.

④ 칸트의 철학적 관념론은 주관적인 것에 가깝다.

⑤ 칸트와 아인슈타인의 견해는 같다고 볼 수 있다.

해설 마지막 문단의 '칸트의 생각들은 독일 철학의 흐름 속에 이어지다가 후일 아인슈타인에게도 결정적 힌트가 됐다'라는 내용에서 칸트의 견해가 아인슈타인에게 영향을 끼친 것은 알 수 있지만, 두 사람의 견해가 같다는 것은 확인할 수 없다.
　① '우리는 이 개념들을 배워서 아는 것이 아니다. 즉, 경험에 앞서 이미 아는 것이다'에서 공간, 시간 등의 개념은 태어날 때부터 가진 것임을 알 수 있다.
　② '경험에 앞서는 범주를 제시했다는 점에서 혁명적 개념이었고, 경험을 강조한 베이컨주의에 대한 강력한 반동인 셈이다'라는 내용을 통해 낭만주의와 베이컨주의가 상반된 내용을 다룬다는 것을 짐작할 수 있다.
　③ '현상으로서 공간과 시간은 그 자체로서 존재할 수 없고 단지 우리 안에서만 존재할 수 있다'는 내용을 통해 알 수 있다.
　④ 세 번째 문단 중 '칸트가 건설한 철학적 관념론은 … 객관적이고 물질적인 것에서 근본을 찾는 유물론과는 분명한 대척점에 있는 관점이다'라는 내용을 통해 객관적이기보다는 주관적인 것에 가깝다는 것을 유추할 수 있다.

02 다음 글의 빈칸에 들어갈 내용으로 가장 적절한 것을 고르시오.

> 태양은 지구의 생명체가 살아가는 데 필요한 빛과 열을 공급해 준다. 이런 막대한 에너지를 태양은 어떻게 계속 내놓을 수 있을까?
>
> 16세기 이전까지는 태양을 포함한 별들이 지구상의 물질을 이루는 네 가지 원소와 다른, 불변의 '제5원소'로 이루어졌다고 생각했다. 하지만 밝기가 변하는 신성(新星)이 별 가운데 하나라는 사실이 알려지면서 별이 불변이라는 통념은 무너지게 됐다. 또한, 태양의 흑점 활동이 관측되면서 태양 역시 불덩어리일지도 모른다고 생각하기 시작했다. 그 후 섭씨 5,500℃로 가열된 물체에서 노랗게 보이는 빛이 나오는 것을 알게 되면서 유사한 빛을 내는 태양의 온도도 비슷할 것이라고 추측하게 됐다.
>
> 19세기에는 에너지 보존 법칙이 확립되면서 새로운 에너지 공급이 없다면 태양의 온도가 점차 낮아져야 한다는 결론을 내렸다. 그렇다면 과거에는 태양의 온도가 훨씬 높았어야 했고, 지구의 바다가 펄펄 끓어야 했을 것이다. 하지만 실제로는 그렇지 않았고, 사람들은 태양의 온도를 일정하게 유지해 주는 에너지원이 무엇인지에 대해 생각하게 됐다.
>
> 20세기 초 방사능이 발견되면서 방사능 물질의 붕괴에서 나오는 핵분열 에너지를 태양의 에너지원으로 생각했다. 그러나 태양빛의 스펙트럼을 분석한 결과 태양에는 우라늄 등의 방사능 물질 대신 수소와 헬륨이 있다는 것을 알게 됐다. 즉, 방사능 물질의 붕괴에서 나오는 핵분열 에너지가 태양의 에너지원이 아니었던 것이다.
>
> 현재 태양의 에너지원은 수소 원자핵 네 개가 헬륨 원자핵 하나로 융합하는 과정의 질량 결손으로 인해 생기는 핵융합 에너지로 알려져 있다. 태양은 엄청난 양의 수소 기체가 중력에 의해 뭉쳐진 것으로, 그 중심으로 갈수록 밀도와 압력, 온도가 증가한다. 태양에서의 핵융합은 천만℃ 이상의 온도를 유지하는 중심부에서만 일어난다. 높은 온도에서만 원자핵들은 높은 운동에너지를 가지게 되며, 그 결과로 원자핵들 사이의 반발력을 극복하고 융합되기에 충분히 가까운 거리로 근접할 수 있기 때문이다. 태양빛이 핵융합을 통해 나온다는 사실은 태양으로부터 온 중성미자가 관측됨으로써 더 확실해졌다.
>
> 중심부의 온도가 올라가 핵융합 에너지가 늘어나면 그 에너지로 인한 압력으로 수소를 밖으로 밀어내어 중심부의 밀도와 온도를 낮추게 된다. 이렇게 온도가 낮아지면 방출되는 핵융합 에너지가 줄어들며, 그 결과 압력이 낮아져서 수소가 중심부로 들어오게 되어 중심부의 밀도와 온도를 다시 높인다. 이렇듯 태양 내부에서 중력과 핵융합 반응의 평형상태가 유지되기 때문에 _____ 태양은 이미 50억년간 빛을 냈고, 앞으로도 50억년 이상 더 빛날 것이다.

① 태양의 핵융합 에너지가 폭발적으로 증가할 수 있게 된다.

② 태양 외부의 밝기가 내부 상태에 따라 변할 수 있게 된다.

③ 태양이 오랫동안 안정적으로 빛을 낼 수 있게 된다.

④ 태양이 일정한 크기를 유지할 수 있었다.

⑤ 과거와 달리 태양이 일정한 온도를 유지할 수 있게 된다.

해설 제시문은 태양의 온도를 일정하게 유지해 주는 에너지원에 대한 설명이다. 태양의 온도가 일정하게 유지되는 이유는 태양 중심부의 온도가 올라가 핵융합 에너지가 늘어나면 에너지의 압력으로 수소를 밖으로 밀어내어 중심부의 밀도와 온도를 낮춰주기 때문이다. 즉 태양 내부에서 중력과 핵융합 반응의 평형상태가 유지되기 때문에 태양은 50억년간 빛을 낼 수 있었고, 앞으로도 50억년 이상 더 빛날 수 있는 것이다. 따라서 빈칸에 들어갈 내용으로 '태양이 오랫동안 안정적으로 빛을 낼 수 있게 된다'가 가장 적절하다.

🔒 01 ⑤ 02 ③

03 새로 입사한 사원의 현황이 다음과 같다. 신입사원 중 여자 한 명을 뽑았을 때, 경력자가 뽑힐 확률은?

- 신입사원의 60%는 여성이다.
- 신입사원의 20%는 여성 경력직이다.
- 신입사원의 80%는 여성이거나 경력직이다.
---

① $\dfrac{1}{3}$
② $\dfrac{2}{3}$
③ $\dfrac{1}{5}$
④ $\dfrac{3}{5}$
⑤ $\dfrac{1}{2}$

해설 임의로 전체 신입사원을 100명이라 가정하고 성별과 경력 유무로 구분하여 표를 나타내면 다음과 같다.

(단위 : 명)

구분	여성	남성	합계
경력 없음	60-20=40	20	60
경력 있음	100×0.2=20	20	100×0.8-60+20=40
합계	100×0.6=60	40	100

따라서 신입사원 중 여자 한 명을 뽑았을 때 경력자가 뽑힐 확률은 여자 60명 중 경력자는 20명이므로 $\dfrac{20}{60} = \dfrac{1}{3}$ 이다.

04 A자원센터는 봄을 맞이하여 동네 주민들에게 사과, 배, 딸기의 세 과일을 한 상자씩 선물하려고 한다. 사과 한 상자 가격은 1만원이고, 배 한 상자는 딸기 한 상자의 가격의 2배이며 딸기 한 상자와 사과 한 상자의 가격의 합은 배의 가격보다 2만원 더 싸다. 10명의 동네 주민들에게 선물을 준다고 했을 때 A자원센터가 지불해야 하는 총비용은?

① 400,000원
② 600,000원
③ 800,000원
④ 1,000,000원
⑤ 1,200,000원

해설 과일의 가격을 사과 x, 배 y, 딸기 z로 가정하여 식을 세워보면 다음과 같다.
$x=10,000,\ y=2z,\ x+z=y-20,000$
$\rightarrow 10,000+z=2z-20,000$
$\rightarrow z=30,000$
$\therefore x+y+z=x+3z=10,000+90,000=100,000$
따라서 10명의 동네 주민들에게 선물을 준다고 했으므로 지불해야 하는 총금액은 $100,000 \times 10 = 1,000,000$원이다.

05 다음은 M은행 지원자의 인턴 및 해외연수 경험과 합격여부에 관한 자료이다. 이에 대한 설명 중 적절한 것만을 〈보기〉에서 모두 고르면?

M은행 지원자의 인턴 및 해외연수 경험과 합격여부

(단위 : 명, %)

인턴 경험	해외연수 경험	합격여부		합격률
		합격	불합격	
있음	있음	53	414	11.3
	없음	11	37	22.9
없음	있음	0	16	0.0
	없음	4	139	2.8

※ 합격률(%) = $\dfrac{\text{(합격자 수)}}{\text{(합격자 수)} + \text{(불합격자 수)}} \times 100$

※ 합격률은 소수점 둘째 자리에서 반올림한 값임

● **보기** ●

ㄱ. 해외연수 경험이 있는 지원자가 해외연수 경험이 없는 지원자보다 합격률이 높다.

ㄴ. 인턴 경험이 있는 지원자가 인턴 경험이 없는 지원자보다 합격률이 높다.

ㄷ. 인턴 경험과 해외연수 경험이 모두 있는 지원자 합격률은 인턴 경험만 있는 지원자 합격률의 2배 이상이다.

ㄹ. 인턴 경험과 해외연수 경험이 모두 없는 지원자와 인턴 경험만 있는 지원자 간 합격률 차이는 30%p보다 크다.

① ㄱ, ㄴ   ② ㄱ, ㄷ

③ ㄴ, ㄷ   ④ ㄱ, ㄴ, ㄹ

⑤ ㄴ, ㄷ, ㄹ

해설 ㄱ. 해외연수 경험이 있는 지원자 합격률은 $\dfrac{53}{53+414+16} \times 100 ≒ 11\%$로,

해외연수 경험이 없는 지원자 합격률인 $\dfrac{11+4}{11+37+4+139} \times 100 ≒ 7.9\%$보다 높다.

ㄴ. 인턴 경험이 있는 지원자의 합격률 $\dfrac{53+11}{53+414+11+37} \times 100 = \dfrac{64}{515} \times 100 ≒ 12.4\%$는

인턴 경험이 없는 지원자의 합격률 $\dfrac{4}{16+4+139} \times 100 = \dfrac{4}{159} \times 100 ≒ 2.5\%$보다 높다.

1. 언어비평검사

01 다음 명제가 모두 참일 때, 반드시 참인 명제는?

> • 창조적인 기업은 융통성이 있다.
> • 오래 가는 기업은 건실하다.
> • 오래 가는 기업이라고 해서 모두가 융통성이 있는 것은 아니다.

① 융통성이 있는 기업은 건실하다.

② 창조적인 기업이 오래 갈지 아닐지 알 수 없다.

③ 융통성이 있는 기업은 오래 간다.

④ 어떤 창조적인 기업은 건실하다.

⑤ 창조적인 기업은 오래 간다.

> **해설** 창조적인 기업은 융통성이 있고, 융통성이 있는 기업 중의 일부는 오래 간다. 즉, 창조적인 기업이 오래 갈지 아닐지 알 수 없다.

02 다음과 동일한 오류를 저지른 사례는?

> 노사 간의 갈등이 있는 사업장에 노조파괴 컨설팅을 제공한 혐의를 받고 있는 C대표는 아들의 건강 문제로 자신의 공판기일을 연기해 줄 것을 재판부에 요청했다. 최근 급격히 나빠진 아들의 건강상태로 인해 예정 공판기일에 자신이 참석할 수 없다는 것이었다.

① 이번엔 반드시 복권에 당첨될 것 같아. 어젯밤 꿈속에서 할머니가 번호를 불러줬거든.

② 너 지난번에 쌀국수는 좋아하지 않는다고 했잖아. 그런데 오늘 점심에 왜 싫어하는 쌀국수를 먹었어?

③ 진희의 말은 믿을 수 없다. 그녀는 단 한 번도 약속을 지킨 적이 없기 때문이다.

④ 죄 없는 많은 생명이 죽어가고 있습니다. 우리 모두 기부행사에 참여합시다.

⑤ 신이 존재한다고 믿으십니까? 그 누구도 신의 존재를 증명하지 못합니다. 따라서 신은 존재하지 않습니다.

> **해설** 제시문에서 C대표는 본인 아들의 건강상태를 이유로 자신의 공판기일을 연기해 줄 것을 요청했으므로 타당한 논거를 제시하지 않고 상대방의 동정에 호소하는 오류를 범하고 있다. 이와 동일한 오류를 보이는 것은 사람들의 동정에 호소하여 기부행사의 참여를 끌어내고자 하는 ④이다.
> ① 논점일탈의 오류
> ② 흑백사고의 오류
> ③ 인신공격의 오류
> ⑤ 무지의 오류

03 다음 글의 내용으로 적절한 것은?

> 보름달 중에 가장 크게 보이는 보름달을 슈퍼문이라고 한다. 이때 보름달이 크게 보이는 이유는 달이 평소보다 지구에 가까이 있기 때문이다. 슈퍼문이 되려면 보름달이 되는 시점과 달이 지구에 가장 가까워지는 시점이 일치해야 한다. 달의 공전궤도가 완벽한 원이라면 지구에서 달까지의 거리가 항상 똑같을 것이다. 하지만 실제로는 타원궤도여서 달이 지구에 가까워지거나 멀어지는 현상이 생긴다. 유독 달만 그런 것은 아니고 태양계의 모든 행성이 태양을 중심으로 타원궤도로 돈다. 이것이 바로 그 유명한 케플러의 행성운동 제1법칙이다.
>
> 지구와 달의 평균거리는 약 38만km인 반면 슈퍼문일 때는 그 거리가 35만 7,000km 정도로 가까워진다. 달의 반지름은 약 1,737km이므로, 지구와 달의 거리가 평균 정도일 때 지구에서 보름달을 바라보는 시각도*는 0.52도 정도인 반면, 슈퍼문일 때는 시각도가 0.56도로 커진다. 반대로 보름달이 가장 작게 보일 때, 다시 말해 보름달이 지구에서 제일 멀 때는 그 거리가 약 40만km여서 보름달을 보는 시각도가 0.49도로 작아진다.
>
> 밀물과 썰물이 생기는 원인은 지구에 작용하는 달과 태양의 중력 때문인데, 달이 태양보다는 지구에 훨씬 더 가깝기 때문에 더 큰 영향을 미친다. 달이 지구에 가까워지면 평소 달이 지구를 당기는 힘보다 더 강하게 지구를 당긴다. 그리고 달의 중력이 더 강하게 작용하면, 달을 향한 쪽의 해수면은 평상시보다 더 높아진다. 실제 우리나라에서도 슈퍼문일 때 제주도 등 해안가에 바닷물이 평소보다 더 높게 밀려 들어와서 일부 지역이 침수피해를 겪기도 했다.
>
> 한편 달의 중력 때문에 높아진 해수면이 지구와 함께 자전을 하다 보면 지구의 자전을 방해하게 된다. 일종의 브레이크가 걸리는 셈이다. 이 때문에 지구의 자전속도가 느려지게 되고 그 결과 하루의 길이에 미세하게 차이가 생긴다. 실제 연구결과에 따르면 100만년에 17초 정도씩 길어지는 효과가 생긴다고 한다.
>
> * 시각도 : 물체의 양끝에서 눈의 결합점을 향해 그은 두 선이 이루는 각을 의미한다.

① 지구에서 태양까지의 거리는 1년 동안 항상 일정하다.

② 해수면의 높이는 지구와 달의 거리와 관계가 없다.

③ 달이 지구에서 멀어지면 궤도에서 벗어나지 않기 위해 평소보다 더 강하게 지구를 잡아당긴다.

④ 지구와 달의 거리가 36만km 정도인 경우, 지구에서 보름달을 바라보는 시각도는 0.49도보다 크다.

⑤ 달의 중력 때문에 지구가 자전하는 속도는 점점 빨라지고 있다.

해설 슈퍼문일 때는 지구와 달의 거리가 35만 7,000km 정도로 가까워지며, 이때 지구에서 보름달을 바라보는 시각도는 0.56도로 커지므로 0.49의 시각도보다 크다는 판단은 적절하다.

  ① 케플러의 행성운동 제1법칙에 따라 태양계의 모든 행성은 태양을 중심으로 타원궤도로 돈다. 따라서 지구도 태양을 타원궤도로 돌기 때문에 지구에서 태양까지의 거리는 항상 일정하지 않을 것이다.

  ② 달이 지구에 가까워지면 달의 중력이 더 강하게 작용해 달을 향한 쪽의 해수면이 평상시보다 더 높아진다. 즉, 지구와 달의 거리에 따라 해수면의 높이가 달라지므로 서로 관계가 있다.

  ③ 달이 지구에 가까워지면 평소 달이 지구를 당기는 힘보다 더 강하게 지구를 당긴다. 따라서 이와 반대로 달이 지구에서 멀어지면 지구를 당기는 달의 힘은 약해질 것이다.

  ⑤ 달의 중력 때문에 높아진 해수면이 지구의 자전을 방해하게 되고, 이 때문에 지구의 자전속도가 느려져 100만년에 17초 정도씩 길어진다고 했으므로 지구의 자전속도는 점점 느려지고 있다.

04 다음은 카페 판매음료에 대한 연령별 선호율을 조사한 자료이다. 이에 대한 설명으로 적절한 것을 〈보기〉에서 모두 고르면?

연령별 카페음료 선호율

구분	20대	30대	40대	50대
아메리카노	42%	47%	35%	31%
카페라테	8%	18%	28%	42%
카페모카	13%	16%	2%	1%
바닐라라테	9%	8%	11%	3%
핫초코	6%	2%	3%	1%
에이드	3%	1%	1%	1%
아이스티	2%	3%	4%	7%
허브티	17%	5%	16%	14%

—— • 보기 • ——

ㄱ. 연령대가 높아질수록 아메리카노에 대한 선호율은 낮아진다.
ㄴ. 아메리카노와 카페라테의 선호율 차이가 가장 적은 연령대는 40대이다.
ㄷ. 20대와 30대의 선호율 하위 3개 메뉴는 동일하다.
ㄹ. 40대와 50대의 선호율 상위 2개 메뉴가 전체 선호율의 70% 이상이다.

① ㄱ, ㄴ　　　② ㄱ, ㄹ　　　③ ㄴ, ㄷ　　　④ ㄴ, ㄹ　　　⑤ ㄷ, ㄹ

해설 ㄴ. 각 연령대별 아메리카노와 카페라테의 선호율의 차이를 구하면 다음과 같다.

구분	20대	30대	40대	50대
아메리카노 선호율	42%	47%	35%	31%
카페라테 선호율	8%	18%	28%	42%
차이	34%	29%	7%	11%

　따라서 아메리카노와 카페라테의 선호율 차이가 가장 적은 연령대는 40대임을 알 수 있다.
ㄷ. 20대와 30대의 선호율 하위 3개 메뉴를 정리하면 다음과 같다.
　• 20대 : 핫초코(6%), 에이드(3%), 아이스티(2%)
　• 30대 : 아이스티(3%), 핫초코(2%), 에이드(1%)
　따라서 20대와 30대의 선호율 하위 3개 메뉴는 동일함을 알 수 있다.
ㄱ. 연령대별 아메리카노 선호율은 20대 42%, 30대 47%, 40대 35%, 50대 31%로 30대의 선호율은 20대보다 높음을 알 수 있다.
ㄹ. 40대와 50대의 선호율 상위 2개 메뉴가 전체 선호율에서 차지하는 비율을 구하면 다음과 같다.
　• 40대 : 아메리카노(35%), 카페라테(28%) → 63%
　• 50대 : 카페라테(42%), 아메리카노(31%) → 73%
　따라서 50대의 선호율 상위 2개 메뉴가 전체 선호율에서 차지하는 비율은 70%를 넘지만, 40대에서는 63%로 70% 미만이다.

05 다음은 지난달 봉사장소별 봉사자 수를 연령별로 조사한 자료이다. 다음 〈보기〉에서 이에 대한 설명으로 적절한 것을 모두 고르면?

봉사장소의 연령대별 봉사자 수

(단위 : 명)

구분	10대	20대	30대	40대	50대	전체
보육원	148	197	405	674	576	2,000
요양원	65	42	33	298	296	734
무료급식소	121	201	138	274	381	1,115
노숙자쉼터	0	93	118	242	347	800
유기견보호소	166	117	56	12	0	351
전체	500	650	750	1,500	1,600	5,000

● 보기 ●

ㄱ. 전체 보육원 봉사자 중 30대 이하가 차지하는 비율은 36%이다.
ㄴ. 전체 무료급식소 봉사자 중 40~50대는 절반 이상이다.
ㄷ. 전체 봉사자 중 50대의 비율은 20대의 3배이다.
ㄹ. 노숙자쉼터 봉사자 중 30대는 15% 미만이다.

① ㄱ, ㄷ
② ㄱ, ㄹ
③ ㄴ, ㄷ
④ ㄴ, ㄹ
⑤ ㄷ, ㄹ

해설 ㄴ. 무료급식소 봉사자 중 40~50대는 274＋381＝655명으로 전체 1,115명의 절반 이상이다.
ㄹ. 노숙자쉼터 봉사자는 800명으로 이 중 30대는 118명이다.

따라서 노숙자쉼터 봉사자 중 30대가 차지하는 비율은 $\frac{118}{800} \times 100 = 14.75\%$이다.

ㄱ. 전체 보육원 봉사자는 총 2,000명으로 이 중 30대 이하 봉사자는 148＋197＋405＝750명이다. 따라서 전체 보육원 봉사자 중 30대 이하가 차지하는 비율은 $\frac{750}{2,000} \times 100 = 37.5\%$이다.

ㄷ. 전체 봉사자 중 50대의 비율은 $\frac{1,600}{5,000} \times 100 = 32\%$이고, 20대의 비율은 $\frac{650}{5,000} \times 100 = 13\%$이다. 따라서 전체 봉사자 중 50대의 비율은 20대의 약 $\frac{32}{13} ≒ 2.5$배이다.

공기업 최신기출문제

1. 의사소통능력

01 다음 글을 읽고 판단한 내용으로 적절하지 않은 것은?

> 의약품에 불순물이 함유되는 등 사유로 식품의약품안전처의 제조번호 단위 회수명령이 증가하고 있어, 국민이 의약품을 사용하기 전에 회수하거나 폐기하는 안전한 의약품 환경조성이 매우 중요해지고 있다.
>
> 이에 건강보험심사평가원은 국민이 안심하고 의약품을 사용할 수 있도록 '위해(危害)의약품 유통정보 알림서비스'를 확대 제공하기로 결정하였는데, 이는 의약품관리종합정보센터가 의약품 공급정보를 기반으로 회수대상 의약품 정보 관련 출고 시 의약품 공급자에게 알리고, 입고 시 요양기관에 알려 해당 의약품이 조기회수될 수 있도록 지원하는 방식으로 이루어진다.
>
> 이번 알림서비스 확대 내용은 회수대상 의약품뿐만 아니라 '유효기한 경과의약품'의 요양기관 입고정보를 제공하는 것을 포함하며, 오는 8월부터는 '유효기한 임박의약품' 정보도 추가 제공해 위해의약품이 사용되지 않도록 하는 것을 목표로 한다. 해당 서비스는 요양기관업무포털에서 정보제공에 동의하고 알림 신청을 한 요양기관에 한해 제공되며, 해당 요양기관은 위해의약품의 공급일자, 공급자 등에 관한 내용을 문자(MMS)로 제공받을 수 있다.
>
> 또한 의약품정보센터장은 요양기관뿐만 아니라 국민이 안심하고 의약품을 사용할 수 있도록 의약품의 제조번호, 제조일 등 상세 공급정보를 적극 활용해 모바일 앱 '약! 찍어보는 안심정보' 기능을 보완하였다고 발혔다. 이는 앱을 통해 의약품 바코드를 모바일로 촬영할 경우, 해당 의약품이 위해의약품에 해당하면 즉시 '회수대상 또는 유효기한 경과 의약품' 문구를 팝업으로 알려주는 모바일 서비스를 말한다.

① 과거에 비해 의약품에 불순물 함유량이 늘어나 의약품 취급에 주의를 둬야겠군.

② 위해(危害)의약품 유통정보 알림서비스는 양방향으로 정보를 제공하는 서비스군.

③ 이전에는 단순 유효기간이 만료된 의약품에 대해서는 별다른 조치가 없었군.

④ 위해(危害)의약품 유통정보 알림서비스는 사후 조치보다는 사전 예방에 목적을 두는 서비스겠군.

⑤ 위해(危害)의약품 유통정보 알림서비스는 필수가 아닌 선택사항에 해당하겠군.

> **해설** 의약품에 불순물이 함유되는 등의 사유로 의약품의 회수명령이 증가하고 있지만, 이 내용만으로는 과거에 비해 의약품에 불순물 함유량이 늘어났다고 보기는 어렵다.

02 다음 글의 빈칸에 들어갈 내용으로 가장 적절한 것은?

> 최근 온라인 커뮤니티 등에서 '여드름약 이소티논 최저가로 처방받는 법'과 같은 게시물을 쉽게 찾아볼 수 있다. 지난 6월부터는 이소티논을 반드시 보험적용 없이 비급여항목으로만 처방이 가능하도록 바뀌었지만, 그 전까지 일부 비대면 의료 앱들이 보험을 적용해 저렴한 가격에 구매할 수 있다고 사회관계망서비스(SNS) 등을 통해 대대적으로 광고를 띄웠기 때문이다.
>
> 하지만 이소티논은 유산과 태아 기형을 일으킬 수 있어 임산부에게는 복용이 제한된 의약품으로 안전하게 복용할 수 있도록 약사 지도가 필요하다. 실제로 약사들도 해당 약을 조제할 때 임신 계획이나 피임약 복용여부 등을 확인 후 처방하고 있다.
>
> 이처럼 비대면 의료가 코로나19(COVID-19) 상황에서 한시적으로 허용된 가운데 허술한 규제 틈을 타 일부 병원에서 비대면 의료 앱을 이용해 부작용 우려가 있는 전문 의약품을 부당하게 급여 처방해온 것이다. 이는 사실상 소비자에게 의약품 쇼핑을 부추기고 있는 것이나 마찬가지이다.
>
> 또한 현재 약사법은 오남용을 방지하기 위해 이소티논과 같은 전문 의약품의 대중매체 광고를 허용하지 않고 있다. 하지만 일부 의료 앱에서는 해당 광고 내에서 의약품의 이름을 교묘하게 바꿔 광고를 계속하고 있으며, 또 의료광고는 사전 자율심의를 받아야 하지만 비대면 진료 앱들은 현재 제도 사각지대에 놓여있어 심의 없이도 광고를 할 수 있는 상황이다.
>
> 이에 대해 일부에서는 "코로나19 이후 비대면 의료 앱과 이용자 모두 급증한 상황에서 전문 의약품 오남용 등 부작용이 우려되는 만큼 관련 규제 정비가 필요하다"라고 지적하였으며, A 의원은 "온라인 플랫폼을 이용한 비대면 진료에서 가장 우려했던 나쁜 사례"라며, "건강보험 급여기준을 무시하고 피부미용과 관련된 약물처방을 조장해, 의료상업화를 유도한 불법행위"라고 지적했다. 또한 "현 정부에서 비대면진료의 무제한 허용을 방치하여 불법 사례들이 속출하고 있는 만큼, 이제는 _____ 하여 안전한 의료생태계로 갈 수 있도록 꼼꼼한 제도설계가 필요하다"고 언급하였다.

① 의약품 판매처를 확대
② 재진 환자에 한정해 비대면진료를 허용
③ 대면진료 중심으로 비대면진료를 활용
④ 비대면 의료 앱에서의 의료광고를 제한
⑤ 비대면 진료에서의 의약품 처방을 제한

해설 대면진료가 중심이 된다면 비교적 비대면진료 때보다 환자의 의약품 사용관리가 수월해지며, 대면진료를 통해 의약품의 안전한 복용을 더 정확하게 전달할 수 있어 약물의 오남용 또한 방지할 수 있다. 따라서 빈칸에 들어갈 내용으로 ③이 가장 적절하다.

🔒 01 ① 02 ③

03 A원뿔의 밑면의 반지름은 4cm, 높이는 $h$cm이다. B원뿔의 밑면의 반지름이 5cm라고 하면, B원뿔의 높이가 몇 cm일 때 두 원뿔의 부피가 같아지겠는가?

① $\frac{3}{5}h$cm

② $\frac{16}{25}h$cm

③ $\frac{17}{25}h$cm

④ $\frac{18}{25}h$cm

⑤ $\frac{19}{25}h$cm

> **해설** B원뿔의 높이를 $x$cm라 하면
>
> A원뿔의 부피 : $\frac{1}{3}\pi \times 4^2 \times h$
>
> B원뿔의 부피 : $\frac{1}{3}\pi \times 5^2 \times x$
>
> $\frac{1}{3}\pi \times 4^2 \times h = \frac{1}{3}\pi \times 5^2 \times x \rightarrow 16h = 25x$
>
> $\therefore x = \frac{16}{25}h$

04 가로의 길이가 5m, 세로의 길이가 12m인 직사각형 모양의 농구코트가 있다. 철수는 농구코트의 모서리에 서 있으며, 농구공은 농구코트 안에서 철수한테서 가장 멀리 떨어진 곳에 존재하고 있다. 철수가 최단거리로 농구공을 가지러 간다면 얼마만큼 이동하게 되는가?

① 5m

② 6m

③ 12m

④ 13m

⑤ 15m

> **해설** 철수가 농구코트의 모서리에 서 있으며, 농구공은 농구코트 안에서 철수한테서 가장 멀리 떨어진 곳에 있다고 하였다. 즉, 농구공과 철수는 대각선으로 마주 보고 있으므로 농구코트의 가로와 세로 길이를 이용하여 대각선의 길이를 구한다.
> 따라서 피타고라스의 정리를 이용하면 대각선의 길이는 $\sqrt{5^2 + 12^2} = 13$m이다.

05 다음은 2016년부터 2020년까지 의료급여진료비 통계자료이다. 자료를 보고 상황에 맞는 2022년도 외래 의료급여비용 예상액을 구하면?(단, 증감율(%)과 비용은 소수점 첫째 자리에서 반올림한다)

의료급여진료비 통계

구분		환자 수(천명)	청구건수(천건)	내원일수(천일)	의료급여비용(억원)
2016	입원	424	2,267	37,970	28,576
	외래	1,618	71,804	71,472	24,465
2017	입원	455	2,439	39,314	30,397
	외래	1,503	71,863	71,418	26,005
2018	입원	421	2,427	40,078	32,333
	외래	1,550	72,037	71,672	27,534
2019	입원	462	2,620	41,990	36,145
	외래	1,574	77,751	77,347	31,334
2020	입원	459	2,785	42,019	38,356
	외래	1,543	77,686	77,258	33,003

● 상황 ●

건강보험심사평가원의 A사원은 의료급여진료비에 대해 분석을 하고 있다. 표면적으로 2016년부터 매년 입원 환자 수보다 외래 환자 수가 많고 청구건수와 내원일수도 외래가 더 많았다. 하지만 의료급여비용은 입원환자에게 들어가는 비용이 여러 날의 입원비로 인해 더 많았다. 의료급여비용이 2021년에는 2020년도 전년 대비 증가율과 같았고, 입원 및 외래진료 비용이 매년 증가하여 A씨는 올해 예상비용을 2019년부터 2021년까지 전년 대비 평균 증가율로 계산하여 보고하려고 한다.

① 35,840억원   ② 37,425억원

③ 38,799억원   ④ 39,678억원

⑤ 40,021억원

해설 2019년과 2020년 외래 의료급여비용 전년 대비 증가율은 각각 $\frac{31,334-27,534}{27,534} \times 100 = 14\%$, $\frac{33,003-31,334}{31,334} \times 100 = 5\%$이다. 2019년부터 2021년까지 전년 대비 평균 증가율은 $\frac{14+5+5}{3} = 8\%$이므로 2022년 외래 의료급여 예상비용은 $33,003 \times 1.05 \times 1.08 = 37,425$억원이다.

1. 자원관리능력

※ 다음은 물적자원을 효과적으로 관리하기 위한 과정을 나타낸 글이다. 이어지는 질문에 답하시오. [01~04]

> (가) 물품을 적절하게 보관할 수 있는 장소를 선정하여야 한다. 종이류와 유리, 플라스틱 등은 그 재질의 차이로 인해서 보관장소의 차이를 두는 것이 좋다. 특히 유리의 경우 쉽게 파손될 우려가 있기 때문에 따로 보관해야 한다. 또한, 물품의 무게와 부피에 따라서도 차이를 두어야 한다. 보관장소에 따라 물품의 무게가 무겁거나 부피가 큰 것은 별도로 취급하는 것이 적절하다. 모든 물품을 같이 놓아두게 된다면 개별 물품의 훼손이 생길 수 있으므로 주의해야 한다.
>
> (나) 보관의 원칙 중 동일성의 원칙과 유사성의 원칙에 따라 물품을 분류한다. 이는 보관한 물품을 다시 활용할 때 보다 쉽고 빠르게 찾을 수 있도록 하기 위해서이다. 특정 물품의 정확한 위치를 알 수 없어도 대략의 위치를 알고 있다면 물품을 찾는 시간을 단축할 수 있기 때문이다.
>
> (다) 물품을 정리하고 보관하고자 할 때, 해당 물품을 앞으로 계속 사용할 것인지 그렇지 않을지를 구분해야 한다. 그렇지 않으면 가까운 시일 내에 활용하게 될 물품도 창고나 박스 등에 넣어 두었다가 다시 꺼내야 하는 경우가 발생하게 될 것이다. 처음부터 철저하게 물품의 활용계획이나 여부를 확인하는 것이 이러한 시행착오를 예방할 수 있다.

01 (가)~(다)를 효과적인 물적자원관리 과정에 따라 순서대로 올바르게 나열한 것은?

① (가) - (나) - (다) ② (가) - (다) - (나)
③ (다) - (가) - (나) ④ (다) - (나) - (가)

> **해설** 물적자원을 효과적으로 관리하기 위해서는 먼저 사용물품과 보관물품으로 구분하고, 동일 및 유사 물품으로 분류한 뒤 물품을 적절하게 보관할 수 있는 장소를 선정해야 한다. 따라서 효과적인 물적자원관리 과정은 (다) → (나) → (가)의 순서로 이루어져야 한다.

02 다음 중 (가)의 단계에서 물품보관장소를 선정할 때 기준으로 가장 적절한 것은?

① 물품의 재질 ② 물품의 부피
③ 물품의 무게 ④ 물품의 특성

> **해설** 물품은 일괄적으로 같은 장소에 보관하는 것이 아니라, 개별 물품의 재질, 부피, 무게 등 특성을 종합적으로 고려하여 보관장소를 선정해야 한다.

03 다음은 (나)의 단계에서 적용되는 동일성의 원칙과 유사성의 원칙에 대한 설명이다. 빈칸에 들어갈 말을 차례대로 나열한 것은?

> 동일성의 원칙은 ⓐ 물품은 ⓑ 장소에 보관한다는 것이며, 유사성의 원칙은 ⓒ 물품은 ⓓ 한 장소에 보관한다는 것을 말한다.

	ⓐ	ⓑ	ⓒ	ⓓ
①	동일	같은	유사	인접
②	동일	다른	유사	상이
③	유사	같은	동일	상이
④	유사	같은	동일	인접

해설 · 동일성의 원칙 : 동일물품은 같은 장소에 보관한다.
· 유사성의 원칙 : 유사물품은 인접한 장소에 보관한다.

04 다음 중 (가)~(다)의 과정을 거쳐 물품을 정리할 때 지켜야 할 원칙으로, 입 · 출하의 빈도가 높은 품목은 출입구 가까운 곳에 보관해야 한다는 원칙은?

① 통로대면보관의 원칙

② 회전대응보관의 원칙

③ 높이 쌓기의 원칙

④ 선입선출의 원칙

해설 효과적인 물적자원관리 과정에 따라 물품보관장소까지 선정하게 되면 물품을 정리해야 한다. 이때, 입 · 출하의 빈도가 높은 품목은 출입구 가까운 곳에 보관해야 한다는 회전대응보관의 원칙을 지켜야 한다. 이는 활용빈도가 상대적으로 높은 물품을 가져다 쓰기 쉬운 위치에 먼저 보관하는 것으로, 이렇게 보관하면 물품활용에 편리할 뿐만 아니라 물품활용 후 다시 보관하기에도 편리하다.

05 다음 글을 읽고 이해한 반응으로 가장 적절한 것은?

> 사람들이 일을 하는 이유는 무엇일까. 어제도 했으니 오늘도 한다는 별다른 목적 없이 타성으로 매일 출근할 수도 있다. 그리고 보상을 얻거나 처벌을 피하기 위한 경제적 압박감 때문에 일을 할 수도 있고, 다른 사람들이 어떻게 생각할까 걱정하는 정서적 압박감으로 일을 할 수도 있다. 이와 같은 타성, 경제적 압박감, 정서적 압박감 세 가지 일의 이유는 경직된 조직을 만들 가능성이 높다.
>
> 그리고 일 그 자체에 집중하기보다 보상·처벌·두려움 등 일의 외부적인 요인에 더 주의를 기울이게 된다. 이로 인해 일의 성과는 떨어지며, 나아가 만약 성과를 만들기 위해 편법을 사용하게 된다면 조직에 치명상을 입힐 수도 있다.
>
> 반면 일 그 자체를 좋아하는 '즐거움'이 일을 하는 이유가 될 때도 있다. 그리고 자신이 하는 일의 결과가 가치가 있다고 생각하는 '의미감'이나 지금 하는 일이 미래에 자신이 원하는 것을 이룰 수 있다는 '성장감'이 일하는 이유가 되기도 한다.
>
> 이런 즐거움·의미·성장 세 가지 일의 이유는 변화에 유연하고 민첩하게 반응할 가능성이 높다. 왜냐하면 호기심을 갖고 끊임없이 새로운 시도를 하거나, 변화하는 세상에 가치를 주고자 노력하며 스스로 성장할 수 있는 방법을 찾을 가능성이 높기 때문이다. 또한 스스로 알아서 일하기 때문에 성과를 지속적으로 실현할 가능성도 높아진다.
>
> 이처럼 타성, 정서적 압박감, 경제적 압박감보다는 즐거움·의미·성장을 일의 이유로 삼는다면 변화와 위기의 상황에서 유연하고 민첩하게 반응하는 조직을 만들 수 있다. 그리고 높은 성과를 지속적으로 실현할 가능성도 높아진다.

① 팀원들에게 스스로 중요한 존재임을 깨닫게 하여 존경심과 충성심을 불어넣는 것이 중요해.

② 이루고자 하는 성과와 목표의 실현은 동기부여의 직접적인 결과라고 해도 지나치지 않아.

③ 집단의 모든 구성원들로 하여금 의사결정 및 팀의 방향을 설정하는 데 참여하도록 노력해야겠어.

④ 팀원들로 하여금 한 사람도 소외됨이 없이 모두 동등하다는 것을 확신시켜, 모든 방면에 종사하도록 해야 해.

> **해설** 즐거움·의미·성장을 일의 이유로 삼고, 스스로 알아서 일하는 모습을 통해, 동기부여가 성과와 목표의 실현에 얼마나 중요한지를 알 수 있다. 자신의 소신대로 일하고, 업무처리에 있어 자신에게 동기를 부여하면 좋은 결과를 얻을 수 있다.

06 다음 대화의 빈칸에 들어갈 정부장의 조언으로 적절하지 않은 것은?

> 정부장 : 김대리, 시간을 충분히 주었다고 생각했는데 진행상황이 생각보다 늦네요. 이유가 뭐죠?
> 김대리 : 아, 부장님. 죄송합니다. 저, 그게… 저는 최대한 노력한다고 하는데 항상 시간이 모자랍니다. 업무능력
> 이 부족해서인 것 같습니다.
> 정부장 : 능력은 충분해요. 노력을 하는데도 시간이 부족하다면 내 생각에는 계획을 세워 볼 필요가 있을 것 같
> 네요. 시간을 쓰는 데도 계획이 있어야 하는데 시간 계획을 세울 때는 _____

① 목표를 구체적으로 세워야 합니다.

② 행동을 중심으로 세워야 합니다.

③ 현실적으로 가능해야 합니다.

④ 최대한 완벽히 세울 수 있도록 충분한 시간을 가져야 합니다.

> **해설** 계획을 세울 때 흔히 저지르기 쉬운 실수 중 하나는 너무 많은 시간을 소비하는 것이다. 계획은 완벽히 세우기 어렵고 설사 완벽
> 하게 세웠더라도 실천하지 못하면 무용지물이다. 계획이 완벽해야 한다는 부담감을 버리고 실제로 해나가면서 수정될 수 있음
> 을 염두에 두는 것이 좋다.

07 다음 대화를 읽고 K대리가 G대리에게 해줄 수 있는 조언으로 가장 적절한 것은?

> G대리 : 나 참, A과장님 왜 그러시는지 이해를 못하겠네.
> K대리 : 무슨 일이야?
> G대리 : 아니 어제 내가 회식자리에서 A과장님께 장난을 좀 쳤거든. 근데 A과장님이 내 장난을 잘 받아 주시길
> 래 아무렇지 않게 넘어갔는데, 오늘 A과장님이 나에게 어제 일로 화를 내시는 거 있지?

① 부하직원인 우리가 참고 이해하는 것이 좋을 것 같아.

② 본인이 실수했다고 느꼈을 때 바로 사과하는 것이 중요해.

③ A과장님께 본인이 무엇을 잘못했는지 확실히 물어보는 것이 어때?

④ 직원회의 시간에 이 문제에 대해 확실히 짚고 넘어가는 것이 좋겠어.

> **해설** 회식자리에서의 농담은 자신의 생각에 달린 것이 아니라 받아들이는 사람이 어떻게 받아들이는가가 중요하다. 상사가 자신의
> 기분이 상할 수 있는 농담을 들었을 때, 회식과 같이 화기애애한 자리를 갑자기 냉각시킬 수는 없으므로 그 자리에서만 수용해
> 줄 수 있는 것이다. 따라서 본인이 실수했다고 느낄 때 바로 사과하는 것이 적절하다.

1. 문제해결능력

01 A공사는 필리핀의 신재생에너지 시장에 진출하려고 한다. 전략기획팀의 M대리는 3C분석 방법으로 다음과 같은 결과를 도출했다. 다음 중 A공사의 필리핀시장 진출에 대한 판단으로 가장 적절한 것은?

3C	상황분석
고객(Customer)	• 아시아국가 중 전기요금이 높은 편에 속함 • 태양광, 지열 등 훌륭한 자연환경 조건 기반 • 신재생에너지 사업에 대한 정부의 적극적 추진 의지
경쟁사(Competitor)	• 필리핀 민간기업의 투자 증가 • 중국 등 후발국의 급속한 성장 • 체계화된 기술개발 부족
자사(Company)	• 필리핀 화력발전사업에 진출한 이력 • 필리핀의 태양광발전소 지분 인수 • 현재 미국, 중국 등 4개국에서 풍력과 태양광발전소 운영 중

① 필리핀은 전기요금이 높아 국민들의 전력사용량이 많지 않을 것으로 예상되며, 열악한 전력인프라로 신재생에너지 시장의 발전 가능성 또한 낮을 것으로 예상되므로 자사의 필리핀시장 진출은 바람직하지 않다.

② 필리핀은 정부의 적극적 추진 의지로 신재생에너지 시장이 급성장하고 있으나, 민간기업의 투자와 다른 아시아국가의 급속한 성장으로 경쟁이 치열하므로 자사는 비교적 경쟁이 덜한 중국시장으로 진출하는 것이 바람직하다.

③ 풍부한 자연환경조건을 가진 필리핀 신재생에너지 시장의 성장 가능성은 높지만, 경쟁사에 비해 체계적이지 못한 자사의 기술개발 역량이 필리핀시장 진출에 걸림돌이 될 것이다.

④ 훌륭한 자연환경조건과 사업에 대한 정부의 추진 의지를 바탕으로 한 필리핀의 신재생에너지 시장에서는 필리핀 민간기업이나 후발국과의 치열한 경쟁이 예상되나, 자사의 진출 이력을 바탕으로 경쟁력을 확보할 수 있을 것이다.

⑤ 필리핀시장에 대한 정보가 부족한 자사가 성장 가능성이 높은 신재생에너지 시장에 진출하기 위해서는 현재 급속한 성장을 보이고 있는 중국 등과 협력하여 함께 진출하는 것이 바람직하다.

> **해설** ① 필리핀의 높은 전기요금은 원료비가 적게 드는 신재생에너지를 통해 낮출 수 있다. 또한 열악한 전력인프라는 분석결과에 나타나 있지 않다.
> ② 자사는 현재 중국시장에서 풍력과 태양광발전소를 운영 중에 있으므로 중국시장으로의 진출은 대안으로 적절하지 않다. 또한 중국시장의 경쟁이 적은지 알 수 없다.
> ③ 체계화된 기술개발 부족은 자사가 아닌 경쟁사에 대한 분석결과이므로 적절하지 않다.
> ⑤ 자사는 필리핀 화력발전사업에 진출한 이력을 지니고 있으며, 현재 필리핀의 태양광발전소 지분을 인수하였으므로 중국 등과 협력하기보다는 필리핀정부와 협력하는 것이 바람직하다.

02 K공사에서는 보고서를 통과시키기 위해서 총 6명(a~f)에게 결재를 받아야 한다. 다음 〈조건〉을 참고하여 최종 결재를 받아야 하는 사람이 c일 때, 세 번째로 결재를 받아야 할 사람은?

━━━━━━━━━━━━━━━━━━━━━━━━━━━━ ● 조건 ● ━━━━━━━━━━━━━━━━━━━━━━━━━━━━

- c 바로 앞 순서인 사람은 f이다.
- b는 f와 c보다는 앞 순서이다.
- e는 b보다는 앞 순서이다.
- e와 c는 d보다 뒤의 순서다.
- a는 e보다 앞 순서이다.
- 한 사람 당 한 번만 거친다.

① a　　　　　② b　　　　　③ d　　　　　④ e　　　　　⑤ f

해설 주어진 조건에 따라 결재 받을 사람 순서를 배치해보면 다음의 경우와 같다.

- 경우 1

첫 번째	두 번째	세 번째	네 번째	다섯 번째	여섯 번째
a	d	e	b	f	c

- 경우 2

첫 번째	두 번째	세 번째	네 번째	다섯 번째	여섯 번째
d	a	e	b	f	c

따라서 세 번째로 결재를 받아야 할 사람은 e이다.

03 현수, 정훈, 승규, 태경, 형욱 다섯 명이 마라톤 경기에서 뛰고 있다. 한 시간이 지난 후 현재 다섯 명 사이의 거리가 다음 〈조건〉과 같다면 참이 되는 것은?

━━━━━━━━━━━━━━━━━━━━━━━━━━━━ ● 조건 ● ━━━━━━━━━━━━━━━━━━━━━━━━━━━━

- 태경이는 승규보다 3km 앞에서 뛰고 있다.
- 형욱이는 태경이보다 5km 뒤에서 뛰고 있다.
- 현수는 승규보다 5km 앞에서 뛰고 있다.
- 정훈이는 태경이보다 뒤에서 뛰고 있다.
- 1등과 5등의 거리는 10km 이하이다.

① 정훈이와 승규의 거리는 최소 0km, 최대 4km이다.
② 정훈이는 형욱이보다 최대 2km 뒤까지 위치할 수 있다.
③ 현수와 태경이의 거리와 승규와 형욱이의 거리는 같다.
④ 현재 마라톤 경기의 1등은 태경이다.
⑤ 현수 – 태경 – 승규 – 형욱 – 정훈 순서대로 달리고 있다.

해설 태경이와 승규 사이의 거리는 3km이고, 형욱이와 승규 사이의 거리는 2km이다. 현수와 태경이 사이의 거리가 2km이므로, 정훈이는 형욱이보다 3km 뒤까지 위치할 수 있다. 정훈이는 태경이보다 뒤에 있다고 했으므로, 정훈이와 승규의 거리는 최소 0km, 최대 5km이다. 또한 마라톤 경기의 1등은 현수이다.

04 A사원은 바르셀로나 해외법인을 방문하기 위해 5박 6일간 B차장과 출장을 가게 되었다. 출장일정표와 사내 출장비 규정을 참고할 때, 회사에서 지원되는 출장비는 얼마인가?(단, 실비는 제외하고 계산한다)

출장 일정표

날짜	장소	교통편	시간	일정
11월 3일(화)	회사	공항 리무진	11:00	출장 보고
	인천	AF 261	13:40	인천국제공항 출발
	파리	AF 2348	18:25 / 20:10	파리 도착/파리 출발
	바르셀로나	-	21:55	바르셀로나 공항 도착
		호텔 리무진(무료)	23:00	플라자 호텔 체크인
11월 4일(수)	현지 법인	현지 직원 픽업	9:00	구매팀 미팅
	바르셀로나	-	20:00	자유시간(야경 투어)
11월 5일(목)	현지 공장	현지 직원 픽업	11:00	생산팀 미팅
	바르셀로나	-	19:00	자유시간(광장 분수쇼)
11월 6일(금)	현지 법인	현지 직원 픽업	9:00	구매·생산팀 합동 미팅
	바르셀로나	-	18:00	자유시간(플라멩코 공연)
11월 7일(토)	플라자 호텔	호텔 리무진(무료)	6:00	플라자 호텔 체크아웃
	바르셀로나	AF 1049	9:30	바르셀로나 공항 출발
	파리	AF 264	11:25/13:15	파리 도착/파리 출발
11월 8일(일)	인천	-	6:55	인천국제공항 도착
	집	공항 리무진	9:00	출장 정리

해외 출장비 규정

구분	항공 (원)	호텔 (USD)	교통비 (USD, 원)	일비(USD), 1일		식비(USD), 한끼		비고
				갑지	을지	갑지	을지	
사장 이상				100	90	80	70	
임원				80	70	60	50	• 갑지 : 유럽, 미국 등
차장~부장		실비		60	50	50	40	• 을지 : 일본, 대양주, 중동, 중국, 홍콩, 대만, 싱가폴
대리~과장				50	40	40	30	
사원				40	30	35	25	

※ 2인 이상 출장 시에는 가장 높은 등급을 적용받는 자의 식비를 지급한다.
※ 출국일부터 입국일까지를 출장일로 규정한다.
※ 식비는 항공 시간을 제외하고 현지에 있는 시간(am 7:00~pm 21:00)만 인정한다.
※ 조식은 7시에 먹으며, 하루에 3끼를 먹는다.

	A사원	B차장		A사원	B차장
①	450USD	660USD	②	450USD	450USD
③	710USD	860USD	④	740USD	860USD
⑤	710USD	660USD			

> **해설** A사원은 B차장과 함께 가기 때문에 차장 기준의 식비를 받게 된다. 또한 출장기간은 출국일(11월 3일 화요일)부터 입국일(11월 8일 일요일)까지 총 6일이다. 또 식비는 4일 3끼, 5일 3끼, 6일 3끼, 7일 1끼(∵ 9시 30분에 바르셀로나를 떠나므로 조식만 먹음)로 총 10개이다. 출장국인 바르셀로나는 갑지(유럽)에 해당되기 때문에 B차장은 (1일당 일비 60×6일)+(1끼당 식비 50×10끼)이며, A사원은 (1일당 일비 40×6일)+(1끼당 식비 50×10끼)로 계산한다. 따라서 A사원은 740USD, B차장은 860USD이다.

05 K회사에 근무하는 A씨는 사정이 생겨 다니던 회사를 그만두게 되었다. A씨의 근무기간 및 기본급 등의 기본정보가 다음과 같다면, A씨가 퇴직 시 받게 되는 퇴직금의 세전금액은 얼마인가?(단, A씨의 퇴직일 이전 3개월간 기타수당은 720,000원이며, 퇴직일 이전 3개월간 총 일수는 80일이다)

- 입사일자 : 2020년 9월 1일
- 퇴사일자 : 2022년 9월 4일
- 재직일수 : 730일
- 월기본급 : 2,000,000원
- 월기타수당 : 월별 상이
- 퇴직 전 3개월 임금 총액 계산(세전금액)

퇴직 이전 3개월간 총 일수	기본급(3개월분)	기타수당(3개월분)
80일	6,000,000원	720,000원

※ (1일 평균임금)＝[퇴직일 이전 3개월간에 지급받은 임금총액(기본급＋기타수당)]÷(퇴직일 이전 3개월간 총일수)
※ (퇴직금)＝(1일 평균임금)×(30일)×[(재직일수)/365]

① 5,020,000원
② 5,030,000원
③ 5,040,000원
④ 5,050,000원
⑤ 5,060,000원

> **해설** 먼저 A씨의 퇴직금을 구하기 위해서는 1일 평균임금을 구해야 한다.
> 3개월간 임금총액은 6,000,000＋720,000＝6,720,000원이고, 1일 평균임금은 6,720,000÷80＝84,000원이다. 따라서 퇴직금은 84,000×30일×(730÷365)＝5,040,000원이다.

🔒 04 ④ 05 ③

1. 수리능력

01 다음은 주요 온실가스의 연평균 농도변화추이를 나타낸 표이다. 이에 대한 설명으로 옳지 않은 것은?

주요 온실가스의 연평균 농도변화추이							
구분	2016년	2017년	2018년	2019년	2020년	2021년	2022년
이산화탄소(CO_2, ppm)	387.2	388.7	389.9	391.4	392.5	394.5	395.7
오존전량(O_3, DU)	331	330	328	325	329	343	335

① 이산화탄소의 농도는 계속해서 증가하고 있다.

② 오존전량은 계속해서 증가하고 있다.

③ 2022년 오존전량은 2016년의 오존전량보다 4DU 증가했다.

④ 2022년 이산화탄소의 농도는 2017년보다 7ppm 증가했다.

⑤ 오존전량이 가장 크게 감소한 해는 2022년이다.

해설 이산화탄소의 농도가 계속해서 증가하고 있는 것과 달리 오존전량은 2016년부터 2019년까지 차례로 감소하고 있다.

02 다음은 한국생산성본부에서 작성한 혁신클러스터 시범단지 현황이다. 반월시화공단과 울산공단의 업체당 평균고용인원의 차이는 얼마인가?(단, 업체당 평균고용인원은 소수점 이하 둘째 자리에서 반올림한다)

혁신클러스터 시범단지 현황						
단지명	특화업종	입주기업(개사)	생산규모(억원)	수출액(백만불)	고용인원(명)	지정시기
창원	기계	1,893	424,399	17,542	80,015	2022년
구미	전기전자	1,265	612,710	36,253	65,884	2022년
반월시화	부품소재	12,548	434,106	6,360	195,635	2022년
울산	자동차	1,116	1,297,185	57,329	101,677	2022년

① 83.1명

② 75.5명

③ 71.4명

④ 68.6명

⑤ 65.9명

해설 반월시화공단은 $\frac{195,635}{12,548} ≒ 15.6$명, 울산공단은 $\frac{101,677}{1,116} ≒ 91.1$명이므로 그 차이는 75.5명이다.

03 다음은 비만도 측정에 관한 자료와 3명의 학생의 신체조건이다. 이에 대한 설명으로 옳지 않은 것은?(단, 비만도는 소수점 이하 첫째 자리에서 반올림한다)

비만도 측정법

- (표준체중) = [(신장) − 100]×0.9
- (비만도) = $\dfrac{(\text{현재 체중})}{(\text{표준 체중})} \times 100$

비만도 구분

구분	조건
저체중	90% 미만
정상체중	90% 이상 110% 이하
과체중	110% 초과 120% 이하
경도비만	120% 초과 130% 이하
중등도비만	130% 초과 150% 이하
고도비만	150% 초과 180% 이하
초고도비만	180% 초과

신체조건

- 혜지 : 키 158cm, 몸무게 58kg
- 기원 : 키 182cm, 몸무게 71kg
- 용준 : 키 175cm, 몸무게 96kg

① 혜지의 표준체중은 52.2kg이며 기원이의 표준체중은 73.8kg이다.

② 기원이가 과체중이 되기 위해선 5kg 이상 체중이 증가해야 한다.

③ 3명의 학생 중 정상체중인 학생은 기원이뿐이다.

④ 용준이가 약 22kg 이상 체중을 감량하면 정상체중 범주에 포함된다.

⑤ 혜지의 현재 체중과 표준체중의 비만도 차이에 4배를 한 값은 용준이의 현재 체중과 표준체중의 비만도 차이 값보다 더 크다.

> **해설** 기원이의 체중이 11kg 증가하면 71＋11＝82kg이다. 이 경우 비만도는 $\dfrac{32}{73.8} \times 100 ≒ 111\%$이므로 과체중에 도달한다.
> 따라서 기원이가 과체중이 되기 위해서는 11kg 이상 체중이 증가하여야 한다.

04 다음 글을 읽고 이해한 것으로 적절하지 않은 것은?

> 신혼부부 가구의 주거안정을 위해서는 우선적으로 육아 · 보육지원 정책의 확대 및 강화가 필요한 것으로 나타났다.
>
> 신혼부부 가구는 주택 마련 지원 정책보다 육아수당, 육아보조금, 탁아시설 확충과 같은 육아 · 보육지원 정책의 확대 및 강화가 더 필요하다고 생각하고 있으며, 특히 믿고 안심할 수 있는 육아 · 탁아시설의 확대가 필요한 것으로 나타났다. 이는 최근 부각된 보육기관에서의 아동학대문제 등 사회적 분위기의 영향과 맞벌이 가구의 경우, 안정적인 자녀 보육환경이 전제되어야만 안심하고 경제활동을 할 수 있기 때문인 것으로 보인다.
>
> 신혼부부 가구 중 아내의 경제활동 비율은 평균 38.3%이며 맞벌이 비율은 평균 37.2%로 나타났으나, 일반적으로 자녀 출산 시기로 볼 수 있는 혼인 3년 차에서의 맞벌이 비율은 30% 수준까지 낮아지는 경향을 보이는데 자녀의 육아환경 때문으로 판단된다. 또한, 외벌이 가구의 81.5%가 자녀의 육아 · 보육을 위해 맞벌이를 하지 않는다고 하였으며 이는 결혼 여성의 경제활동 지원을 위해서는 무엇보다 육아를 위한 보육시설의 확대가 필요하다는 것을 시사한다.
>
> 맞벌이의 주된 목적이 주택비용 마련임을 고려할 때, 보육시설의 확대는 결혼 여성에게 경제활동의 기회를 제공하여 신혼부부 가구의 경제력을 높이고, 내 집 마련 시기를 앞당길 수 있다는 점에서 중요성을 갖는다.
>
> 특히, 신혼부부 가구가 계획하고 있는 총 자녀의 수는 1.83명이지만, 자녀 양육환경 문제 등으로 추가적인 자녀 계획을 포기하는 경우가 나타날 수 있으므로 실제 이보다 낮은 자녀 수를 보일 것으로 예상된다. 따라서 출산장려를 위해서도 결혼 여성의 경제활동을 지원하기 위한 강화된 국가적 차원의 배려와 관심이 필요하다고 할 수 있다.

① 육아 · 보육지원은 신혼부부의 주거안정을 위한 정책이다.

② 신혼부부들은 육아수당, 육아보조금 등이 주택 마련 지원보다 더 필요하다고 생각한다.

③ 자녀의 보육환경이 개선되면 맞벌이 비율이 상승할 것이다.

④ 경제활동에 참여하는 여성이 많아질수록 출산율은 낮아질 것이다.

⑤ 보육환경의 개선은 신혼부부 가구가 내 집 마련을 보다 이른 시기에 할 수 있게 해 준다.

해설 제시문에서는 경제활동에 참여하는 여성의 증가와 출산율의 상관관계는 알 수 없으며, 이 글은 신혼부부의 주거안정을 위해서는 여성의 경제활동을 지원해야 하고 이를 위해 육아 · 보육지원 정책의 확대 및 강화가 필요하다고 주장하고 있으므로 ④의 해석은 적절하지 않다.

서양연극의 전통적이고 대표적인 형식인 비극은 인생을 진지하고 엄숙하게 바라보는 견해에서 생겼다. 근본원리는 아리스토텔레스의 견해에 의존하지만, 개념과 형식은 시대배경에 따라 다양하다. 특히 16세기 말 영국의 대표적인 극작가 중 한 명인 셰익스피어의 등장은 비극의 역사에 새로운 장을 열었다. 셰익스피어는 1600년 이후, 이전과는 다른 분위기의 비극을 발표하기 시작하는데, 이 중 대표적인 작품 4개를 '셰익스피어의 4대 비극'이라고 한다. 셰익스피어는 4대 비극을 통해 영국의 사회적 · 문화적 가치관과 인간의 보편적 정서를 유감없이 보여주는데, 특히 당시 영국 사회질서의 개념과 관련되어 있다. 보통 사회질서가 깨어지고 그 붕괴의 양상이 매우 급하고 강렬할수록 사회의 변혁 또한 크게 일어날 가능성이 큰데, 이와 같은 질서의 파괴로 일어나는 격변을 배경으로 하여 쓴 대표적인 작품이 바로 〈맥베스〉이다.

(가) 이로 인해 〈맥베스〉는 인물 내면의 갈등이 섬세하게 묘사된 작품이라는 평가는 물론, 다른 작품들에 비해 비교적 짧지만, 사건이 속도감 있고 집약적으로 전개된다는 평가도 받는다.

(나) 특히 셰익스피어는 작품의 전개를 사건 및 정치적 욕망의 경위가 아닌 인간의 양심과 영혼의 붕괴를 집중적으로 다룬다.

(다) 〈맥베스〉는 셰익스피어의 고전적 특성과 현대성이 가장 잘 드러나 있는 작품으로, 죄책감에 빠진 주인공 맥베스가 왕위 찬탈 과정에서 공포와 절망 속에 갇혀 파멸해가는 과정을 그린 작품이다.

(라) 이는 질서의 파괴 속에서 인간 내면에 자리하고 있는 선과 악에 대한 근본적인 자세에 의문을 가지면서 그로 인한 번민, 새로운 깨달음, 그리고 비극적인 파멸의 과정을 깊이 있게 보여주고자 함이다.

① (가) - (나) - (다) - (라)
② (가) - (다) - (라) - (나)
③ (나) - (다) - (라) - (가)
④ (다) - (나) - (가) - (라)
⑤ (다) - (나) - (라) - (가)

해설 제시문은 셰익스피어의 작품 〈맥베스〉에 나타난 비극의 요소를 설명하는 글이다. 주어진 단락의 마지막 문장을 통해 〈맥베스〉가 처음으로 언급되고 있으므로, 이어질 내용은 〈맥베스〉라는 작품에 대한 설명이 오는 것이 적절하다. 따라서 (다) 〈맥베스〉의 기본적인 줄거리 → (나) 〈맥베스〉의 전개 특징 → (라) 〈맥베스〉가 인간의 내면 변화를 집중적으로 다루는 이유 → (가) 〈맥베스〉에 대한 일반적인 평가의 순서대로 나열되어야 한다.

한국사능력검정시험

01 (가) 시대의 생활모습으로 옳은 것은? [1점]

여러분은 (가) 시대의 벼농사를 체험하고 있습니다. 이 시대에는 처음으로 금속도구를 만들었으나, 농기구는 여러분이 손에 들고 있는 반달돌칼과 같이 돌로 만들었습니다.

① 우경이 널리 보급됐다.

② 철제무기를 사용했다.

③ 주로 동굴이나 막집에 살았다.

④ 지배자의 무덤으로 고인돌을 만들었다.

02 (가) 국가에 대한 설명으로 옳은 것은? [2점]

이 문화유산에 대해 소개해 주시겠습니까?

이것은 부여 능산리 절터에서 출토된 향로입니다. (가) 의 금속공예기술을 보여 주는 대표적인 문화유산으로, 도교와 불교 사상이 함께 표현돼 있습니다.

① 노비안검법을 실시했다.

② 지방에 22담로를 설치했다.

③ 화백회의에서 국가의 중대사를 결정했다.

④ 여러 가(加)들이 별도로 사출도를 주관했다.

기출 태그 #청동기시대 #벼농사 시작 #반달돌칼
#거푸집 · 비파형 동검 #군장 · 고인돌

해설

청동기시대에 일부 지역에서는 벼농사를 짓기 시작하면서 반달돌칼을 이용해 곡식을 수확했다. 또한, 거푸집으로 비파형 동검을 제작하면서 금속도구를 처음으로 만들어 사용했다.

④ 청동기시대에는 권력을 가진 군장이 등장했는데 지배층이 죽으면 무덤으로 고인돌을 만들었다.

기출 태그 #백제의 문화유산 #금동대향로 #무령왕
#22담로 #지방통제 강화

해설

백제 금동대향로는 부여 능산리 고분군 절터에서 발견됐다. 이는 불교적인 관념과 도교의 이상향을 표현한 유물로 백제의 금속공예기술을 보여주는 걸작품으로서 국보 제287호로 지정돼 있다.

② 백제 무령왕은 지방에 22담로를 설치하고 왕족을 파견해 지방에 대한 통제를 강화했다.

03 다음 상황 이후 일어난 사실로 옳은 것은?

[2점]

신 최승로, 시무28조를 작성해 올립니다.

국가적인 불교행사를 줄이고 유교를 바탕으로 나라를 다스리라는 말이로군.

① 상대등이 설치됐다.

② 12목에 지방관이 파견됐다.

③ 쌍기의 건의로 과거제가 실시됐다.

④ 웅천주 도독 김헌창이 반란을 일으켰다.

기출 태그 #최승로 #고려 성종 #시무28조
#불교 억제, 유교 발전 #12목

해설

고려시대 유학자인 최승로는 성종에게 시무28조를 올려 불교행사 억제와 유교 발전, 민생문제와 대외관계 등의 해결책과 방향을 제시했다(982). 성종은 유교정치 실현을 위해 최승로의 의견을 받아들여 다양한 제도를 시행하고 통치체제를 정비했다.

② 고려 성종은 최승로의 시무28조를 받아들여 12목을 설치하고 지방관을 파견해 지방세력을 견제했다(983).

04 밑줄 그은 '이 국가'의 경제상황에 대한 사실로 옳은 것은?

[3점]

이곳은 전라남도 나주 등지에서 거둔 세곡 등을 싣고 이 국가의 수도인 개경으로 향하다 태안 앞바다에서 침몰한 배를 복원한 것입니다. 발굴 당시 수많은 청자와 함께 화물의 종류, 받는 사람 등이 기록된 목간이 다수 발견됐습니다.

① 전시과 제도가 실시됐다.

② 고구마, 감자가 널리 재배됐다.

③ 모내기법이 전국적으로 확산됐다.

④ 시장을 감독하기 위한 동시전이 설치됐다.

기출 태그 #고려의 경제 #무역항 발달 #마도 1호선 #전시과

해설

국립 태안해양유물전시관에는 태안 앞바다에서 발견된 고려시대의 세곡선인 마도 1호선을 복원해 전시하고 있다. 당시 고려는 아라비아 상인까지 찾아와 교역할 정도로 국제적인 무역항이 발달했고, 선박을 국가운영과 경제활동에 적극적으로 이용했다.

① 고려는 직역의 대가로 관료에게 토지를 나눠주는 전시과를 시행해 곡물을 거둘 수 있는 전지와 땔감을 얻을 수 있는 시지를 주었다.

05 (가)에 들어갈 책으로 옳은 것은? [2점]

책이 완성돼 여섯 권으로 만들어 바치니, [(가)] 이라는 이름을 내리셨다. 형전과 호전은 이미 반포돼 시행하고 있으나 나머지 네 법전은 미처 교정을 마치지 못했는데, 세조께서 갑자기 승하하시니 지금 임금[성종]께서 선대의 뜻을 받들어 마침내 하던 일을 끝마치고 나라 안에 반포하셨다.

① 경국대전
② 동국통감
③ 동의보감
④ 반계수록

기출 태그 #경국대전 #조선 최고의 법전 #6전 구성
#행정 체계화, 유교질서 확립

해설

〈경국대전〉은 세조 때 편찬을 시작해 성종 때 완성한 조선 최고의 법전으로, 정부체제를 따라 6전(호전 · 형전 · 이전 · 예전 · 병전 · 공전)으로 구성됐다. 국가조직, 재정, 의례, 군사제도 등 통치 전반에 걸친 법령을 담고 있으며 국가행정을 체계화하고 유교질서를 확립하기 위한 목적으로 편찬됐다.
① 조선 세조 때 편찬되기 시작한 〈경국대전〉은 조선의 기본법전으로, 성종 때 완성 · 반포됐다.

06 밑줄 그은 '제도'로 옳은 것은? [2점]

공납을 특산물 대신 쌀이나 옷감, 동전으로 납부하는 제도를 전라도에도 시행한다는군.

좋은 소식일세. 얼마 전 돌아가신 김육 대감의 공이 컸다고 하더군.

① 과전법
② 균역법
③ 대동법
④ 영정법

기출 태그 #대동법 #조선 광해군 #김육
#공납의 폐단 해결 #공인

해설

광해군 때 경기도에 처음으로 시행한 대동법은 공납을 전세화해 공물 대신 쌀, 베, 동전 등으로 내도록 했다. 이후 효종 때 김육이 충청도, 전라도, 경상도에 대동법을 실시하자고 주장했다. 양반 지주들의 많은 반대에도 불구하고 경상도를 제외한 충청도와 전라도에서도 대동법이 실시됐고, 숙종 때 전국으로 확대됐다.
③ 조선 광해군 때 공납의 폐단을 해결하기 위해 공납을 전세화해 공물 대신 토지 1결당 쌀 12두를 납부하도록 한 대동법을 실시했다. 이에 따라 국가에 필요한 물품을 조달하는 공인이 등장했다.

07 (가)에 들어갈 사건으로 옳은 것은? [1점]

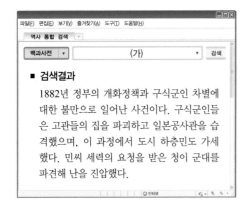

파일(F) 편집(E) 보기(V) 즐겨찾기(A) 도구(T) 도움말(H)

역사 통합 검색

| 백과사전 ▼ | (가) ▼ | 검색 |

■ 검색결과

1882년 정부의 개화정책과 구식군인 차별에 대한 불만으로 일어난 사건이다. 구식군인들은 고관들의 집을 파괴하고 일본공사관을 습격했으며, 이 과정에서 도시 하층민도 가세했다. 민씨 세력의 요청을 받은 청이 군대를 파견해 난을 진압했다.

① 임오군란
② 삼국간섭
③ 거문도 사건
④ 임술농민봉기

08 밑줄 그은 '개혁'의 내용으로 옳지 않은 것은? [3점]

역사용어카드

군국기무처

1894년 6월 의정부 산하에 설치돼 개혁을 추진했던 정책의결기구이다. 총재는 영의정 김홍집이 겸임했다. 약 3개월 동안 신분제 폐지, 조혼 금지 등 약 210건의 안건을 심의하고 통과시켰다.

① 지계를 발급했다.
② 과거제를 폐지했다.
③ 도량형을 통일했다.
④ 연좌제를 금지했다.

기출 태그 #임오군란 #개화정책 반발 #구식군대 차별
#일본공사관 습격 #흥선대원군 압송

해설

고종은 개화정책의 일환으로 기존 5군영을 무위영과 장어영의 2군영으로 개편하고 신식군대인 별기군을 설치했다. 그러나 구식군대인 2군영은 별기군에 비해 차별대우를 받았고, 수개월간 밀린 봉급을 겨와 모래가 섞인 쌀로 지급받았다. 이에 분노한 구식군대가 선혜청과 일본 공사관을 습격하면서 임오군란이 발생했다. 군란은 민씨 세력의 요청으로 개입한 청군에 의해 진압됐고, 흥선대원군이 청으로 압송됐다.

① 신식군대인 별기군과 차별대우를 받던 구식군대가 선혜청과 일본공사관을 습격하면서 1882년 임오군란이 발생했다.

기출 태그 #제1차 갑오개혁 #군국기무처 #개국연호 #8아문
#과거제 폐지 #공사노비법 혁파

해설

일본의 강요로 설치된 군국기무처에서 제1차 갑오개혁을 주도했으며, 영의정 김홍집이 총재관을 맡아 정치·군사에 관한 일체의 사무를 담당했다. 청의 연호를 폐지하고 개국연호를 사용했으며, 국정과 왕실사무를 분리하고 행정기구를 기존 6조에서 8아문으로 개편했다. 또한, 능력에 따라 인재를 등용하기 위해 과거제를 폐지하고 사회적으로는 공사노비법을 혁파해 법적으로 신분제를 폐지하고 연좌제, 조혼 등의 악습을 폐지했다.

① 대한제국은 구본신참을 기본정신으로 하는 광무개혁을 추진했다. 이에 따라 양전사업을 실시해 지계아문을 통해 토지소유문서인 지계를 발급하여 근대적 토지소유권을 확립하고자 했다.

09 밑줄 그은 '특사'에 대한 설명으로 옳은 것은? [2점]

그는 1907년 만국 평화회의에 <u>특사</u>로 파견됐어.

이상설, 이위종 도 함께 활동 했었지.

여기가 이준 열사가 묻힌 곳이구나.

① 서양에 파견된 최초의 사절단이었다.
② 조선책략을 국내에 처음 소개했다.
③ 기기국에서 무기제조기술을 배우고 돌아왔다.
④ 을사늑약 체결의 부당함을 전 세계에 알리고 자 했다.

기출 태그 #헤이그 특사 #이준 · 이상설 · 이위종
#을사늑약 #만국평화회의

해설

고종은 1907년 네덜란드 헤이그에서 열린 만국평화회의에 이준, 이상설, 이위종을 특사로 파견해 을사늑약의 무효를 알리고자 했다. 그러나 을사늑약으로 인해 외교권이 없던 대한제국은 일본의 방해와 주최국의 거부로 큰 성과를 거두지 못했다.
④ 을사늑약 체결의 부당함을 알리기 위해 고종의 밀명을 받은 이준, 이상설, 이위종이 헤이그에서 열린 만국평화회의에 특사로 파견됐다.

10 다음 연설문을 발표한 정부 시기의 경제상황으로 옳은 것은? [3점]

우리 민족의 숙원이던 경부 간 고속도로의 완전 개통을 보게 된 것을 국민 여러분들과 더불어 경축해 마지않는 바입니다. 이 길은 총 연장 428km로 우리나라의 리(里) 수로 따지면 천리하고도 약 칠십리가 더 되는데, 장장 천릿길을 이제부터 자동차로 4시간 반이면 달릴 수 있게 됐습니다. …… 이 고속도로가 앞으로 우리나라 국민경제의 발전과 산업 근대화에 여러가지 큰 공헌을 하리라고 믿습니다.

① 서울에서 G20 정상회의가 개최됐다.
② 한미 자유무역협정(FTA)이 체결됐다.
③ 제2차 경제개발 5개년 계획이 추진됐다.
④ 경제협력개발기구(OECD)에 가입했다.

기출 태그 #경부고속도로 #박정희정부
#제2차 경제개발 5개년 계획

해설

박정희정부는 국토를 개발하기 위해 서울과 부산 간의 주요 도시를 경유하는 고속도로 개통을 추진해 1968년 2월 1일 경부고속도로 공사에 착수했다. 이는 단군 이래 최대의 토목공사로 불리면서 1970년 7월 7일 준공됐다.
③ 박정희정부는 제2차 경제개발 5개년 계획을 진행해 경공업과 수출을 중심으로 한 경제발전을 추진했다(1967).

01 (가)~(마)의 문화유산에 대한 설명으로 옳은 것은? [3점]

답사 계획서

■ **주제:** 고구려의 문화유산을 찾아서
■ **기간:** 2021년 9월 ○○일~○○일
■ **경로:** 환도산성 → 국내성 → 오회분 5호묘 → 광개토대왕릉비 → 장군총

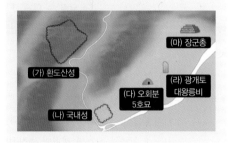

① (가) 관구검이 이끄는 군대의 공격을 받았다.
② (나) 고구려가 첫 번째 도읍으로 삼은 곳이다.
③ (다) 매지권(買地券)이 새겨진 지석과 석수가 출토됐다.
④ (라) 대가야를 정복하고 순수한 후 세웠다.
⑤ (마) 돌무지덧널무덤으로 축조됐다.

기출 태그 #고구려 문화유산 #환도산성 · 국내성
#오회분5호묘 · 장군총 #광개토대왕릉비

해설
① 고구려 동천왕 때 요동 진출로를 놓고 위(魏)를 선제 공격했으나 유주자사 관구검의 침입을 받아 환도산성이 함락됐다.

02 (가) 국가에 대한 설명으로 옳은 것은? [2점]

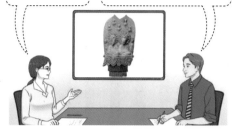

오늘 소개해 주실 문화유산은 무엇입니까?

이것은 ____(가)____ 의 5경 중 하나인 동경용원부 유적에서 발견된 불상입니다. 보탑(寶塔) 안의 다보불이 설법하던 석가불을 불러 함께 나란히 앉았다는 법화경의 내용을 형상화했습니다.

① 왜에 칠지도를 만들어 보냈다.
② 2군 6위의 군사조직을 운영했다.
③ 신라도를 통해 신라와 교류했다.
④ 광평성 등의 정치기구를 마련했다.
⑤ 9주 5소경의 지방행정제도를 갖추었다.

기출 태그 #발해 #이불병좌상 #묘법연화경 #고구려 계승
#신라도 · 거란도 · 영주도 · 일본도

해설
이불병좌상은 중국 지린성에서 출토된 발해의 불상이다. 〈묘법연화경〉의 내용 중 석가불이 다보불과 함께 보탑 안에 나란히 앉아있다는 모습을 형상화했다. 날카로운 광배와 연꽃 표현 등에서 금동연가 7년명 여래입상 등과 같은 고구려 불상조각의 양식을 계승하고 있음을 알 수 있다.
③ 발해는 신라도, 거란도, 영주도, 일본도 등 상인과 사신들이 이동하는 교통로들을 통해 신라, 당, 일본 등 주변 국가와 교류했다.

03 (가) 국가의 경제상황으로 옳은 것은? [1점]

이것은 태안 마도 3호선에서 출수된 죽찰입니다. 당시 ___(가)___ 의 수도인 강화에 있던 김준에게 보내는 물품 내역이 적혀 있습니다. 김준은 교정별감이 돼 국정을 장악했던 인물입니다.

앞면 뒷면 앞면 뒷면

김영공(김준)의 댁에 홍합젓갈 등을 올림

① 동시전을 설치해 시장을 감독했다.

② 해동통보, 활구 등의 화폐를 발행했다.

③ 감자, 고구마 등이 구황작물로 재배됐다.

④ 청해진을 중심으로 해상무역이 전개됐다.

⑤ 계해약조를 맺어 일본과의 무역을 규정했다.

기출 태그 #고려의 경제 #상업활동 활발 #동전·활구 발행 #마도 3호선

해설

충남 태안 해역에서 고려시대에 난파됐던 선박 마도 3호선이 발굴됐는데, 배의 구조가 거의 온전하게 남아 있고 내부에서 다량의 목간과 죽찰, 곡물과 젓갈류 등이 발견됐다. 목간과 죽찰에 적혀 있는 내용에 따르면 화물의 수취인은 무신정권기 집권자 교정별감 김영공(김준) 등이며, 강화도에서 개경으로 환도하기 직전 시기에 전남 여수지방에서 거둔 곡물과 공물 등을 싣고 강화도로 가던 중 배가 침몰한 것으로 추정된다.

② 고려시대에는 상업활동이 활발해지면서 성종 때 건원중보, 숙종 때 해동통보, 삼한통보, 해동중보 등의 동전과 활구(은병)가 발행됐다.

04 (가), (나) 사이의 시기에 있었던 사실로 옳은 것은? [2점]

(가) 왕이 서경에서 안북부까지 나아가 머물렀는데, 거란의 소손녕이 봉산군을 공격해 파괴했다는 소식을 듣자 더 가지 못하고 돌아왔다. 서희를 보내 화의를 요청하니 침공을 중지했다.

(나) 강감찬이 수도에 성곽이 없다 해 나성을 쌓을 것을 요청하니 왕이 그 건의를 따라 왕가도에게 명령해 축조하게 했다.

① 사신 저고여가 귀국길에 피살됐다.

② 화통도감이 설치돼 화포를 제작했다.

③ 강조가 정변을 일으켜 목종을 폐위시켰다.

④ 나세와 심덕부 등이 진포에서 왜구를 물리쳤다.

⑤ 공주의 명학소에서 망이·망소이가 난을 일으켰다.

기출 태그 #거란의 고려 침입 #서희 #강동 6주 #강조의 정변 #소배압 #강감찬 #귀주대첩

해설

(가) 거란의 1차 침입(993): 10세기 초 통일국가를 세운 거란(요)은 송과의 대결에서 유리한 위치를 차지하기 위해 고려를 여러 차례 침략했다. 고려 성종 때 거란이 고려가 차지하고 있는 옛 고구려 땅을 내놓고 송과 교류를 끊을 것을 요구했으나 서희가 소손녕과의 외교담판을 통해 강동 6주를 획득했다.

(나) 거란의 3차 침입(1018): 거란의 소배압이 이끄는 10만대군이 3차 침입하자 강감찬이 이에 맞서 귀주대첩에서 대승을 거두었다(1019). 이후 거란의 침입에 대비하기 위해 현종에게 건의해 개경에 나성을 쌓아 도성 주변 수비를 강화했다.

③ 고려 강조는 천추태후와 그의 정부 김치양으로 인한 국가의 혼란을 바로잡기 위해 정변을 일으켜 목종을 폐위시키고 현종(대량원군)을 즉위시켰다(1009). 거란은 강조의 정변을 구실로 2차 침입을 단행했고, 개경까지 함락시켜 현종은 나주로 피란을 갔다. 고려 장수 양규는 흥화진전투에서 거란의 보급로를 차단하며 항전했다.

05 밑줄 그은 '왕'의 재위시기에 있었던 사실로 옳은 것은? [2점]

오늘 왕께서 공법을 윤허하셨습니다. 이 법의 내용은 전품을 6등급으로, 풍흉을 9등급으로 나누어 전세를 수취하는 것입니다. 일찍이 왕께서는 법안을 논의할 때 백성들의 의견을 들어보라 명하셨고, 전제상정소에서 이를 참조해 마련했습니다.

공법, 6개 고을 시범 시행

① 음악이론 등을 집대성한 악학궤범이 완성됐다.
② 민간의 광산개발을 허용하는 설점수세제가 시행됐다.
③ 우리 풍토에 맞는 농법을 소개한 농사직설이 편찬됐다.
④ 현직관리에게만 수조권을 지급하는 직전법이 제정됐다.
⑤ 우리나라와 중국의 의서를 망라한 동의보감이 간행됐다.

06 (가) 국가에 대한 조선의 정책으로 옳은 것을 〈보기〉에서 고른 것은? [2점]

그림으로 보는 조선사

이것은 기유약조로 교역이 재개된 [(가)]와/과의 무역 중심지인 초량 일대를 그린 그림이다. 그림 아래 부분의 동관 지역은 [(가)] 상인들과 관리들의 집단거주지였으며, 거류민 관리와 조선과의 교섭 등을 담당하던 관수의 관사(官舍)도 위치해 있었다.

● 보기 ●

ㄱ. 막부의 요청에 따라 통신사를 파견했다.
ㄴ. 한성에 동평관을 두어 무역을 허용했다.
ㄷ. 하정사, 성절사, 동지사 등 사절단을 보냈다.
ㄹ. 서북경략사 어윤중이 사무를 관장했다.

① ㄱ, ㄴ　　② ㄱ, ㄷ　　③ ㄴ, ㄷ
④ ㄴ, ㄹ　　⑤ ㄷ, ㄹ

해설
임진왜란 이후 일본은 새로운 정권인 에도막부가 들어서고 조선 측에 통교를 요청했다. 이에 선조 때는 부산포를 개항하면서 두모포 포구에 왜관을 설치했고, 광해군 즉위 직후에는 기유약조를 체결해 일본과의 국교를 재개했다. 이후 무역규모가 점차 확대되자 초량왜관을 설치했는데 용두산을 중심으로 서관과 동관으로 구분됐다. 서관은 일본인의 생활구역이었고 동관은 행정구역으로 관수왜가, 재판왜가, 개시대청 등의 관사가 위치해 주로 관리들의 거주지로 사용됐다.
ㄱ. 임진왜란 이후 일본 에도막부는 꾸준히 조선에 국교 재개와 사절파견을 요청했다. 이에 조선은 선조 때인 1607년부터 1811년까지 12회에 걸쳐 일본에 통신사를 파견해 조선의 선진문물을 전파했다.
ㄴ. 태종 때 한성의 남산 북쪽에 일본사신이 머무는 숙소인 동평관을 두어 일본과 외교 및 무역을 실시했다.

해설
조선 전기 세종은 공법을 제정하고 실시하기 위해 전제상정소를 설립했다. 이에 따라 풍흉과 토지 비옥도에 따라 전세를 차등징수하는 연분 9등법과 전분 6등법을 전라도부터 시행하기 시작했고, 성종 때 함경도를 마지막으로 전국에서 실시됐다.
③ 조선 세종 때 정초, 변효문 등을 시켜 우리 풍토에 맞는 농법을 소개한 농서인 〈농사직설〉을 간행했다.

🔒 03 ② 　04 ③ 　05 ③ 　06 ①

07 (가) 시기에 볼 수 있는 모습으로 가장 적절한 것은? [3점]

△△ 박물관

환수된 황제지보 특별전시전

초대의 글

우리 박물관에서는 고종
이 황제로 즉위한 이후인
[(가)] 시기에 사용했던
국새인 황제지보(皇帝之寶)
를 공개합니다. 미국으로
불법반출됐다가 지난 2014
년 문화재청과 미국 당국의 공조로 60여 년 만에
환수된 것입니다. 많은 관람 바랍니다.

- **기간**: 2021.○○.○○.~○○.
- **장소**: △△ 박물관 특별 전시실

① 간도관리사로 임명되는 관료
② 영화 아리랑을 관람하는 청년
③ 육영공원에서 영어를 배우는 학생
④ 제너럴 셔먼호를 불태우는 평양관민
⑤ 조사시찰단으로 일본에 파견되는 통역관

**기출
태그** #대한제국 #국새 황제지보 #미군의 밀반출
#의화단운동 #간도

해설

아관파천 이후 경운궁으로 환궁한 고종은 황제로 즉위하
고 연호를 '광무'로 해 대한제국을 선포했다(1897). 이때
제작된 국새 황제지보는 황제가 직접 관료를 임명할 때 내
리는 임명장과 훈장의 서훈에 사용한 인장이다. 광복 이후
6·25전쟁에 참여한 미국 해병대 장교가 덕수궁에서 밀
반출했고, 이 사실을 확인한 문화재청은 미국정부와 협력
해 2014년 버락 오바마 대통령의 방한을 계기로 황제지보
를 비롯한 9점의 국새 및 어보를 되돌려 받았다.
① 의화단운동으로 인해 청의 관심이 소홀해진 틈을 타 러
시아가 간도를 점령했고, 이에 대한제국은 간도에 살고
있는 조선인을 보호하기 위해 이범윤을 간도관리사로
파견했다.

08 밑줄 그은 '이 운동'에 대한 설명으로 올바른 것은? [1점]

이것은 '학생의 날' 기념우
표이다. 학생의 날은 1929
년 한일학생 간 충돌을 계
기로 광주에서 일어나 전국
으로 확산된 이 운동을 기
리기 위해 1953년 제정됐
다. 우표는 이 운동의 기념
탑과 당시 학생들의 울분을
함께 형상화해 도안됐다. 학생의 날은 2006년부
터 '학생 독립운동 기념일'로 명칭이 변경됐다.

① 조선형평사를 중심으로 전개됐다.
② 순종의 인산일을 기회로 삼아 추진됐다.
③ 대한민국 임시정부수립에 영향을 줬다.
④ 국내에서 민족유일당 운동이 시작되는 계기가
됐다.
⑤ 신간회 중앙본부가 진상조사단을 파견해 지원
했다.

**기출
태그** #광주학생항일운동 #한일학생 충돌 #신간회
#진상조사단 파견 #학생의 날

해설

⑤ 광주학생항일운동은 한일학생 간의 우발적 충돌사건을
계기로 발생했으나, 한국인 학생에 대한 차별과 식민지
교육에 저항하는 항일운동으로 발전했다(1929). 이는
3·1운동 이후 가장 큰 규모의 항일운동이었으며 신간
회 중앙본부가 진상조사단을 파견해 지원했다.

09 (가) 종교에 대한 설명으로 옳은 것은? [2점]

공의 이름은 인영(寅永)인데, 뒤에 철(喆)로 고쳤다. …… 보호조약이 체결된 뒤에 동지와 함께 오적(五賊)의 처단을 모의했는데, 1907년에 계획이 새어 나가 일을 그르쳤다. 뒤에 [(가)]을/를 제창하고 교주를 자임했는데, 이를 바탕으로 국민을 진흥하려고 했다. 일찍이 북간도에 가서 그의 무리와 함께 발전을 도모했다. …… 그의 문인(門人)들은 그를 숭상해 오백년 이래 다시없는 대종사로 여겼다.

– 〈유방집〉 –

① 사찰령 폐지운동을 추진했다.
② 개벽, 신여성 등의 잡지를 발행했다.
③ 중광단을 결성해 무장투쟁을 전개했다.
④ 배재학당을 세워 신학문보급에 기여했다.
⑤ 박중빈을 중심으로 새생활운동을 추진했다.

해설
나철은 을사늑약 체결을 주도한 을사오적을 처단하기 위해 오기호와 함께 암살을 계획했지만, 계획이 사전에 드러나면서 유배를 가게 됐다. 이후 1910년 한일병합조약으로 국권을 완전히 빼앗기자 대종교를 창시하고 단군숭배를 통해 민족의식을 고취하며 교세를 확장했다.
③ 북간도로 이주한 한인들은 대종교를 중심으로 중광단을 조직해 항일무장투쟁을 전개했다.

10 밑줄 그은 '선거' 이후의 사실로 옳은 것은? [3점]

① 정부형태가 내각책임제로 바뀌었다.
② 평화통일을 주장했던 진보당의 조봉암이 처형됐다.
③ 대통령의 3선연임을 허용하는 개헌안이 통과됐다.
④ 한일국교정상화에 반대하는 6·3 시위가 전개됐다.
⑤ 국회해산과 헌법의 일부효력정지를 담은 유신이 선포됐다.

해설
1967년에 재당선된 박정희는 대통령의 3선연임을 허용하는 3선 개헌안을 발표하고 민주공화당 소속의원만 모인 국회에서 변칙적으로 통과시켰다(1969). 이에 따라 박정희는 1971년 치러진 제7대 대통령선거에 출마해 김대중 후보를 누르고 선출됐다.
⑤ 3선에 성공한 박정희는 장기집권을 위해 유신헌법을 선포해 대통령에게 국회의원 1/3 추천임명권, 국회해산권, 헌법효력을 정지시킬 수 있는 긴급조치권 등 강력한 권한을 부여했다(1972).

면접위원이 찾고 싶은
기술능력이란?

면접현장에서 지원자들이 자주 받는 질문 중 하나가 기술능력에 관한 것입니다. 기술능력은 보통 관련 직무에서만 질문이 집중될 것 같지만, 실제로는 거의 모든 직무의 면접에서 조금씩 변형되어 출제되고 있습니다. 이러한 기술능력은 단순히 기술 그 자체의 의미라기보다는 기술습득 및 기술활용 능력을 모두 포함하는 개념으로써 여러 기업에서 평가기준으로 활용하고 있습니다. 이번 칼럼에서는 기술능력과 관련된 질문에 대해 어떻게 답변해야 하는지 살펴보겠습니다.

신입직원으로서 면접에 참여했을 때 면접위원이 기술능력에 대해 질문한다면 어떻게 답하시겠습니까? 만약 이런 질문을 처음 받는다면 답변하는 것이 쉽지만은 않을 겁니다. 신입직원의 입장에서는 자신의 기술적 능력을 구체화하여 제시하는 것이 난감할 수 있고, 직무기술능력을 증명할 수 있는 뚜렷한 경력사항이 없는 경우가 대부분이기 때문입니다. 특히 직무특성상 직무기술이 명확하게 구분되지 않는 사무 관련 직무의 경우 적절한 답변을 하는 것이 어려울 수 있습니다. 간단한 질문을 예시로 들어보겠습니다.

> **Q. ○○직무에 지원한 귀하께서 가지고 있는 기술능력에 대해 말씀해 주십시오.**

위 질문은 사실 단답형으로 대답할 수 있는 유형은 아닙니다. 직무와 관련한 구체적이고 직접적인 경험이나 자격증이 없다면 이러한 질문에 명확하게 답변하는 것이 어려울 수도 있습니다. 하지만 면접위원의 질문의도를 살펴보면 직무에 대한 이해도 및 직무와 관련한 학습능력이나 경험, 성과 등을 묻기 위한 것이므로 이러한 내용을 고려해 자신감 있게 대답하는 것이 중요합니다. 면접위원 역시 신입직원을

채용할 때 기본적으로 직무와 관련된 직접적인 경험이 없다는 것을 감안하고 질문하기 때문입니다.

> **지원자 A**
>
> 저는 ○○자격증과 ○○자격증을 작년에 취득했습니다. 그리고 ○○전공을 이수하여 해당 분야에 전문적인 지식을 보유하고 있습니다. 그래서 만약 이 일을 하게 된다면 누구보다 잘할 자신이 있습니다.

지원자A의 답변은 어쩌면 가장 보편적인 유형의 답변일지도 모릅니다. 특별히 잘못된 내용의 답변은 아니지만, 조금 아쉬운 부분도 있습니다. 지원자의 입장에서 보유하고 있는 자격증을 단순나열하는 것보다는 자격증을 취득한 이유와 해당 자격증이 본인의 전문성에 어떤 영향을 주었는지 설명했다면 더 좋았을 것입니다. 단순히 자격증 보유사실만 강조한다면 직무를 잘할 것이라는 가정에서 다소 설득력이 떨어지는 답변이 되기 때문입니다.

> **지원자 B**
>
> ○○자격증은 지금 제가 하고 있는 직무를 본격적으로 이해하게 된 계기가 됐으며, 실제로 자격을 취득한 이후에 ○○동아리 활동이나 ○○아르바이트에서 이 자

> 격증의 OO부분을 활용하여 문제를 해결한 적이 있습니다. 저는 이러한 경험들을 바탕으로 만약 이 일을 하게 된다면 누구보다 잘할 자신이 있습니다.

지면의 한계로 최대한 짧게 정리했지만, 지원자B가 말한 것과 같은 취지로 답변하는 것이 앞서 제시한 답변보다 면접위원들에게 더 설득력있게 다가갈 수 있을 것 같습니다. 또한 아래의 질문에 대해서도 맥락에 맞는 답변을 할 수 있을 것이라 생각됩니다.

> **Q. 그렇다면 귀하께서는 OO자격증을 활용한 실무경험이 있다는 말씀이신가요?**

이러한 질문에서 유의할 것은 굳이 비약이나 과장할 필요는 없다는 것입니다. 면접위원이 언급한 '실무경험'은 좁게 해석을 한다면 '직장에서 해당 업무를 한 경험'을 의미하지만, 넓게 생각한다면 직접적인 실무경험뿐만 아니라 이와 유사한 경험이 될 수도 있습니다. 따라서 경진대회 참가나 스터디그룹을 통한 집단과제 작성, 동아리 모임, 아르바이트 경험 등 다양한 유형의 직·간접 경험을 잘 조합해 답변하는 것이 중요합니다. 이와 관련해 전산직에 지원한 지원자의 가상답변을 예시로 살펴보겠습니다.

지원자 C

저는 학교를 다니면서 전산과 관련된 OO자격증을 취득했지만, 본격적으로 OO자격증을 활용한 것은 교내에서 진행된 경진대회를 준비하면서부터였습니다. OO에 대한 실질적인 자료준비와 자료탐색 그리고 OO작성에 이르기까지 OO자격증을 취득하기 위해 준비했던 과정에서 습득한 지식이나 기술을 기반으로 잘 마무리할 수 있었습니다. 이러한 경험은 저에게 OO직무에 대한 자신감을 안겨주었습니다.

지원자C의 경우 비록 직접적인 실무경험은 아니지만 교내 경진대회를 준비하면서 OO자격증을 활용해 성과를 냈다는 것을 강조하고 있습니다. 또 내용은 간략하지만 그 성과를 도출하기 위한 과정을 언급한 것도 좋습니다. 이처럼 기술능력에 대해 답변할 때에는 지원자 본인이 가진 직무와 관련된 기술을 자격증이나 교육과정에만 한정하는 것이 아니라 실제 그 자격증을 활용하여 어떻게 성과를 냈는지 답변하는 것을 권장합니다. 물론 이 성과라는 것이 반드시 중요하고 대단한 결과를 말하는 것은 아닙니다. 성과의 크기가 중요한 것이 아니라 성과달성을 위해 필요한 직무기술을 어떻게 활용하고 적용했는지가 가장 중요한 관건이기 때문입니다. 이러한 점을 고려하여 예시질문을 살펴보겠습니다.

> **Q. 귀하는 어떤 일을 처음 할 때, 어떤 과정을 통해 업무와 관련된 내용을 습득하시나요?**

위 질문의 의도는 사실 간단하지는 않습니다. 지원자가 어떤 일을 시작할 때, 업무를 잘 습득하기 위한 과정이 단순히 지식이나 기술을 익히는 교육적인 측면이 아니라 습득한 지식이나 기술을 어떻게 업무에 활용할 것인지 또는 자신만의 목표를 설정하고 그 목표를 실행하기 위한 구체적인 과정은 어떠한지를 묻는 것이기 때문입니다. 위 질문과 관련해 흔히 나오는 잘못된 답변의 예시는 아래와 같습니다.

지원자 D

제가 모르는 것을 습득하기 위해 저는 주위 사람들에게 항상 질문하고 매사 배운다는 자세를 갖고 열심히 그리고 성실하게 노력하고 있습니다. 특히 저는 한 가지 일을 하더라도 끝까지 하려는 의지와 고집이 있기 때문에 주위 사람들에게 좋은 평판을 받고 있습니다.

무난한 답변 같지만, 사실 면접위원이 알고 싶어 하는 핵심적인 내용이 담긴 대답은 아닙니다. 지원자 D의 답변은 전반적으로 두리뭉실하고, 구체적인 상황이나 배경을 찾기 어렵습니다. 또 어떤 일을 하기 위한 지식이나 기술 등을 습득한 구체적인 과정이 없습니다. 이는 곧 면접위원에게 해당 직무에 대한 경험이 없거나 해당 직무에 관심이 없다고 말하는 것과 같습니다. 다른 답변을 살펴보겠습니다.

지원자 E

저는 아르바이트를 할 때 엑셀로 문서작업을 한 경험이 있는데, 단순히 수치만 기입하는 것이 아니라 그 수치를 정렬하고 조합하고 분석하기 위해 몇 가지 함수를 이용하여 작업한 적이 있습니다. 당시 그 일을 능숙하게 하기 위해 업무에 필요한 함수 및 함수를 적용하는 방법을 습득했고, 나중에는 업무의 효율성을 위하여 매크로를 추가로 습득하여 업무에 반영했습니다. 결과적으로 이전 전임자보다 약 두 배 정도 처리속도가 빨라지고 데이터 오류를 획기적으로 줄여서 담당 매니저님께 칭찬을 받은 경험이 있습니다.

지면 관계상 많은 내용을 생략했기 때문에 실제 면접현장에서 비슷한 유형의 대답을 요하는 경우에는 지원자E의 답변보다 더 세심하고 많은 분량의 답변이 요구됩니다. 이때 유의해야 할 몇 가지 특징을 정리하면 다음과 같습니다. 첫째 직무와 관련된 지식이나 기술을 습득한 것이라는 점, 둘째 해당 지식과 기술을 습득함으로써 주어진 업무의 효율성을 향상하거나 성과를 높였다는 점, 셋째 이와 관련한 구체적인 평판(평가)을 제시했다는 점입니다. 지원자D는 단순히 자신의 태도나 의지만을 표현했지만, 지원자E는 구체적인 일이나 경험을 근간으로 지식과 기술을 습득하고 활용한 것에 대해 비교적 자세하게 표현하고 있습니다. 즉 지원자E는 단순히 문서작성 능력에 대한 자신의 기술능력을 제시했을 뿐만 아니라 문서작성능력과 같은 업무에 필요한 기술을 어떻게 습득하고 활용하는지에 대해 구체적으로 답변했습니다. 이제 다른 유형의 질문을 살펴보겠습니다.

> **Q. 만약 귀하가 입사 후 업무를 수행하면서 모르는 것이 있다면 어떻게 해결하시겠습니까?**

앞선 질문들의 시점이 주로 과거형이었다면 위 질문은 미래형 질문(상황형 질문)에 해당합니다. 이러한 질문유형에서 중요한 것은 지원자가 답변할 때 단지 본인의 의지나 희망이 아니라 과거의 경험이나 습관 또는 태도에 기반해야 한다는 사실을 잊지 말아야 한다는 것입니다. 아래의 답변을 살펴보겠습니다.

지원자 F

제가 모르는 것이 있다면 선배님들에게 물어보면서 습득하겠습니다. 처음에는 모르는 것이 많을지 몰라도 열심히 노력하면 언젠가는 선배님들처럼 회사에서 자신의 몫을 톡톡히 하는 성실하고 유능한 직원이 되리라 확신합니다.

얼핏 보면 무난하게 보이지만 면접위원의 관점에서는 특별히 추가질문을 유도할 만큼 강한 인상을 주거나 지원자의 구체적인 능력을 파악할 만한 답변은 아닙니다. 특히 선배직원에게 질문하는 것을 너무 당연한 일처럼 언급하고 있습니다. 물론 무조건 잘못된 행동이라 보기는 어렵지만, 기본적으로 회사는 학교가 아니기 때문에 모르는 것을 당연히 질문해야 한다는 태도는 역으로 직원으로서의 능동적인 자질을 의심하게 만들 수도 있습니다.

지원자 G

제가 알기로는 직무와 관련한 매뉴얼이 준비돼 있는 것으로 알고 있습니다. 먼저 업무와 관련된 매뉴얼을 습득하고, 제가 맡은 업무와 직접적으로 관련된 기존의 업무파일들을 살펴보면서 업무의 전반적인 맥락을 파악하도록 하겠습니다. 이러한 과정에서 틈틈이 선배직원들의 조언과 도움을 받으며 누구보다 빠르게 업무에 적응하는 직원이 되도록 최선을 다하겠습니다.

지원자G의 답변 중에서 인상적인 부분은 지원자F와 달리 업무 매뉴얼이나 기존의 업무문서를 먼저 살펴보고 그 과정에서 모르는 것이 있으면 선배직원에게 도움을 청하겠다는 것입니다. 앞서 언급한 것처럼 직장은 학교가 아니므로 선배직원이 다른 직원을 전담하여 가르쳐주는 것은 현실적으로 어려운 일입니다. 또 모르는 것을 질문한다고 하더라도 그 질문에 답변하는 선배직원의 입장에서는 그가 맡은 고유한 직무가 있기 때문에 무작정 질문하는 행동은 팀 전체의 조화를 흔들리게 하는 원인이 될 수도 있으므로 이런 점을 잘 고려하고 유의해야 합니다.

마지막으로 기술능력과 관련한 다른 유형의 질문을 살펴보겠습니다. 다양한 질문이 있겠지만 편의상 해외영업을 하는 직무에서 어학실력에 대한 직무능력을 답변하는 상황을 예시로 하겠습니다.

> **Q. 해외사업팀 지원과 관련해 귀하가 내세울 수 있는 전문성이나 업무에 관련된 기술(능력)을 소개해 주십시오.**

지원자 H

저는 글로벌 비즈니스와 관련하여 영어와 중국어를 습득했습니다. 영어 관련 자격으로 최근 TOEIC OOO점을 취득했고, 몇 달 전에는 중국어 관련 자격인 HSK O급 정도의 실력을 달성했습니다. 따라서 영어나 중국어와 관련된 해외업무를 잘할 자신이 있습니다.

지원자H는 자신의 어학능력을 어필하기 위한 근거로 어학성적만을 제시했습니다. 물론 어학성적이 중

요하지 않은 것은 아니지만 실제 해외업무를 수행하기 위해 필요한 어학 관련 경험이나 사례를 제시하지 못해 아쉬움이 남는 답변입니다.

지원자 I

영어의 경우 평소 제가 전공한 OO와 관련있는 해외 포럼을 찾아보면서 관련 업무에 사용되는 산업용어나 트렌드를 알기 위해 노력했습니다. 또 짧은 기간이지만 해외 OO에 교환학생(또는 어학연수)으로 참가해 실제 그 나라에서 생활하면서 꼭 필요한 회화실력을 키웠고, 이제는 혼자 간단한 업무를 수행할 수 있을 정도의 어학능력을 갖추게 됐습니다. 중국어의 경우에는 HSK 공부를 하면서 알게 된 중국인 친구들과 같이 대화를 하며 스터디를 한 경험이 있습니다. 그래서 간단한 웹서핑이나 기본적인 회화가 가능하고, 특히 중국인 친구를 통해 중국의 문화나 트렌드에 대해 습득할 수 있었습니다. 이러한 경험과 능력이 제가 지원하는 해외사업 직무에 큰 도움이 되리라 생각합니다.

반면 지원자I는 실제 자신의 경험 등을 답변에 자연스럽게 녹여서 실제 어학성적만을 위한 어학능력이 아니라 기본적이지만 실제 업무현장에서 활용할 수 있는 어학능력을 어필했습니다.

이처럼 면접에서 면접위원이 원하는 기술능력은 단지 자격증이나 학교교육의 성과(성적)를 의미하는 것이 아닙니다. 취득한 자격증이나 교육의 성과 등을 실질적으로 어떻게 활용하고 또 능동적으로 응용했는지를 알 수 있는 경험 및 태도를 묻는 것입니다. 따라서 관련 질문에 대한 답변을 미리 준비하고 연습하는 것이 필요합니다. 시대

필자 소개

안쌤(안성수)
채용컨설팅 및 취업 관련 콘텐츠/과제 개발
NCS 채용 컨설팅, NCS 퍼실리테이터
취업·채용 관련 강의, 코칭, 경력 및 직업상담
공공기업 외부면접관/면접관 교육 등
취업/채용 관련 칼럼니스트, 자유기고가
저서 〈NCS와 창의적 사고기법으로 접근하기〉 外

비대면진료 제도화
시기상조인가?

전면적 비대면진료 도입, 누구를 위한 것인가

비대면진료의 편의성을 국민의 30%가 경험한 상황에서 제도화를 반대하는 주장은 시의성이 떨어집니다. 의료계 역시 '대면진료' 철칙을 고수해 온 기존의 입장을 거둬들이고, 조건부 찬성으로 선회했습니다. 그러나 의료수가 상향을 요구하는 의료계와 소비자단체 등이 대립하고 있는 상황입니다. 이에 대한 내용을 중심으로 비대면진료 도입의 필요성을 피력할 수 있습니다.

의료계와 약사계의 이익을 우선적으로 고려한다면, 비대면진료와 얽힌 우려를 국민이 입을 피해와 결부해 서술하는 것이 적절합니다. 그와 달리 비대면진료로 얻을 국민의 이익을 우선으로 다룬다면, 의료계가 요구하는 사항은 자신들의 경제적 이득을 확대하려는 시도로 해석하는 것이 가능합니다.

비대면진료의 편의성과 효용 신장에 대한 근거는 통계와 조사내용에서 도출할 수 있기 때문에 소재를 확보하기는 쉽습니다. 다만 전면적 비대면진료를 신중하게 도입하자는 주장을 펼칠 때는 정책과 제도의 보완점, 의료계가 표명한 우려 등을 다뤄야 적절한 근거를 제시할 수 있습니다. 예시를 통해 비대면진료의 도입을 두 가지 방향으로 살펴보겠습니다.

예시 답안 1

코로나19가 일으킨 예외적인 대규모 감염사태로 국내에서 한시적으로 허용됐던 비대면진료가 세계보건기구(WHO)의 비상사태 해제에 따라 원점으로 회귀할 위기에 놓였다. 1988년에 원격영상진단 기술 등장에 힘입어 도입을 시도했던 비대면진료는 그동안 의료계의 반대로 번번이 제도화의 문턱을 넘지 못했다. 그 이유는 대형병원 중심의 시장구조가 초래할 '편중 심화' 우려였다. 의원이 90% 이상을 차지하는 의료시장에서 비대면진료로 상급병원이 수요를 흡수할 경우, 의원의 입지가 축소될 수밖에 없기 때문이다.

그러나 2020년에 제한적으로 도입한 비대면진료는 우려와 달리 상급병원 편중현상이 나타나지 않았다. 이러한 결과는 의료계의 과도한 우려로 국민이 비대면진료의 편의성을 누리지 못했음을 의미한다. 만약 팬데믹 이전에 비대면진료를 시행해 국민이 그에 대한 사용경험을 쌓을 수 있었다면, 코로나19 초기에 마주한 극심한 혼돈과 위기를 최소화할 수 있었을지도 모른다. 심지어 인명피해 규모마저 상당히 낮출 개연성도 있었다. 비대면진료는 시간과 공간의 제약으로 의료서비스를 받기 어려운 계층에게 무척 유용하다. 특히 거동이 쉽지 않은 노인, 직장을 다니며 아이를 키우는 부모 등은 비대면진료로 누릴 효용이

상당하다. 또 통신네트워크 확장과 스마트폰의 보급은 최근에 이뤄진 것이 아니다. 따라서 2020년 이전에 이미 사회적 자산을 토대로 비대면진료를 시행하고 있어야 마땅했다.

나아가 최근 인공지능의 발전추이는 비대면진료 그 이상이 가능함을 보여준다. 여러 산업분야에서 관찰되고 있는 챗GPT의 활약상을 보면, 의사의 역할을 인공지능이 대신하는 미래가 결코 상상에 그치지 않을 것임을 알 수 있다. 이에 따라 각종 의료사고가 발생할 때마다 치료의 정확성을 보장할 수 있는 인공지능에 대한 기대감도 높아지고 있다. 기술발전이 전제 조건이겠지만, 인공지능과 의료서비스의 결합은 이미 현실화되고 있다. 시장에서 비대면진료로 쌓아갈 데이터는 그 과정을 온전히 이어가는 데 필수다. 그러므로 비대면진료 도입에 대한 의료계의 반발은 명약관화**❶**다. 자율주행 기술의 발전으로 운전에 대한 기존의 가치가 변화하듯 의료분야도 흐름에 따르며 새로운 기술환경에서 더 나은 가치를 창출할 수 있도록 노력해야 한다.

하지만 비대면진료를 반대하는 근거였던 상급병원 중심의 시장구조 형성이 과도한 우려였다는 점을 통계로 확인한 의료계는 다른 조건을 덧붙이며 다시금 시행을 어렵게 하고 있다. 재진으로 한정하는 비대면진료는 국가마다 차이가 있어 응당 논의와 타협의 대상이라고 할 수 있지만, 현재 대면진료의 130%로 책정되고 있는 의료수가**❷**를 150% 이상으로 올리자는 주장은 상식을 벗어난다. 이는 의료계가 반대근거로 제시했던 오진 증가와 약물 오남용에 대한 우려와는 관계가 없는 해법이다. 결국 민낯은 '돈'이다. 경제적 이득이 증가하면 오진을 줄일 만큼 집중해서 진료하고, 약물 오남용도 방지할 수 있도록 더욱 주의를 기울여보겠다는 의도다.

그러나 전 세계적으로 대면진료보다 비대면진료의 수가가 높은 국가는 찾아보기 힘들다. 호주와 일본은 비대면진료 수가가 대면진료 수가보다 낮으며, 대다수의 국가는 대면진료 수가와 동일하게 비대면진료를 시행하고 있다. 역설적으로 '돈'만 쥐어준다면 비대면진료는 애당초 시행이 가능했다는 씁쓸한 결론에 이른다. 약사계도 마찬가지다. 약물 오남용 문제

를 반대근거로 제시하지만, 실상은 대형약국이 시장수요를 흡수할 가능성에 대한 우려가 본질이다. 가이드라인을 마련하고 시행하며 개선하는 방안으로 문제에 접근해야 하는데, 우려에 압도돼 반대만을 외치고 있는 형국이다.

비대면진료는 인공지능으로 구현할 미래 의료서비스의 청사진을 그리기 위해서라도 제도화가 필요하다. 진료과정에서 발생한 데이터가 인공지능의 정밀도를 높이는 데 중요하기 때문이다. 게다가 정보통신 기술과 첨단 기술이 열어 놓은 비대면진료는 사회적 효용 증대를 이끈다. 이를 특정 집단의 이익증대 기회로 삼는 것은 온당치 않다. 기술발전이 일궈낸 결실을 전 국민이 함께 누릴 수 있도록 비대면진료의 제도화를 서둘러야 한다. 상식에 어긋난 의료수가 상향 요구는 국민의 건강에 대한 기본적 욕구를 '돈'으로 가로막는 얄팍한 수에 지나지 않는다. 의료계가 더 나은 미래를 생각할 때다.

---

❶ 명약관화(明若觀火) : '불을 보듯 분명하고 뻔하다'라는 뜻으로 의심할 여지없이 매우 분명함을 강조할 때 사용한다. 의미가 비슷한 고사성어로 '명명백백(明明白白)'이 있다.

❷ 의료수가 : 진료수가라고도 하며 환자가 의료기관에 지불하는 본인부담금과 건강보험공단에서 의료기관에 지급하는 급여비를 합한 것을 말한다. 의료수가의 결정 및 인상은 환자에게 제공되는 서비스의 정도와 서비스 제공자의 소득, 물가상승률을 비롯한 경제지표 등을 토대로 건강보험정책심의위원회에서 진행한다. 또 수가인상률은 각 가입단체와 건강보험공단이 협상을 통해 결정하고 있다.

답안 분석

비대면진료를 인공지능 의료서비스와 연계해 서술하며 당장 시행해야 한다고 주장했습니다. 의료계가 반대하는 근거를 거론하며 다소 원색적으로 비난했는데, 비대면진료의 사회적 효용이 상위가치라 강도를 높여도 크게 어긋남은 없습니다. 다만 어휘를 바꿔 수위를 낮출 여지는 있습니다.

비대면진료 시행에 대한 의료계와 약사계의 입장차이는 주장의 방향에 따라 활용도가 다릅니다. 시행의 당위성을 강조하고자 오진, 약물 오남용 등은 대면진료와 차이가 없다고 가정했습니다. 이러한 가정이 합리적인 이유는 코로나19 기간 중 비대면진료에 따른 오진 및 의료사고가 한 건도 발생하지 않았기 때문입니다. 미래에 발생할 가능성은 있어도 현재까지는 단순히 우려를 표출한 것이라 비대면진료의 반대근거로는 부족하다고 판단했습니다.

또한 과거에는 기술의 한계로 시행의 현실성이 부족했다면, 현재는 기술발전으로 비대면진료가 가능함에도 의료계가 집단 이기주의 현상을 보이고 있는 실정입니다. 의료수가 상향을 비판의 주요 대상으로 삼아 의료계가 사회적 효용을 높이는 데 동참할 것을 촉구했습니다.

예시 답안 2

3년간 비대면진료를 운영하며 의료계가 우려하던 사항들이 기우였음을 확인했다. 의료계는 국내 의료서비스의 저변을 넓히는 비대면진료를 외면한 채 상급병원으로부터 '의원 지키기'를 통한 이익 추구에 급급했던 것이다. 일본은 1997년에 비대면진료를 제도화했고, 프랑스는 2009년에 법률규정을 마련했다. 유독 한국에서만 비대면진료 도입을 반대하고 있는데, 이에 대한 타당한 이유를 찾을 수 없는 상황이다. 팬데믹을 계기로 가까스로 한국도 비대면진료의 제도화를 논의하고 있지만, 늦은 감이 있다.

새로운 기술과 정책의 동조는 대개 시차가 있다. 기술이 시장에 변화를 부여해 발생하는 낯선 현상을 조망할 시간이 필요하기 때문이다. 비트코인이 대표적인 사례다. 블록체인❶의 개념이 생소한 시점에서 급격한 시세 폭등으로 비트코인이 시장의 주목을 받자 다양한 문제가 연이어 발생했다. 현재는 투자자 보호를 위한 조치를 비롯해 제도화를 논의 중이다. 2013년에 국내에서 관심을 받기 시작한 가상화폐가 10년이라는 시간을 거쳐 제도화를 앞두고 있는 것이

다. 그에 반해 비대면진료는 30년 가까이 의료계의 반대에 부딪혀 제도화는커녕 사장될 위기에 처해 있다. 기술과 정책의 시차가 지나칠 정도로 벌어진 것이다. 그 피해는 고스란히 국민의 몫이 될 수밖에 없다. 일본과 프랑스의 사례와 비교해도 한국의 현재 상황은 적절하지 않다.

코로나19로 갖추게 된 인프라를 활용하면 비대면진료 도입에 뒤처진 흐름을 빠르게 만회할 수 있다. 이때 도입 속도만큼 신중히 살펴봐야 할 부분이 의료 서비스의 편의성과 안전성이다. 비대면진료의 취지는 대면진료가 어려운 격오지 거주자, 노약자, 장애자 등에게 의료서비스를 이용할 수 있는 환경을 제공하는 것이다. 하지만 이들은 대개 디지털 환경에 익숙하지 않은 경향을 보인다. 디지털 플랫폼을 통한 비대면진료를 사용하는 데 어려움을 겪을 수 있다는 의미다.

실제로 코로나19 시기에 비대면진료를 이용한 연령층은 중년층이 대다수를 이뤘다. 디지털 플랫폼과 기기 사용에 익숙한 중년층에게는 비대면진료의 편의성이 높았지만, 노년층은 진입 문턱을 넘지 못해 여전히 생소한 상태다. 사회취약계층을 위한 비대면진료 안내와 환경조성에 힘써야 하는 이유다. 플랫폼 산업이 비대면진료 시장을 새롭게 형성하고 있는데, 근본취지에 부합하는 사업형태를 유지하며 이용자의 문턱을 낮춰야 편의성을 제공할 수 있다.

다만 오진, 약물 오남용 등에 대한 우려는 해소가 필요하다. 비대면진료가 치료의 안전성을 훼손하는 요인으로 작용할 경우, 의료기관과 환자 간의 책임영역을 모호하게 만들 수 있다. 문진만 가능한 상황은 오진이 발생할 가능성도 있다. 코로나19로 비대면진료가 가능했던 지난 3년간 오진 사례가 없었지만, 제도화를 통한 광범위한 진료로 새로운 사례가 증가하는 상황에서는 비대면진료의 신뢰를 무너뜨릴 사고가 발생할 수 있다. 원인은 문진으로 이뤄지는 진료방식이다. 문진의 제약을 보완할 촉진과 청진은 향후 기술개발로 비대면진료에 도입하는 것이 가능하다. 약물 오남용을 방지할 복약 지도와 처방도 비대면진료가 대체할 수 없는 영역은 아니다. 기술의 접점에서 해결방안을 찾는 게 가능하기 때문이다. 따라서 오진

과 약물 오남용의 가능성이 비대면진료를 가로막는 요인일 수는 없다. 제도와 규정으로 위험요소를 통제하고, 기술로 보완하며 비대면진료의 안전성을 확보해야 한다.

코로나19를 거치며 비대면진료의 도입요건은 충족한 상태다. 이러한 상황에서 의료수가 상향을 반대의 도구로 삼는 것은 시류와 맞지 않는다. 이미 대다수의 선진국이 비대면진료를 제도화했고, 비대면진료의 의료수가는 대면진료와 동일하거나 낮게 책정했다. 의료계의 주장대로 의료수가가 대면진료보다 높아질 경우, 국민의 의료 접근성이 떨어질 수밖에 없다. 이제는 장기적인 안목으로 비대면진료의 편의성과 안전성을 높이는 방향에 대해 논의할 시기다.

---

❶ 블록체인 : 데이터를 저장할 수 있는 '블록'을 체인형태로 연결하여 여러 대의 컴퓨터에 동시에 복제·저장하는 분산형 데이터 저장 기술을 말한다. 2007년 나카모토 사토시라는 인물이 금융위기 사태 이후 중앙집권화된 금융시스템의 위험성을 인지하고 개인 간 거래가 가능한 블록체인 기술을 고안한 것으로 알려졌다. 거래 시 모든 참여자에게 거래내역을 보냄으로써 이들이 정보를 공유하고 대조하도록 하여 데이터를 위조하거나 변조할 수 없게 설계돼 있다.

비대면진료의 제도화는 의료계가 얻을 이익과 결부해 바라봐야 합니다. 의료계가 요구하는 의료수가 상향이 적절하지 않다는 근거를 제시하며 비대면진료의 편의성과 안전성에 주의를 기울여야 한다고 주장했습니다. 의료계의 사명감에 호소하는 방식으로는 30년 이상 지속해 온 반대를 극복하기가 어렵기 때문입니다. 시대

답안 분석

일반 국민의 입장에서 비대면진료를 반대할 이유는 없습니다. 의료계마저 조건부 찬성을 주장하고 있는 상황입니다. 이에 신중한 도입을 주장하는 것이 반대근거를 온전히 다룰 수 있는 최선의 방법입니다.

편의성과 안전성이 중요한 비대면진료에서 계층별 이용편차와 오진 및 약물 오남용 가능성은 반드시 짚고 넘어가야 할 부분에 해당합니다. 신중히 다뤄야 할 이유를 서술하며 비대면진료를 도입하는 데 필요한 요소를 언급했습니다. 또한 비교대상을 주장을 뒷받침하는 용도로 활용합니다. 사례에서는 비트코인, 일본, 프랑스로 비교를 시도하며 비대면진료 도입이 타당함을 강조했습니다.

 자기소개서 작성 팁을 유튜브로 만나자!

필자 소개

정승재(peoy19@gmail.com)
홈페이지 오로지첨삭(www.오로지첨삭.한국)
오로지면접(fabinterview.com)
유튜브 채널 : 오로지첨삭
저서 〈합격하는 편입자소서 & 학업계획서〉
〈합격하는 취업, 자소서로 스펙 뛰어넘기〉

법률서비스 전문가
법무사

법무사란?

법률이 우리의 일상생활에 더욱 밀접해지고 법률에 대한 국민들의 관심이 커지고 있는 요즘, 각종 이해관계를 둘러싼 민원과 소송 역시 증가하고 있다. 이와 함께 법률이 적용되는 영역도 광범위해지고 있으며, 특히 갈수록 심화하는 사회의 복잡성으로 소송 관련 업무가 늘어나는 추세다. 이에 법률서비스 업무를 담당하는 법무사의 필요성과 수요는 어느 때보다 높은 상황이다.

법무사는 타인의 위촉에 의해 법원이나 검찰청에 제출할 서류, 법원과 검찰청 업무와 관련된 서류, 등기 또는 기타 등록신청에 필요한 서류를 작성하고 해당 자료의 제출을 대행하는 업무를 맡는다. 또한 등기 및 공탁 사건의 신청을 대리하며, '민사집행법'에 따른 경매 사건과 '국제징수법'이나 그 밖의 법령에 따른 공매 사건에서의 재산취득에 관한 상담, 매수신청 또는 입찰신청의 대리 업무도 담당하고 있다.

자격증 취득정보

법무사는 국가전문자격으로 법원행정처에서 1년에 한 번 정기시험을 시행한다. 응시자격에는 제한이 없으나 관련 규정에 의해 결격사유에 해당하는 자는 시험에 응시할 수 없다. 시험은 1차와 2차로 나눠서 치러지며, 매회 시험마다 선발예정인원이 정해져 있다. 1차 시험은 ▲ 제1과목 헌법(40)·상법(60) ▲ 제2과목 민법(80)·가족관계의 등록 등에 관한법률

(20) ▲ 제3과목 민사집행법(70)·상업등기법 및 비송사건절차법(30) ▲ 제4과목 부동산등기법(60)·공탁법(40) 등 총 8과목으로 구성(괄호 안 숫자는 과목별 배점비율)돼 있으며, 객관식으로 출제된다. 100점 만점 기준으로 과목당 40점 이상을 득점한 자 중 시험성적과 응시자 수를 참작해 전과목 총득점이 높은 순서대로 합격자가 결정된다.

2차 시험은 ▲ 제1과목 민법(100) ▲ 제2과목 형법(50)·형사소송법(50) ▲ 제3과목 민사소송법(70)·민사사건관련서류의 작성(30) ▲ 제4과목 부동산등기법(70)·등기신청서류의 작성(30) 등 8과목으로 주관식으로 출제된다. 100점 만점을 기준으로 과목당 40점 이상 득점자 중에서 선발예정인원(단, 관련 규정에 의해 시험의 일부 면제를 받는 자는 미포함)의 범위 내에서 전과목 총득점 고득점자 순서대

로 최종 합격자가 결정된다. 이때 동점자가 발생하는 경우에는 점수를 소수점 이하 둘째 자리까지 계산하며, 선발예정인원을 초과하면 당해 동점자를 모두 합격자로 한다. 이후 일정기간 동안 연수를 받은 뒤 대한법무사협회에 등록하면 법무사로서 활동이 가능하다.

특정 기준을 만족하는 사람들은 시험을 일부 면제받을 수도 있다. 우선 이전 회차 1차 시험에 합격한 자는 다음 회의 시험에 한해 1차 시험을 면제받으며, 법원, 헌법재판소, 검찰청의 법원 · 등기 · 검찰 사무직렬 또는 마약수사직렬 공무원으로 10년 이상 근무한 자도 1차 시험을 면제받는다. 또 동일 직렬 공무원으로 5급 이상의 직에 5년 이상 근무한 경력이 있거나 7급 이상 직에 7년 이상 근무경력이 있으면 1차 시험과 2차 시험과목 일부를 면제받을 수 있다. 법무사 자격은 시험과목 수가 많고, 선발예정인원이 정해져 있어 경쟁률이 높은 만큼 보다 철저한 대비가 필요하다. 또한 1차와 2차 시험과목 간 연결성이 있으므로 주요 과목을 먼저 학습한 후에 다른 과목들을 학습하는 전략이 필요하다.

자격전망 및 시험일정

법무사는 모든 법률 문제와 법적 분쟁을 다룬다는 점에서 변호사와 업무영역이 비슷하다고 할 수 있지만, 변호사처럼 의뢰인을 대신해서 법정에 설 수는 없다. 다만 변호사 선임 없이 사건 당사자가 직접 소송을 하는 경우 의뢰인을 대신해 소송에 필요한 여러 서류를 작성할 수 있다.

특히 각종 소송으로 인한 법률민원인이 많아지고 있어 법무사가 제공하는 법률서비스의 수요도 증가할 것으로 전망되고 있다. 법무사 자격을 취득하면 기업의 법제과, 법률관계 취급 업무부서 등에 취직할

수 있으며, 합동법률사무소, 개인법무사 사무소 등에서 취업법무사로 일하거나 직접 개인 또는 합동 사무소를 개업해 운영할 수도 있다. 시대

2023년 제29회 법무사 시험일정

구분	원서접수기간	시험일자	합격자발표
1차		9. 2(토)	9. 27(수)
2차	5. 8(월) ~ 5. 15(월)	11. 3(금) ~ 11. 4(토)	24. 2. 1(목)

2023 법무사 1차 시험 5개년 기출문제해설

법무사 시험에 최적화된 기출문제집으로 최근 5개년 기출문제와 상세한 해설을 수록해 효율적인 학습이 가능하다. 최신 법령 · 예규 · 판례 · 선례 및 실무제요에 근거해 해설하고, 개정사항 및 실무서 내용이 반영된 문항은 별도로 표기했다.

편저 김주한, 시대법학연구소

상식 더하기 +

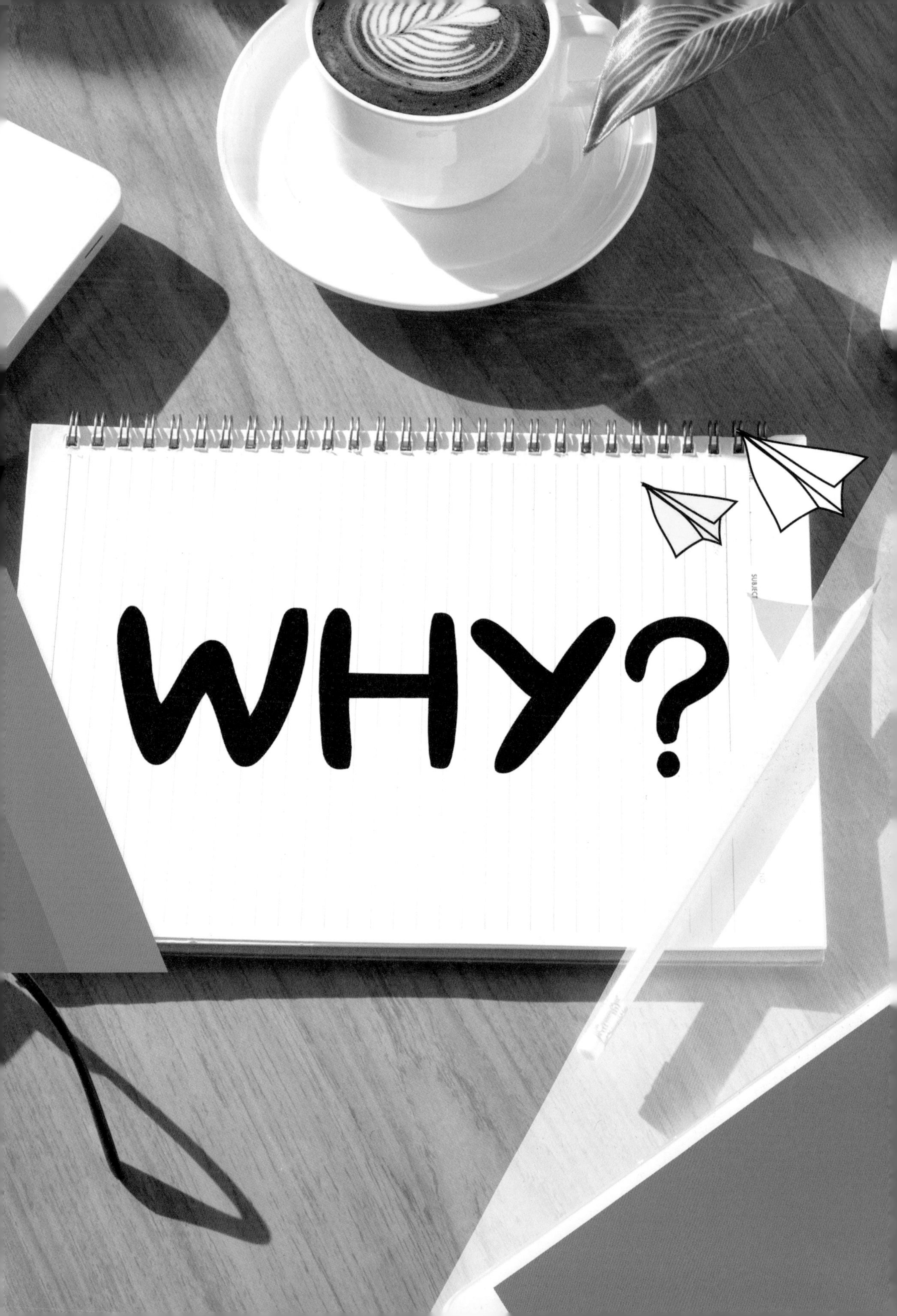
WHY?

먹긴 찝찝하고 버리긴 아깝고,
묵은 약은 먹지마세요!

오래 방치된 약, 효능 약하고 부작용 우려

무심코 열어본 서랍장. 그런데 감기약, 소화제, 두통약 등 언제 샀는지 알 수 없는 약들이 잔뜩 쌓여 있는 경우가 많습니다. 겉보기엔 멀쩡하지만 복용하기엔 찝찝하고, 그렇다고 버리기엔 아까운 각종 약품은 어떻게 하는 게 좋을까요?

개봉 후 사용기한이 지나도록 오랫동안 방치해둔 약이 있다면 버리는 게 좋겠습니다. 겉보기에는 괜찮을 것 같지만, 사용기한이 지난 약은 효능이 떨어질 수 있고 자칫 부작용이 생길 수 있기 때문인데요. 대한약사회에 따르면 알약은 보통 2~3년, 안약은 개봉 후 한 달, 연고는 반년 정도로 사용기한이 정해져 있습니다. 김은혜 대한약사회 홍보이사는 "의약품 사용기한은 약효가 제대로 나타날 수 있는 기한을 법적으로 정해놓은 것"이라며 "가급적 사

용기한 내에 의약품을 복용하는 걸 권장한다"고 말했습니다. 이미 개봉했다면 변질이 시작돼 약의 효능이 떨어지기 때문입니다.

사용기한을 모르는 처방약은 어떻게 할까?

별도 사용기한이 표기돼 있지 않은 의사 처방약은 어떻게 해야 할까요? 환자 및 증상에 맞춰진 의사 처방약은 처방전에 안내된 약 복용기간이 곧 사용기한입니다 김은혜 홍보이사는 "(약국에서는) 포장을 까서 (조제)하는 경우가 많은데, 그 포장지 자체가 빛이나 공기와의 접촉을 차단하지는 못하기 때문에 포장을 제거하면 사용기한이 상당히 짧아진다"고 설명했습니다. 이어 "용기(약통)에 약을 덜어줬다면 24시간 빛이나 산소가 투과하는 상황은 아니기 때문에 6개월 이내까지 복용은 가능하다"고 덧붙였습니다.

약의 올바른 보관·폐기방법은?

약은 어떻게 보관해야 할까요? 습기와 빛을 피해 서늘한 곳에 보관하고, 사용하는 도중 다른 용기에 약을 옮기면 오염될 수 있으니 용기를 바꾸지 않아야 합니다. 또 올바른 보관만큼이나 버리는 방법도 중요한데요. 함부로 버렸다가는 환경을 오염시킬 수 있기 때문이죠. 현재 폐의약품은 지방자치단체 관리

아래 약국이나 보건소에서 수거해 소각하도록 하고 있는데요. 서울시를 비롯한 각 지자체에서는 구청, 주민센터 등에 폐의약품 수거함을 설치해 운영하고 있습니다. 세종시에서는 폐의약품을 안심봉투에 담아 우체통에 넣거나 보건소·약국·주민센터 수거함에 넣으면 안전하게 처리해주는 사업도 시범시행하고 있죠. 하지만 모든 지자체가 폐의약품 수거함을 운영하지는 않기 때문에 자치구별 수거방법을 확인해 처리하는 것이 좋겠습니다. 시대

'식후 30분 후에 드세요!' 약사의 복약지시, 못 지켰다면?

약국에서 약을 짓다보면 약사의 복약지도를 들을 수 있습니다. '식전에 복용해라', '식사 직후 혹은 식후 30분에 복용해라'라는 말을 흔히 듣는데요. 그런데 생활하다보면 이를 지키지 못하는 때가 왕왕 있습니다. 특히 식사시간이 일정치 않은 사람들의 경우, 때를 놓쳐 식사를 하게 되면 지금 약을 먹어도 되는지 애매할 때가 있죠.

만일 식전에 먹어야 하는 약인데 먹지 못했다면 식후 1시간 이후에 먹어도 됩니다. 반드시 식전에 먹어야 하는 약이 아니라면 식전과 식후 1시간 정도의 위장상태를 비슷하게 간주하기 때문입니다. 약 때를 놓쳤다면 아예 다음 식전까지 기다리기보다 빼먹지 말고 복용하는 편이 낫습니다.

보통 우리가 흔하게 복용하는 약들은 식후 30분에 먹으라는 말을 많이 듣는데요. 이 30분이라는 시간을 지키겠다고 하다가 약 때를 놓치는 경우도 있습니다. 식후 30분에 복용하는 약은 식사 직후에 먹어도 약효가 떨어지지는 않습니다. 빼먹지 않고 그때그때 복용횟수를 지키는 게 더 중요하죠. 다만 앞서 이야기했듯 반드시 복용시간을 지켜야 하는 약도 있으니 유의해야 합니다. 항생제는 속쓰림을 유발해 식사 후 먹어야 하고, 위장약이나 결핵약 등은 식사 전에 먹어야 합니다.

여섯 번째 수업
숄더 브릿지

필라테스 강사들이 수업에서 수강생들에게 동작을 가르칠 때 사용하는 용어(큐잉) 중에 '숄더 브릿지'처럼 머리속으로 상상하게 만드는 설명을 이미지 큐잉이라고 합니다. 장황한 개념을 설명하는 것보다 하나의 예시가 훨씬 직관적으로 다가올 때가 많기 때문입니다. 만약 강사가 "안쪽 허벅지를 강하게 조이세요"라고 말하면 수강생들은 허벅지를 어떻게 조이라는 것인지 이해하지 못할 수 있습니다. 이때 '말랑한 미니볼'이라는 상상 속 대상을 활용하면 동작의 이해도를 순식간에 높여주는 부스터 역할을 하게 됩니다. 미니볼은 필라테스 수업에서 활용하는 소도구 중 하나로 지름이 20cm 정도 되는 말랑한 공입니다. 따라서 실제로 수업에서 미니볼을 사용해본 적이 있다면 금상첨화겠죠.

솔더 브릿지 동작처럼 골반을 고정한 채로 무릎의 간격을 조일 때 주로 사용하는 근육은 안쪽 허벅지 근육인 내전근입니다. 내전근은 장내전근, 단내전근, 대내전근이라는 세 종류의 근육을 하나로 묶어서 칭하는 말인데, 사실상 근육의 기능은 같아서 움직임을 다루는 필라테스 영역에서는 하나의 묶음으로 기억해도 충분합니다.

몸의 좌우를 나누는 세로의 가상 중심선에서 바깥쪽으로 벌려지는 것을 외전, 안쪽으로 모으는 것을 내전이라고 합니다. 즉, 내전근은 '몸에서 멀어진 부분을 중심부로 당겨오는 근육'을 말합니다. 이는 다시 길이와 크기에 따라 구분하는데, 장내전근은 길이가 긴 내전근, 단내전근은 길이가 짧은 내전근, 대내전근은 크기가 큰 내전근으로 분류할 수 있습니다.

장내전근과 단내전근은 골반뼈 중에서도 가장 앞부분으로 좌우 사타구니 부위에 위치한 치골(두덩뼈)과 대퇴골(넓적다리뼈) 상단의 후면부에 부착점을 갖고 있습니다. 이 근육들이 활성화되면서 수축하면 다리가 몸의 중심 쪽으로 차렷 자세로 끌어 당겨질 수밖에 없습니다. 대내전근은 장내전근과 단내전근보다 대퇴골 쪽으로 길고 넓은 부착점을 가지고 있으며, 크기도 훨씬 큽니다. 또한 골반 양쪽 엉덩이 아랫부분을 구성하는 좌골(궁둥뼈)에도 부착점을 가지고 있습니다. 좌골은 치골, 장골(엉덩뼈), 천골(엉치뼈)과 함께 골반을 이루는 뼈로서 치골에 비해 훨씬 낮은 위치에서 골반의 밑면을 형성하는 뼈입니다. 치골과 좌골을 모두 고정한 상태에서 솔더 브릿지 동작을 하며 세 개의 내전근을 일시에 수축시키면 미니볼은 인정사정없이 찌그러지게 됩니다. 이 동작의 큐잉에서 '골반을 고정하고' 허벅지를 조이도록 한 이유가 여기에 있습니다.

내전근 무리를 합쳐서 생각하면 우리 몸 전체를 놓고 보아도 꽤 크고 강한 근육입니다. 그러나 이러한 기능이나 역할에 비해 우리의 일상에서는 내전근을 강화하는 움직임이 많지 않습니다. 그래서 운동을 통해 평소에 사용하지 않는 근육을 단련하는 시간이 필요합니다. '허벅지로 미니볼을 터뜨리듯이' 동작을 수행하여 강한 내전근을 만들어보세요. 시대

⌂OME PILATES

솔더 브릿지(Shoulder Bridge)

❶ 천장을 보고 누워서 무릎을 산 모양으로 세웁니다.

❷ 두 발과 무릎 사이는 어깨너비 정도로 만들어주세요.

❸ 천천히 호흡을 마시면서 엉덩이를 조금씩 들어 올립니다.

❹ 무릎 사이에 말랑한 미니볼이 하나 끼워져 있다고 상상하면서 마치 공을 터트린다는 생각으로 세게 누르는 힘을 유지합니다.

❺ 호흡을 천천히 내쉬면서 엉덩이를 내려놓습니다.

❻ ❶~❺에서처럼 골반을 들어 올리고 내리는 동작을 다섯 번 정도 반복해주세요.

필라테스로 배우는 근육의 세계

쉽게 배우는 필라테스! 강사의 지도 없이 혼자서도 따라 할 수 있는 필라테스 동작들과 우리 몸에서 중요한 근육들을 소개한다.

저자 김다은
필라테스 강사이자 아들러를 전공한 상담 전문가. 새로운 프로그램을 만들어 제공하는 콘텐츠 크리에이터로도 활동하고 있다.

민족의 비극
6·25전쟁

"평화는 무력으로
유지될 수 없다.
오직 이해를 통해
유지될 수 있다"

– 독일 물리학자, 알버트 아인슈타인

1950년 6월 25일, 우리 현대사에서 최악의 비극으로 불리는 6·25전쟁이 발발했다. 3년간의 치열한 전투 끝에 1953년 7월 27일 38선을 기준으로 남북을 나누는 정전협정이 체결됐지만, 휴전한 이후에도 양국 간 팽팽한 긴장상황이 오랜 시간 이어져 왔다. 70여 년이 지난 지금도 6·25전쟁으로 인한 상흔은 우리 사회 곳곳에 여전히 남아 있다.

빨치산과 빨갱이는 같은 개념이다?

흔히 '빨치산'을 '빨갱이'와 통용해서 사용하는 경우가 많은데, 사실 이 두 용어는 엄연히 다른 뜻을 지녔다. '빨갱이'는 이념갈등이 극대화됐던 시기에 사회주의자나 공산주의자들을 비하하고 적대감을 조성하기 위해 사용한 멸칭이다. 반면 '빨치산'은 적의 배후에서 통신·교통시설을 파괴하거나 무기나 물자를 탈취하고 인명을 살상하는 비정규군을 일컫는 러시아어 '파르티잔(partizan)'이 일본식 발음으로 굳어진 것이다. 현재는 국어사전에 러시아어로 등록돼 있다. 특히 우리나라에서는 6·25전쟁 전후로 각지에서 활동했던 공산 게릴라를 지칭하는 말로 사용돼왔다. 1953년 정전협정이 체결돼 휴전에 들어갔지만, 국내에는 미처 북으로 돌아가지 못한 북한군이 남아 있었다. 1950년 인천상륙작전 당시 남한에 고립됐던 북한군은 앞서 1949년 여순사건 이후 지리산 등지에 숨어들었던 남로당(남조선노동당) 게릴라와 연합했으나, 결국 북한으로 돌아가지 못했다. 휴전을 위한 포로논의 과정에서 북한이 이들의 존재를 부정해 포로명단에 포함되지 못했기 때문이다. 이들 잔여세력을 소탕한다는 명분으로 벌어진 크고 작은 전투는 1963년까지 계속돼 10여 년이나 이어졌다.

통제를 이용한 세뇌

현대사회에서도 많이 사용하는 '세뇌'는 오래전부터 사용해온 단어라고 알고 있는 경우가 많다. 하지만 이는 CIA가 6·25전쟁 당시 중공군에 포로로 잡힌 미국인들이 공산주의자로 사상을 전향하는 것에 충격을 받고 보고서에 쓴 'brainwashing'이라는 단어를 한자로 다시 번역한 것이다. 말 그대로 '뇌를 씻어 완전히 새로운 사람으로 만든다'는 의미다. 당시 중공군은 포로로 잡은 미군을 다양한 방법을 사용해 공산주의 찬양자로 변모시켰다. 중공을 우습게 여겼던 미국의 입장에서는 이러한 정교한 심리전에 상당히 충격을 받을 수밖에 없었다.

유엔군과 중공군의 참전은 6·25전쟁을 국제전으로 확산시키는 계기가 됐다. 연합군은 인천상륙작전이 성공했을 때만 해도 통일을 자신했으나, 중공군이 참전해 대규모의 인원과 북한군으로부터 지형 등의 정보를 넘겨받아 세운 전략으로 밀어붙이면서 승리를 장담할 수 없게 됐다. 특히 함경도 현리전투에서는 연합군이 대패해 다수의 국군이 포로가 됐고, 퇴로가 막힌 미군이 흥남철수작전을 할 수밖에 없는 상황이 벌어지기도 했다. 중공군은 이들 포로 중 미군 등 유엔군을 만주 포로수용소에 수용한 뒤 행동과 생각, 정보, 감정 등을 통제한 후 공산주의를 찬양하는 단순한 메모를 쓰면 담배나 사탕 같은 사소한 보상을 주는 방식으로 이들이 죄책감에 빠지게 했고, 결국 이런 행위를 자기가 원해서 한 것이라고 믿게 만들었다. 실제로 다수의 포로가 송환을 거부하고 중국에 남기도 했다.

한편 6·25전쟁으로 인한 피해는 군인과 민간인을 가리지 않았다. 후퇴와 탈환이 반복되는 과정에서 북한군과 국군 및 미군의 보복학살이 자행되면서 죄 없는 사람들이 목숨을 잃었고, 억울한 누명으로 이웃사촌이 하루아침에 원수가 되는 등 참혹한 전쟁범죄와 참담한 비극이 발생했기 때문이다. 다양한 해석이 나올 수 있는 만큼 역사를 여러 관점에서 분석해야 하는 것은 맞지만, 분명한 것은 그 어떤 이데올로기도 무고한 사람의 생명을 빼앗아도 되는 가치는 없다는 사실이다. 〔시대〕

알아두면 쓸데 있는 유쾌한 상식사전 -우리말·우리글편-

내가 알고 있는 상식은 과연 진짜일까?
단순한 호기심에서 출발할 수 있는 많은 의문들을
수많은 책과 연구 자료를 바탕으로 파헤친다!

저자 조홍석
아폴로 11호가 달에 도착하던 해에 태어났다.
유쾌한 지식 큐레이터로서
'한국의 빌 브라이슨'이라 불리길 원하고 있다.

면역도 과하면 독
아나필락시스

2023년 5월 세계보건기구(WHO)의 '국제공중보건 위기상황' 해제 발표로 3년 넘게 이어온 코로나19의 족쇄로부터 일단 자유로워졌다. 그동안 세계는 대처할 방법조차 없는 감염병과 싸워 이겨내기 위해 얼굴을 가렸고, 관계를 포기했다. 그 와중에도 굴지의 제약회사들은 너도나도 백신개발에 사활을 걸었고, 마침내 백신이 하나둘 세상에 나왔을 때는 안정성을 호소하며 유일한 대응방법임을 알렸다.

정부도 단계에 따라 백신접종을 권장했고, 우리는 그에 따라 시간을 쪼개 접종에 나섰다. 그런데 이때 듣기에도 생소한 단어 하나가 화두가 됐다. 백신접종 후 나타날 수 있는 부작용 중 하나인 '아나필락시

스'다. 질병청은 아나필락시스가 있을 수 있음을 시사하면서도 위험성은 크지 않다며 접종 대비 아나필락시스 의심사례 발생비율을 연일 발표했다.

아나필락시스(Anaphylaxis)는 특정물질을 극소량만 접촉했을 때 몸에서 일어나는 과민반응을 말한다. 한마디로 급성 중증 알레르기 반응이다. 주로 즉각적으로 반응이 나타나는데, 부종을 비롯해 혈압강하, 호흡곤란, 의식소실 등의 증상을 보인다. 드물게 발생하기도 하지만 즉시 치료하면 별다른 문제 없이 회복되는 반면 진단과 치료가 지연되면 사망에 이를 수도 있다. 백신접종 후 15~30분 대기해야 했던 이유다. 코로나19 백신뿐 아니라 일반 독감백신에도 종종 발현되고, 땅콩·제품·갑각류 등 일상음식과 페니실린 등의 약물이 원인이 되기도 한다.

전문가들은 아나필락시스를 '특정항원에 대한 면역을 획득한 생체가 같은 항원에 다시 노출되는 경우 나타나는 과민반응'이라고 정의한다. 그러나 1901년 이전에는 이로 인한 사망에 대해 의문사로 취급했다. 프랑스의 생리학자 샤를 로베르 리셰(Charles Robert Richet, 1850~1935)가 결과에 따른 원인을 발견하기 전까지는 그랬다.

어린 시절 문학을 좋아했던 리셰는 저명한 외과의사였던 아버지의 권유로 의학의 길로 들어섰고, 파리대학의 생리학 교수로서 결핵환자 대상의 혈청요법에 성과를 올리고 있었다. 그런데 1900년 모나코 여

프랑스의 생리학자 샤를 로베르 리셰

작은부레관해파리

샤를 리셰의 선상연구

행 중에 만난 모나코의 알버트 왕자로부터 작은부레관해파리의 독을 연구해볼 것을 제안받았다.

작은부레관해파리는 작은 풍선처럼 귀여운 모양을 하고 있지만 쏘일 경우 통증이 심하고 구역질이나 실신 등의 2차 증상을 나타낼 수도 있는 대표적인 유독성 해파리인데, 관광왕국이었던 모나코에게 큰 골칫거리였다. 제안을 받아들인 리셰는 모나코 왕실의 전폭적인 지원 아래 선상실험을 진행했고, 파리로 돌아와서는 해파리를 구하기가 어려웠기 때문에 독소의 구성 및 효과가 비슷한 말미잘 독을 이용해 연구를 이어갔다.

그런데 말미잘 독을 개에게 주사해 치사량을 조사하던 어느 날이었다. 첫 번째 말미잘 독에서 회복된 개들이 독의 두 번째 용량을 주사하자 과민반응을 일으켜 사망해버린 것이다. 그것은 같은 종류의 감염이 일어난 후 그에 대한 민감성이 줄어들거나 없어진다는 면역의 일반적인 원리와 정반대되는 현상이었다. 게다가 산발적이거나 우연한 현상도 결코 아니었다.

연구를 계속한 결과 그는 그 현상이 일정한 규칙에 따라 일어나는 반응이라는 사실을 알아냈다. 투여된 독소가 유기체에 과민반응을 일으키기까지는

3~4주라는 일정기간의 잠복기가 필요하며, 독소의 종류나 동물에 상관없이 저혈압, 호흡곤란 등의 증상이 동일하게 관찰된다는 것 등이 바로 그런 규칙에 속했다. 리셰는 그 현상에 대해 'ana(반대)'와 'phylaxis(방어)'를 합쳐 '아나필락시스'라고 명명했다. 면역계가 방어하는 것이 오히려 그 반대로 나쁘게 작용한다는 의미였다.

오늘날 아나필락시스에 대한 연구결과는 생리학 및 병리학의 가장 중요한 발견 중 하나로 평가된다. 이를 근거로 개개인의 특이체질 등에 관한 연구들이 시작됐기 때문이다. 리셰를 알레르기 연구의 아버지로 부르는 이유가 여기에 있다.

리셰는 이 연구로 1913년 노벨 생리의학상을 수상했다. 그에게 관련 연구를 최초로 제안한 모나코 정부는 리셰의 노벨상 수상과 연구업적을 기념해 1953년에 3종의 기념우표를 발행하기도 했다. 시대

손톱만한 작은 우주
반도체

우리가 사용하는 모든 가전제품에는 반도체가 들어 있다. 어쩌면 우리가 이렇듯 현대문명을 누리고 살 수 있는 것도 반도체 때문일 텐데, 이 반도체는 현재 세계경제와 산업의 총아로서 수많은 국가를 웃기고 또 울리고 있다. 피 튀기는 반도체 경쟁은 반도체를 많이 소비하는 국가와 많이 만드는 국가들을 합종연횡하게 하고, 저마다 반도체를 많이 갖기 위해 새 법률까지 만들어 상대국을 압박하는 판이다. 이 조그만 반도체가 대체 무엇이기에 세계를 이토록 경쟁의 소용돌이 속으로 몰아넣고 있는 걸까?

우리가 과학시간에 배운 것처럼 전기가 통하는 물질을 전도체라고 하고, 통하지 않는 물질을 부도체라고 한다. 반도체는 그 이름대로 전도체와 부도체의 중간성질을 갖고 있는 물질이다. 필요에 따라 전기를 통하게 하기도, 통하지 않게 하기도 한다. 반도체의 이런 성질은 무엇을 의미할까? 바로 원하는 때에 회로를 통해 전기로 된 신호를 전달할 수 있다는 것이다. 그리고 이 전기신호로 명령을 만들 수 있다. 0과 1이라는 숫자를 조합·처리해 사람의 명령을 알아듣는 컴퓨터의 기계어를 조직할 수 있는 것이다. 그러니 반도체는 컴퓨터를 비롯한 기계와 인간을 잇는 입과 귀와 같다.

사실 현재 많은 사람들이 반도체라고 지칭하는 것은 엄밀히 말해 전자회로를 그린 웨이퍼(wafer)를 작게 쪼개서 반도체 소자(트랜지스터)를 결합시킨 '반도체칩'이다. 이러한 반도체칩의 기틀이 되는 웨이퍼는 모래를 녹여 추출한 규소로 만든다. 규소는 다른 말로 '실리콘(silicon)'이라 하는데 우리가 흔히 들어본 미국 소프트웨어산업의 성지인 '실리콘밸리'에서의 그 실리콘이 맞다.

본래 부도체인 규소에 갈륨 등 다른 물질을 섞고 몽당연필 모양의 원기둥인 '잉곳(ingot)'으로 만든 다음, 다이아몬드 톱으로 얇게 썰어낸다. 그렇게 나온 얇은 원판을 매끄럽게 연마하고, 물리·화학적 가공을 거쳐 반도체칩 규격에 맞도록 빼곡하게 IC칩을 얹으면 비로소 웨이퍼가 된다. 우리가 반도체 소식을 보도하는 뉴스에서 흔히 볼 수 있는 그 원판이다.

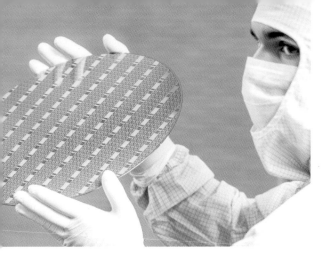
반도체칩의 기반이 되는 규소 재질의 웨이퍼

더, 더 작아지는 반도체

웨이퍼가 반도체칩의 바탕이 된다면, 기능을 하기 위한 손발이 되는 것은 반도체 소자다. 앞에서 언급했듯 전기신호를 보내기 위한 소자는 웨이퍼에 그려진 회로에 알맞게 놓여 있다. 회로를 통해 소자가 보내는 신호가 이동하게 되는데, 반도체칩은 이 소자의 숫자를 늘리는 식으로 발달하게 된다. 이를 '집적도를 높인다'고 하는데, 회로의 선폭을 나노미터(nm, 10억분의 1미터) 단위로 아주 가늘게 만들어서, 그렇게 가늘어진 만큼 더 많은 소자를 집어넣을 수 있다. 물론 소자의 크기도 그에 걸맞게 상상을 초월할 만큼 작아지고 있다. 칩의 크기는 같게 유지하면서도 더 적은 전력으로 더 많은 명령을 처리할 수 있도록 성능을 향상시키는 것이다. 최근 등장하는 겨우 손톱만한 반도체칩에는 수십억개의 소자가 들어 있다. 우주에서 하나의 커다란 빛 덩어리로 보이는 은하가 실은 무수한 별빛이 겹쳐진 것처럼 반도체칩도 손톱만한 작은 우주 같다고 할만하다.

이렇듯 나노 단위로 소자를 밀집해 넣는 것을 '나노공정'이라고 부른다. 세계는 이 나노공정 경쟁으로 치열한데, 올해 들어서는 메모리반도체 강국인 우리나라를 비롯해 위탁생산을 하는 파운드리업체들 사이에 2나노공정 기술을 개발하기 위한 경쟁이 뜨겁게 벌어지고 있다.

K반도체의 미래는 얼마나 더 험난할까?

반도체칩의 성능이 날로 강력해지는 만큼, 이에 대응할 제조기술을 갖추는 것은 무엇보다 중요하다. 3나노반도체 양산은 이미 우리나라의 삼성전자가 지난해 6월 세계 최초로 성공해 시작한 바 있다. 삼성은 같은 해 10월에 2025년까지 2나노반도체 양산을 시작하겠다는 구체적인 로드맵을 발표하기도 했다. 그러나 상황이 만만치는 않다. 대만의 독보적인 파운드리기업 TSMC 역시 2나노제품 개발에 박차를 가하고 있다. 시장조사업체 트렌드포스가 집계한 2022년 3분기 세계 파운드리시장 점유율은 TSMC가 56.1%로 압도적 1위를 지켰고, 삼성전자가 15.5%로 그 뒤를 이었다. 이처럼 굳건한 전통적 강자에 최근엔 미국의 인텔 등과 일본기업들까지 경쟁에 가세하는 상황이라 어떤 변수가 일어날지는 아무도 알 수 없다.

게다가 삼성을 비롯해 국내 대표 반도체기업인 SK하이닉스의 경우 최근 메모리반도체시장의 불황으로 수요가 크게 줄면서 올해 1분기엔 기록적인 적자를 떠안았다. 물론 하반기에는 반도체 재고가 줄면서 회복세를 찾을 것이라는 의견이 많지만, 미국 금리인상과 반도체시장 불황은 지속적인 악재가 될 수 있다. 최근 시끄러운 미국의 반도체지원법도 걸림돌이다. 미국은 자국 반도체산업 보호와 중국 견제를 목적으로 우리 기업에게 초과이익을 공유하고, 중국에 대한 반도체 투자를 가로막는 등의 독소조항을 내밀었다. 미국시장을 쉬 포기할 수 없는 우리의 입장에서는 난감할 따름이다. 여기에 4월 한미정상회담에서 이에 대한 우려를 명확히 불식시키지 못했다는 점이 더 꺼림칙한 대목이다. 시대

한국인은 독립운동을 멈추지 않을 것이다
황기환 지사

지난 4월 10일 또 한 분의 애국지사가 고국으로 돌아오셨다. 순국 100년 만이었다. 지난해 11월 15일 이한호 지사와 홍재하 지사의 유해봉환에 이은 조용한 귀환이었다. 2021년 8월 봉오동전투의 영웅 홍범도 장군의 귀환길에 비하면 소박했지만, 우리는 앞으로 기억할 것이다. '미스터 션샤인'의 주인공 유진 초이가 실제 인물이라는 것을, 그리고 그분이 바로 100년 만에 귀환한 황기환 지사라는 것을!

우리가 싸우고 있는 것은
일본과 동등한 권리를 위해 싸우는 것이 아니며
한국인의, 한국인에 의한,
한국인을 위한
한국의 완전한 독립을 위한 것이다.

'한국에 자치권을 부여하겠다'는 일본의 주장은
문명화된 세계의 분노를 누그러뜨리기 위한 것이고,
그 계획은 분명히 실패할 것이며,
한국인은 독립운동을 멈추지 않을 것이다.

또한
일본이 한국을
일본의 일부로 고집하는 한
극동에서의 평화는
없을 것이다.

1919년 8월 25일자 미국의 '뉴욕헤럴드'에 인터뷰 기사가 실렸다. 제목은 '한국은 완전한 독립을 위해 싸우고 있다'. 글에서 인터뷰이는 "우리가 싸우고 있는 것은 일본과 동등한 권리를 위해 싸우는 것이 아니며 한국인의, 한국인에 의한, 한국인을 위한 한국의 완전한 독립을 위한 것"이라고 말했다. 당시 '한국에 자치권을 부여하겠다'는 일본의 주장이 외신을 통해 전 세계에 소개된 데 대한 반박이었다.

인터뷰이는 안창호가 주도하여 조직한 민족운동단체 공립협회의 회원이자 대한민국임시정부(임정) 파리위원부 서기장으로 인력의 부재와 재정의 곤란 속에서도 프랑스 · 미국 언론과의 인터뷰를 통해 일제의 한국 침략과 통치의 실상을 널리 알리고, 각종 국제회의에 참석하며 한국의 독립운동을 부각시켰던 황기환 지사였다.

COREA WANTS FULL INDEPENDENCE, NOT JAPANESE REFORMS

They Are Problematical—No Peace in Far East While Japan Holds Corea.

황기환 지사의 '뉴욕헤럴드' 인터뷰 기사

황기환 지사
(1886.4.4~1923.11.13)

황기환 지사는 평남 순천에서 태어났다. 열아홉 살이었던 1904년 증기선을 타고 하와이 호놀룰루 땅을 밟은 후 유학생으로 생활하던 중 1918년 제1차 세계대전이 터지자 그해 5월 미군에 자원입대해 참전했다. 전쟁 때 군복무를 하면 미국시민이 될 수 있기 때문이었다. 종전 후 황 지사는 미국으로 돌아가는 대신 상하이를 중심으로 활동하던 독립운동단체 신한청년당의 이사장 김규식(임정 외무총장) 선생과 합류해 파리로 이동했다. 프랑스 베르사유에서 개최되는 강화회의에 참석하기 위해서였다.

그러나 프랑스 당국은 김규식·황기환 등이 정부대표가 아니라는 이유로 참석을 불허했고, 이에 상해본부는 1919년 4월 11일 임시정부를 수립해 이들에게 정부대표의 자격을 부여했다. 이에 이들은 정부대표로 '한국독립 항고서(抗告書)'를 강화회의에 제출하고, '한국독립과 평화'라는 책자를 비롯해 다수의 독립운동 홍보문서를 각국 대표 및 언론에 배포하여 한국인의 독립열망을 전 세계에 널리 알렸다.

임시정부 파리위원부 직원들(둘째 줄 오른쪽 첫 번째)

황기환 지사 유해 봉환식(2023.4.10)

황 지사는 그해 10월에는 파리위원부의 실질적인 책임자로서 프랑스 인권옹호회와 협의해 '한국문제대연설회' 개최를 이끌어냈다. 또한 1920년에는 프랑스어 잡지 '자유한국(La Corée Livre)'을 제작해 한국독립운동 관련 소식과 일본제국주의의 침략·만행을 전했으며, 이를 유럽의 각 언론기관과 정부의 저명인사들에게 발송해 한국의 현실과 역사·문화를 알리는 데 활용했다.

황 지사는 이후 임정 외교위원으로 뉴욕과 런던을 오가며 한국독립과 해외 거주 한인들의 권익보호를 위한 활동을 이어오다 1923년 4월 17일 미국 뉴욕에서 심장병으로 세상을 떠났다. 그리고 유족도 없어 아무 연고도 없는 공동묘지에 묻힌 후 90여 년 가까이 잊혔다. 그러다 2008년 한민족네트워크 뉴욕지회 장철우 회장의 개인적 노력으로 묘비를 발견했고, 2018년에는 드라마 '미스터 션샤인'의 주인공 '유진 초이'로 되살아났다. 대한민국정부는 1995년에 건국훈장 애국장을 추서했다.

한편 국가보훈처는 '무적'으로 남아 있던 황 지사의 가족관계등록을 창설하고 황 지사에게 가족관계등록부를 새로 헌정했다. 이로써 황 지사는 순국 100년 만에 무국적자에서 비로소 독립조국 대한민국의 국민, 한국인이 됐다. 시대

죽음을 모방하다
베르테르 효과

Werther Effect

유명인의 죽음 후 유사한 방식의 죽음이 잇따르는 현상
#모방자살 #자살보도권고기준 #파파게노

"베르테르 씨!"

로테는 힘없는 손으로 그의 가슴을 자신의 가슴에서 밀어냈습니다. 그리고 그지없이 숭고한 감정이 어린 확고한 목소리로 외쳤습니다.

그는 거역하지 않았습니다. 그녀를 팔에서 풀어놓으며 넋 나간 듯이 그 앞에 쓰러져 엎드렸습니다. 그녀는 사랑인지 분노인지 모를 감정에 몸을 떨었습니다.

"이게 마지막이에요, 베르테르 씨. 다시는 당신과 만날 일은 없을 거예요."

그러고서 로테는 이 불행한 친구에게 애정 어린 눈길을 보내며 도망치듯 옆방으로 들어가 문을 잠가 버렸습니다.

베르테르는 그녀를 향해 팔을 내밀었으나, 그녀를 만류하지는 않았습니다.

…

베르테르는 방 안을 오락가락하다가 이윽고 다시 혼자만 있게 되자 옆방 문

'젊은 베르테르의 슬픔' 초판

앞으로 다가가 나직한 목소리로 말을 건넸습니다.

"로테, 로테! 딱 한 마디만, 작별인사만이라도 하게 해주시오."

로테의 대답은 들려오지 않았습니다. 베르테르는 기다렸습니다. 그리고 또 청을 하고, 또 기다렸습니다. 그러다 마침내 문에서 떨어져 외쳤습니다.

"그럼 잘 있어요, 로테! 영원히 안녕!"

삶의 이유를 놓아버린 청년은 그대로 생마저 놓아버렸다. 그것도 '빌림'을 가장해 자신이 사랑했던 여인의 손으로 건네받은 그녀 남편의 권총으로.

독일의 작가이자 철학자인 요한 볼프강 폰 괴테(Johann Wolfgang von Goethe)가 1774년 쓴 주인공 베르테르가 사랑에 실패한 것에 좌절하고 권총자살을 하는 내용의 소설 '젊은 베르테르의 슬픔(Die Leiden des jungen Werthers)'의 종반부 내용이다. 소설은 발표 즉시 큰 성공을 거뒀다. 절절한 심리묘사와 풍부한 감수성의 아름다운 문체로 쓰인 명작이었다. 그 외에도 귀족사회의 속물성, 계층·계급 간의 갈등, 출세지향의 안일한 공직사회, 종교문제까지 당시 사회가 안고 있던 고민을 작품에 고스란히 녹여내 독자의 공감을 불렀다는 게 성공요인이었다.

'젊은 베르테르의 슬픔', 장 밥티스트 블레이즈 시모네의 삽화(1805)

쥘 마스네가 작곡한 오페라 '베르테르'의 공연포스터

문화계를 넘어 사회현상으로

소설의 성공은 미술계와 공연계에도 베르테르 바람을 일으켰다. 소설은 다양한 작가들의 삽화가 덧입혀졌고, 주인공들의 대사는 유명 오페라 작곡가의 음악에 얹혀 무대에 올랐다. 그런데 소설의 성공과 함께 예측하지 못했던 현상이 사회를 휩쓸었다. 유럽의 많은 청년들이 베르테르처럼 옷을 입었고, 베르테르처럼 유부녀와의 금지된 사랑을 꿈꿨다. 그리고 베르테르가 그랬듯 정장에 부츠, 노란 조끼, 그리고 그 위에 푸른색 코트까지 착용한 뒤 책상 앞에 앉아 권총으로 생을 마감하는 방식으로 삶을 버렸다.

원작자인 괴테가 독자들에게 직접 '베르테르를 모방하지 말라'고 호소했지만 별 효과가 없었다. 이 때문에 '젊은 베르테르의 슬픔'은 한동안 이탈리아, 독일, 덴마크 등에서 금서로 지정돼야만 했다. 전문가들은 베르테르 죽음의 방식을 모방하여 자살한 사람

이 소설이 세상에 나온 지 250년이 된 현재까지 전 세계에 2,000여 명이 넘을 것으로 추산한다.

이처럼 급증하는 청년들의 자살에 대해 사회는 '베르테르 열병(Werther-Fieber)'이라 명명하고 주목했다. 그리고 미국 캘리포니아대학 사회학자 데이비드 필립스(David P. Phillips)가 마침내 이러한 현상을 문화현상 및 사회현상으로 정립했다. 소설 출간 200년이 지난 1974년이었다. 필립스는 1947~1968년 동안 미국에서 발생한 자살을 분석한 결과 자살사건이 신문의 기사로 다루어진 후 2개월 이내 동안 평균 58건의 자살사건이 상대적으로 증가하는 것을 발견했다.

특히 미디어에 대대적으로 보도되는 경우, 자살한 사람이 유명인일 경우 그런 현상이 더욱 두드러졌다. 유명인의 자살이 대대적으로 보도될 때 유명인의 죽음을 모방하고자 하는 욕구가 증가한다는 것이다. 18세기 소설에서 비롯된 유럽의 모방자살이 현대에 와서는 유명 연예인의 자살이 미디어를 통해 보도될 때 비슷한 유형의 사건이 일시적으로 증가하는 현상으로 나타나고 있다. 이에 필립스는 이러한 모방자살현상을 '베르테르 효과'라고 이름 붙였다.

유명인과의 자기 동시화

그런데 베르테르 효과는 모방의 객체와 주체 사이에 비슷한 점이 많을수록, 즉 공통점이 많을수록 발현된다는 특징이 있다. 최초 자살한 사람이 젊은이인 경우 젊은이들의 자살사망률이 높아지고, 노인이면 노인의 자살사망률이 높아지는 식이다. 똑같은 고민을 하거나 비슷한 처지에 있는 경우 최초에 자살한 사람과 자신을 동일시하게 되면서 동일한 행동을 하게 된다는 것이다.

미디어의 자극적·반복적 보도형태가 부채질

하지만 베르테르 효과의 기존 전재에는 '유포'가 있다. 18세기 모방자살이 확산된 계기는 유럽 각국의 언어로 번역돼 출간될 정도였던 소설의 선풍적 인기였다. 그러나 오늘날에는 출판의 역할을 미디어가 하고 있다. 보다 더 빠르고, 보다 더 자극적으로! 과거에는 활자에 의해 '사건'이 퍼졌다면 현대는 미디어에 의해 퍼지고 있는 것이다. 영향력도, 파급력도 비교할 수 없을 정도로 크고 광범위하다. 게다가 오늘날의 미디어는 뉴스가 자극적일수록 수익의 크기가 큰 만큼 괴테 소설의 묘사만큼이나 자세하게, 심지어 과장해서 자극적으로 반복해 보도한다. 과거보다 더 많은 노출과 더 자극적인 내용으로 베르테르 효과를 부채질하고 있는 것이다.

유명인을 선망하던 사람들이 자신을 그와 동일시함과 동시에 대중매체를 통한 언론의 자극적이고 반복적인 보도의 영향으로 모방자살을 시도하는 과정으로 나타나고, 이러한 현상은 자신과 같거나 비슷한 어려움에 부닥친 경우, 특히 우울증 증세를 가진 이의 경우에 발생할 확률이 높으며, 혹여 우울증을 앓지 않았더라도 언론의 반복적인 보도로 인해 자극을 받을 수 있다는 것이다.

2014년 서울아산병원 융합의학과 김남국 교수팀은 1990년부터 2010년 사이의 유명인 자살에 대한 언론의 기사 수와 모방자살 증가 수를 조사해 유명인 자살에 대한 언론보도와 모방자살의 상관관계가 통계적으로 유의미하다는 결론을 얻었다. 언론, 미디어의 보도량이 많을수록 모방자살이 증가한 것이다. 이런 결과는 세계보건기구와 국제자살방지협회가 '자살보도에 관한 미디어지침'을 마련하는 데 영향을 주었다.

우리나라도 한국기자협회와 한국자살예방협회가 공동으로 2004년 '자살보도권고기준'을 제정했고, 2013년 '자살보도권고기준 2.0'에 이어 2022년 '자살보도권고기준 3.0'을 발표했다. 주요내용은 ▲ 자살보도의 최소화 ▲ 자살이라는 단어의 사용 자제 및 선정적 표현 배제 ▲ 자살 관련 상세내용 최소화 ▲ 유가족 등 주변사람 배려 ▲ 자살에 대한 미화나 합리화 배제 ▲ 사회적 문제 제기를 위한 수단으로 자살보도 이용 배제 ▲ 자살로 인한 부정적 결과 보도 ▲ 자살예방에 관한 다양하고 정확한 정보의 제공 등이다. 이에 의해 현재는 자살방법을 직접적으로 표현할 수 없고, 단순히 사망으로 보도하고 있다.

파파게노

이러한 보도지침은 자살에 대한 언론보도를 자제하면 모방자살을 예방할 수 있다는 파파게노 효과(Papageno Effect)를 적용한 사례다. 파파게노는 연인과의 이루지 못한 사랑을 비관할 때 세 명의 요정에게 도움을 얻어 자살의 유혹을 떨쳐내고 사랑까지 얻는, 모차르트의 오페라 '마술피리'에서 웃음과 희망을 상징하는 인물이다. 1970년에 지하철에서의 자살이 급증했던 오스트리아는 그 원인을 자살방법에 대해 자세히 보도한 언론 때문이라는 전문가의 의견을 받아들여 자살보도를 금지시키자 실제로 지하철에서의 자살이 급감하기도 했다. ▨

영화와 책으로 보는 따끈따끈한
문화가 소식

영화

전시회

엘리멘탈

디즈니의 픽사 애니메이션 신작 〈엘리멘탈〉이 6월 개봉한다.
물, 불, 흙, 공기의 '4원소설'을 바탕으로 하는 이 작품은 〈버
즈 라이트이어〉 이후 픽사가 선보이는 새 장편 애니메이션이
다. 세상을 이루는 물과 불, 흙과 공기 원소들이 어울려 살아
가는 '엘리멘탈 시티'를 배경으로 하며, 불의 캐릭터 '엠버'와
물 캐릭터 '웨이드'가 서로 섞일 수 없는 관계이면서도 우정
을 쌓아가는 이야기다. 픽사 특유의 재치와 유머, 뛰어난 상
상력을 듬뿍 길어 올린 수작으로서 개봉 전부터 기대를 받고
있다. 특히 디즈니 창립 100주년을 맞는 2023년에 픽사가
야심차게 선보이는 특별한 작품이 될 것이다.

장르 애니메이션　　**감독** 피터 손
주요 출연진 레아 루이스, 마무두 아티 등
날짜 2023. 06. 14

에드워드 호퍼 : 길 위에서

20세기 미국 현대미술사를 대표하는 화가 '에드워드 호퍼'의
개인전이 8월 20일까지 이어진다. 호퍼의 작품이 대규모 개
인전으로 우리나라에서 열리는 것은 이번이 처음으로, 그의
생애와 작품에 담긴 정신을 선명하게 알아볼 수 있는 자리
다. 1882년 미국 뉴욕주에서 태어난 호퍼는 무명 상업화가
로 활동하다 전업화가의 길로 들어서며 명성을 얻기 시작했
다. 과감한 색채, 도드라진 명암, 판화기법인 '에칭'의 사용으
로 독자적인 화풍을 구사한 호퍼는 도시의 권태와 우울함을
잘 나타낸 작품들로 코로나19 팬데믹을 겪은 현대인들에게
특별한 공감을 새삼 불러 일으켰다.

장소 서울시립미술관 서소문본관
날짜 2023.04.20 ～ 2023.08.20

내가 가진 것을 세상이 원하게 하라

30여 년간 광고업계에서 독보적인 성과를 쌓아온 최인아 전 제일기획 부사장의 일과 삶의 철학을 담은 저서가 발간됐다. 현재 '최인아책방'을 운영하는 저자는 자신만의 브랜드와 가치를 쌓아 올리며 성공하는 삶의 특유의 관점을 견지해왔다. 책에서는 저자가 걸어온 경력의 길에서 스스로 묻고 답을 얻고 도전한 이야기를 하나 가득 풀어놓으며 일과 삶의 험난한 가시밭길에서 고민하고 있는 독자들에게 용기와 지혜를 선사한다. 저자는 먼저 '나는 왜 일하려 하는가'에 대한 답을 찾고, 나만의 길과 꿈을 억지로 세상에 맞추지 말라고 조언한다. 그러면서 진정으로 내가 원하는 길과 잘하는 방식은 무엇인지 깨닫고 당차게 앞으로 걸어가라 이야기한다.

저자 최인아 　　　　　　　　출판사 해냄

장하준의 경제학 레시피

우리나라를 넘어 세계적 경제석학 자리에 오른 장하준 교수가 새로운 경제교양 저작으로 돌아왔다. 이번엔 경제와 음식이라는 독특한 조합으로 경제학을 바탕으로 한 역사, 정치, 사회 등의 다채로운 이야기를 풀어낸다. 그는 코코넛과 국수, 호밀, 새우, 닭고기 등 우리가 흔히 먹고 마시는 음식에 과거와 현재를 아우르며 어떤 경제이야기가 숨어 있는지 전한다. 아울러 정말 '우리의 몸에 좋은 경제는 무엇인지' 이야기해 준다. 한 편의 종합 상식교양서로서 비전문인도 쉽고 재미나게 읽을 수 있는 장하준 교수의 색채가 물씬 묻어나는 책이다.

저자 장하준 　　　　　　　　출판사 부키

진짜 챗GPT 활용법

IT업계의 가장 뜨거운 이슈인 '챗GPT'의 생생한 활용법을 소개한 도서가 발간됐다. 생성형 인공지능인 챗봇 챗GPT를 다양하고 효율적으로 사용할 수 있는 가이드북이다. 챗GPT의 개념과 그 작동원리가 무엇인지 먼저 소개하고, 무료버전 사용부터 기초적 활용법을 차근차근 설명해준다. 아울러 블로그 작성, 유튜브 동영상 제작, 사진 활용, 외국어 학습과 웹디자인까지 챗GPT를 제대로 활용할 수 있는 방법을 한눈에 알려준다. 똑똑하고 재미있는 채팅 기능으로만 활용했던 챗GPT를 업무와 경영활동의 도구로서 본격적으로 사용할 수 있도록 돕는 유용한 책이다.

저자 김준성 외 　　　　　　　　출판사 위키북스

내 인생을 바꾸는 모멘텀

박재희 교수의
마음을 다스리는 고전이야기

하늘의 운행은 쉬지 않는다

자강불식(自强不息) – 〈주역(周易)〉

자연의 운행은 춘하추동 쉬지 않고 계속됩니다. 추운 겨울이 계속된다 싶으면 어느덧 대지는 봄의 물결로 가득 차고, 뜨거운 여름이 극에 달하면 어느덧 가을의 서늘함이 식혀줍니다. "보라! 저 쉼 없이 돌아가는 자연의 운행을! 우리 인간은 자연의 순환을 본받아 한시도 쉬지 않고 배워야 한다"는 것이 바로 '주역'이 말하는 자강불식의 의미입니다.

군자는 그 하늘의 위대한 역동성을 배워서 스스로 강해지기를 쉬지 않고 계속해야 합니다. 이것이 자연을 닮고 본받는 군자의 모습입니다. '주역' 건괘의 이 문장은 동양에서 어려울 때마다 스스로를 강하게 만들어야 한다는 화두로 주로 사용됐습니다. 특히 중국의 변혁기에 강해져야 한다는 외침 속에 빠지지 않고 나온 구호였습니다. '중용'에서는 성실로 이 자강불식의 이야기를 대신하고 있습니다. 가장 위대한 성실함은 무식(無息), 쉼이 없다는 것입니다. '이 정도면' 하는 안일에서 벗어나 쉬지 않고 나를 변혁하고 강하게 만들어야 합니다.

> **天行健 君子以自强不息**
> **천행건 군자이자강불식**
>
> 하늘은 씩씩하게 운행한다.
> 군자는 그 운행을 본받아
> 스스로 강하게 하는 데 쉼이 없어야 한다.

어제와 다른 오늘, 오늘과 다른 내일을 만드는 것이 자강불식하는 역동적 삶의 자세입니다. 처음에 잘하는 사람은 오래가지 못합니다. 묵묵히 쉬지 않고 가는 사람이 결승에 도달할 수 있습니다.

쉬지않고 달리는 것이 경쟁력입니다.

自	强	不	息
스스로 자	강할 강	아니 불	쉴 식

고주고슬(膠柱鼓瑟)

전국시대(戰國時代)였던 기원전 403년~221년의 일입니다. 조(趙)나라에 조사(趙奢)라는 명장군이 있었습니다. 그에게는 괄(括)이라는 아들이 있었는데, 매우 영특해서 어려서부터 병서(兵書)를 익히는 데 막힘이 없었습니다. 그런데 조사는 죽기 전 아내에게 이런 유언을 남겼습니다.

"전쟁이란 생사가 달린 결전으로 이론만으로 승패가 결정되는 것이 아니오. 또한 병법을 이론적으로만 논하는 것은 장수가 취할 태도가 아니오. 전장을 모르는 장수는 나라를 망칠 뿐이오. 괄이 병법에 통달했다고는 하나 그 아이가 장수가 되면 나라에 큰 변을 불러올 것이오. 그러니 혹여 나라에서 괄을 대장군에 삼으려 하거든 부인이 간곡하게 거절해주시오. 그래야 나라가 살고 우리가 살 것이오."

조사가 죽고 조나라 혜문왕의 뒤를 이어 효성왕이 즉위했습니다. 그러던 어느 해 진(秦)나라가 대군을 이끌고 조나라를 침략했습니다. 그리고 첩자들을 조나라에 풀어 소문을 만들어 퍼뜨렸습니다.

"조사 장군은 죽어 전장에 나설 수 없고, 염파 장군은 이미 늙어서 전장에 나서기 두려워하고 있다지? 그래서 진나라가 쳐들어온 거야. 두려울 게 없다는 거지. 다만 한 가지 조괄이 대장군이 되는 것은 걱정한다더군. 호랑이의 자식일 뿐 아니라 병법에 능하기 때문이라네."

소문은 효성왕의 귀에까지 흘러갔습니다.

"진나라가 조괄을 두려워한다니 그를 대장군으로 삼아 전쟁에 임하는 것이 어떠한가?"

효성왕이 조괄을 대장군에 임명하려고 했습니다. 그러자 재상으로 염파, 조사 등과 함께 조나라를 지탱해온 인상여(藺相如)가 나섰습니다.

"조괄이 병법에 뛰어난 것은 사실이나 그는 한갓 그의 아비가 권한 병법을 읽었을 뿐 때에 맞추어 변통할 줄 모릅니다. 따라서 왕께서 지금 그 이름값과 소문만 믿고 조괄을 대장군으로 임명하려 하시는 것은 마치 기둥[膠柱]을 아교로 붙여 두고 거문고를 타는[鼓瑟] 것과 같습니다."

거문고 줄을 가락에 맞춰 타려면 줄을 받치고 있는 기둥을 이리저리 옮겨야 하는데 이를 아교로 붙여 놓으면 조율을 할 수 없게 되어 소리가 제대로 날 리 없습니다. 결국 인상여는 조괄이 규칙에 얽매여 변통할 줄 모를 것이라고 경고한 것이었습니다. 하지만 효성왕은 인상여의 충언을 무시하고 조괄을 대장군에 임명했습니다.

조괄은 대장이 되는 그날로 병서의 내용대로 군영을 뜯어고쳤고, 참모들의 의견을 듣지도 않고 제 뜻대로만 작전을 전개했습니다. 그 결과 경험이라고는 책에서 읽은 것이 전부였던 조괄은 결국 40만 명이 넘는 조나라 대군을 생매장시키는, 중국 역사상 최대 최악의 참패를 낳고 말았습니다.

우리 주변에도 아주 고집불통이고 고지식해서 도무지 제 뜻을 굽히려 하지 않는 사람이 많습니다. 이런 사람은 대부분 한 번 성공한 것에 맹신하고, 더 이상의 변화와 응용을 용납하지 않고 밀어붙입니다. 더욱이 결과가 실패였어도 자신의 잘못을 인정하지 않고, 고치려고도 하지 않습니다.

조직의 리더가 경험도 없는 데다가 저만 옳다고 하는 고집불통이면 그 조직은 조괄이 이끈 대군과 같은 운명을 맞을 수도 있습니다. 국가도 마찬가지입니다. 내가 아는 것이, 생각한 것이 최선이 아닐 수도 있다는 자세가 필요한 이유입니다. 시대

膠	柱	鼓	瑟
아교 교	기둥 주	북 고	거문고 슬

완전 재미있는
낱말퀴즈

가로

❶ 나라를 지키고 나라를 위해 힘쓴 사람들의 공훈에 보답하는 것을 이르는 말
❷ 아름다움을 살펴 찾는 안목
❹ 방송프로그램 중간에 삽입되는 광고
❻ 한 사람의 일생의 행적을 적은 기록
❼ 대중이 형성하는 문화

세로

❶ 새롭고 신기한 것을 좋아하거나 모르는 것을 알고 싶어 하는 마음
❸ 1909년 만주 하얼빈역에서 이토 히로부미를 사살한 독립운동가
❺ 오랫동안 많은 사람에게 널리 읽히고 모범이 될 만한 문학이나 예술작품
❼ 대학가나 단체에서 주장이나 홍보를 위해 큰 글씨로 써서 붙이는 게시물

참여방법 문제를 보고 가로세로 낱말퀴즈를 풀어보세요. 낱말퀴즈의 빈칸을 채운 사진과 함께 <이슈&시사상식> 6월호에 대한 감상평을 이메일(issue@sdedu.co.kr)로 보내주세요. 선물이 팡팡 쏟아집니다!

❖ 아래 당첨선물 중 받고 싶으신 도서와 이름, 주소, 전화번호를 함께 남겨주세요.

<이슈&시사상식> 5월호 정답

¹삼	강	²오	류			⁷의
		로				무
³인	프	라				경
지					⁶관	찰
부			⁵부	작	용	
⁴조	강	지	처			
화						

참여해주신 모든 분들께 감사드립니다.
당첨되신 분께는 개별적으로 연락드립니다.

당첨선물 ·
정답을 맞힌 독자분들 중 가장 인상적인 감상평을 남기신 분께는 〈발칙하고 유쾌한 별별 지식백과〉, 〈소워니놀이터의 띠부띠부 직업놀이〉, 〈지금 내게 필요한 멜로디〉, 〈미국에서 기죽지 않는 쓸만한 영어 : 일상생활 필수 생존회화〉 등 푸짐한 선물을 드립니다!

❖ 참여하실 때는 반드시 희망 도서를 하나 골라 기입해주세요.

독자 리뷰 REVIEW

놓쳐서는 안 될 이슈

 이*훈 (화성시 향남읍)

일상생활을 하다 보면 세상 돌아가는 일에 무감각해질 때가 많다. 그러다 보니 최신이슈에 취약하다는 것을 느껴 〈이슈&시사상식〉을 읽게 됐다. 이 책에는 놓쳐선 안 될 주요이슈들이 정리되어 있고, 어려운 용어 설명도 수록돼 있어 보다 쉽게 내용을 이해할 수 있다. 또 취준생들에게 필요한 주요기업 기출문제와 시사상식과 관련된 다양한 문제들이 실려 있어 한 번 풀어보는 것도 도움이 될 것 같다. 급변하는 세상을 살고 있는 지금, 〈이슈&시사상식〉을 통해 꼭 알아야 할 이슈를 파악하는 것도 나름대로 유익한 자산이 될 것 같다는 생각이 들었다.

늘 새롭고 설레는 만남

 정*철 (화성시 반송동)

정기적으로 발행되는 〈이슈&시사상식〉을 만나는 것은 늘 새롭고 설레는 일이다. 우리 사회를 뜨겁게 달군 이슈와 내가 모르고 지나쳤던 내용들이 정리되어 있어서 읽을 때마다 이번 호에서는 어떤 이야기를 다루었을지 궁금증을 가지고 읽게 된다. 사람들이 가장 관심을 두고 있는 사회 현안이 제시되고 매번 새로운 이슈가 소개되는 것을 볼 때면 우리 사회가 매우 역동적으로 움직이고 있는 것 같다는 생각도 든다. 또 필수 시사상식, 취업! 실전문제, 상식 더하기 파트에도 시사 및 취업과 관련된 내용들이 수록되어 있어 책의 구성을 더욱 풍성하게 채워주는 느낌이다.

시사이슈 이해하기

 서*현 (영주시 영주동)

뉴스에서 보도되는 기사를 보다 보면 자연스럽게 해당 사건 사고와 관련된 시사이슈를 이해하고 분석하게 된다. 그러나 시사에 대한 배경지식이 부족한 경우 사건을 이해하는 것에서부터 어려움을 겪는다. 특히 앞뒤 맥락을 알아야만 이해할 수 있는 사건이라면 시사를 잘 모르는 사람들은 문제의 원인을 알아내는 것조차 쉽지 않다. 〈이슈&시사상식〉은 이러한 어려움을 가진 사람들을 위해 사건의 배경부터 관련 시사용어, 논란의 이유를 상세하게 설명해준다. 이를 통해 사건을 이해하는 데 필요한 기본개념과 문제상황을 파악하고, 논쟁의 이유를 생각해볼 수 있다.

다양한 이슈를 쉽고 빠르게!

김*훈 (서울시 마포구)

취업을 준비하면서 가장 아쉬운 부분이 '시간이 부족하다'는 것이다. 시험공부에 더해 논술과 면접까지 대비해야 하다 보니 매일 계획을 세워 실천해도 부족하다는 생각이 든다. 특히 면접이나 논술에서 빠지지 않는 것이 시사상식이라 뉴스를 봐야 하지만, 매일 챙겨보는 것이 쉽지 않다. 그래서 효율적인 시간활용을 위해 〈이슈&시사상식〉을 보고 있다. 이 책에는 최근 화제됐던 다양한 분야의 이슈들이 잘 정리돼 있고, 시사용어와 기출·예상문제가 수록돼 있어서 관련 내용을 쉽고 빠르게 살펴볼 수 있다. 또 면접·논술과 관련된 코너도 있어서 여러모로 도움이 된다.

독자 여러분 함께해요!

〈이슈&시사상식〉은 독자 여러분의 리뷰를 기다리고 있습니다. 분야·주제 모두 묻지도 따지지도 않습니다. 보내주신 리뷰 중 채택된 리뷰는 다음 호에 수록됩니다.

참여방법 ▶ 이메일 issue@sdedu.co.kr
당첨선물 ▶ 정답을 맞힌 독자분들 중 가장 인상적인 감상평을 남기신 분께는 〈발칙하고 유쾌한 별별 지식백과〉, 〈소워니놀이터의 띠부띠부 직업놀이〉, 〈지금 내게 필요한 멜로디〉, 〈미국에서 기죽지 않는 쓸만한 영어 : 일상생활 필수 생존회화〉 등 푸짐한 선물을 드립니다!

❖ 참여하실 때는 반드시 <u>희망 도서</u>를 하나 골라 기입해주세요.

나눔시대

함께 배우고 성장하는 배움터! ㈜시대고시기획 시대교육㈜ 입니다.
앞으로도 희망을 나누는 기업으로서 더 큰 나눔을 실천하겠습니다.
나눔은 행복입니다.

재외동포재단, 경인교육대학교
한국어능력시험 관련 교재 기증

장병 1인 1자격,
학점 취득 지원

전국 야학 지원
청소년, 어린이 장학금 지원

❝ 숨은 독자를 찾아라! ❞

〈이슈&시사상식〉을 함께 나누세요.

대학 후배들이 하루의 대부분을 보내고 있을
동아리 사무실에 〈이슈&시사상식〉을 선물하고
싶다는 선배의 사연

마을 도서관에 시사잡지가 비치된다면 그동안
아이들과 주부들이 주로 찾던 도서관을
온 가족이 함께 이용하게 될 것으로
기대한다는 희망까지…

〈이슈&시사상식〉, 전국 도서관
및 희망자 나눔 기증

양서가 주는 감동은 나눌수록 더욱 커집니다. 저희 〈이슈&시사상식〉도 힘을 보태겠습니다.
기증 신청 및 추천 사연을 보내주세요. 사연 심사 후 희망 기증처로 선정된 곳에 1년간 〈이슈&시사상식〉을 무료로 보내드립니다.

* 보내주실 곳 : 이메일(issue@sdedu.co.kr)
* 희망 기증처 최종 선정은 2023 나눔시대 선정위원이 맡게 됩니다. 선정 여부는 개별적으로 알려드립니다.

SD에듀
㈜시대고시기획

"취득" 보장! 각종 '자격증' 취득 대비 도서

각 분야의 전문가들과 집필! 각종 기능사/기사/산업기사 및 국가자격/기술자격, 경제/금융/회계 분야 자격증 등 각종 자격증 '취득'을 보장하는 도서!

직업상담사 2급

사회조사분석사 2급

스포츠지도사 2급

사회복지사 1급

영양사

소방안전관리자 1급

화학분석기능사

전기기능사

드론 무인비행장치

운전면허

유통관리사 2급

텔레마케팅관리사

"합격" 보장! 각종 '시험' 합격 대비 도서

각 분야의 1등 강사진과 집필! 공무원 시험부터 NCS 및 각종 기업체 취업 시험, 중졸/고졸 검정고시와 같은 학습 관련 시험 및 매경테스트, 그리고 IT 관련 시험 및 TOPIK, G-TELP, ITT 등의 어학 시험 등 각종 시험에서의 '합격'을 보장하는 도서!

9급 공무원

경찰공무원

군무원

PSAT

지텔프(G-TELP)

NCS 기출문제

SOC 공기업

대기업·공기업 고졸채용

ROTC 학사장교

육군 부사관

한국사능력검정시험

영재성 검사

일본어 한자

토픽(TOPIK)

영어회화

엑셀